社会系教科教育学研究のブレイクスルー

―理論と実践の往還をめざして―

社会系教科教育学会 編

風間書房

巻頭言
―学会発足 30 周年に寄せて―

　社会系教科教育学会が発足 30 周年を迎えるという。学会の創設に関わった一人として感慨無量の思いである。学会の正式発足日は，平成元（1989）年 11 月 26 日であった。しかし，「社会系教科教育学研究」の創刊号は，それより早く 1989 年 3 月 25 日であった。それは，学会誌というには程遠く，第 8 期生の研究成果を中心に編集された内容で，学会創設の露払い的性格のものであった。その意味では，学会誌としての実質的な創刊は第 2 号ということになる。

　ところで，学会創設の 1989 年は，様々な意味で時代の転換を画する年でもあった。世界史的には，フランス革命 200 年祭が祝われたり，中国の天安門事件やベルリンの壁の崩壊が見られた年でもあった。国内的には，1 月 7 日の「天皇の崩御」による「昭和の終焉」という大きな歴史の画期の年であった。いわゆる元号論争とは別の次元で，"時代" や "転換" を意識させられたのである。

　社会科教育に関していえば，小学校低学年における社会科の「廃止」と「生活科」の新設，高等学校社会科の「再編成」による「地理歴史科」，「公民科」の新設を含む新しい学習指導要領の告示の年に当たる。これにより，戦後の花形教科の社会科は，小学校 3 年から中学 3 年までの 7 年間に限定される教科となった。そのことは，社会認識としての教科研究の根幹を揺るがすものとなった。

　時あたかも，兵庫教育大学にとっては，創立 10 年を経て新しい段階に歩みを進める時期と重なる。そもそも兵庫教育大学は，現職教員のための大学院大学という性格をもって創設された。現職教員のための学校教育に関する高度の研究・研鑽の機会を確保することを主要な目的として設立されたのである。しかし当初は，その本来の趣旨・目的が必ずしも生かされていなかった。例えば，

教官スタッフは教科専門の出身者が幅をきかせ，専門の学問が分かれば教科が分かるという雰囲気が強かった。教科教育は，傍らに押し込められていたのである。このような状況では，大学設立の趣旨が生かせないとの思いから，岩田先生と二人で全学の教科教育系の教官に呼びかけ，兵庫教育大学教科教育学会を立ち上げた。設立総会は，昭和59年10月16日で，その目的は，「教科教育に関する理論的・実践的研究を行い，我が国における教科教育学の発展に資すること」とした。学会は，発足当初から活発に活動し，その成果を「会報」という形で公にした。その後，各教科ごとの学会設立もあって，この学会は，歴史的使命を終え，文字通り発展的解消となったのである。

　一方院生にとっては，大学院で学ぶ以上，学会への参加活動は必須である。大学発足当初は，既成の日本社会科教育学会と全国社会科教育学会の研究発表大会に参加して，学術研究の雰囲気に触れることから始まった。しかし，現職教員から成る院生にとって，この両学会は，外国研究や純粋理論研究に傾斜し，院生の研究関心とは程遠いものであった。その意味で，早い時期から自前の学会立ち上げの希望や要請があったのである。しかし，当時の岩田，中村両先生は，拙速を戒め，まずは院生の研究の質の向上こそが第一として見送り続けてきた。待つこと9年，ようやく機が熟したと判断し，大学創立10周年に合わせて学会創設を決断したのである。

　学会のスタートは，まず学会誌を創刊することから始まった。学会の形をつくる必要があったからである。このことについては，冒頭で触れたとおりである。その「創刊に寄せて」で次のように述べた。「いま社会科そのものが曲がり角にきているとはいえ，児童・生徒の社会認識の育成にかかわる領域と課題は，それによって左右されるものではない。新たな時代の新たな課題を受けて，いま『社会系教科教育学研究』は船出したのである。社会系教科教育の“学”としての確立を期待するものである。」

　以上のような背景のもと，本学会は，既成学会の屋上に屋根を重ねることを避け，兵庫教育大学創設の理念を生かしつつ，教育実践の科学的研究に主軸を据えて学会活動を展開することとした。その趣旨は，学会会則の第2条にこめ

られてるいる。その成果は，この 30 年の間に着実に根を下ろした。

　平成とともに発足をした本学会は，奇しくも平成の終焉の年に 30 周年を迎えた。その成果の具体化が本書である。これを基盤に次なる 30 周年に向けて更なる飛躍を期待したい。

　初代会長・国立教育政策研究所名誉所員

　　　　　　　　　　　　　　　　　　　星村　平和

目　次

巻頭言―学会発足 30 周年に寄せて― …………………………… 星村　平和　i

序章　社会系教科教育学研究の意義 ………………………………… 1

第 1 節　空間軸の形成―学会誌『社会系教科教育学研究』を中心として―
………………………………………………… 岩田　一彦　3

第 2 節　社会系教科教育学会研究発表大会の性格と意義
―講演・シンポジウム・課題研究を焦点にして― ……… 中村　哲　13

第 I 章　社会系教科におけるカリキュラム・マネジメントの理論と実践… 23

第 1 節　社会科の本質に迫るカリキュラム・マネジメント
………………………………………………… 峯　明秀　25

第 2 節　21 世紀アメリカの社会科教育
―C3FW/CCSS とジョージア州社会科 FW―………… 金子　邦秀　33

第 3 節　「持続可能な社会の創り手」を育てる小学校社会科カリキュ
ラムマネジメント―「SDGs に気づき，SDGs を通して学ぶカリキ
ュラムデザイン『昆布ロード』単元の提案」― ……… 藤原　孝章　43

第 4 節　高等学校地理歴史科「歴史総合」とカリキュラム
マネジメント―歴史学習と「私たち」― …………… 二井　正浩　56

第Ⅱ章　社会系教科における資質・能力（コンピテンシー）育成の理論と実践 …………………………………………………………… 67

第1節　深い学びを実現する小学校社会科の授業構成―小崎俊実践・小学校第5学年単元「情報ってなに？」を事例として―…中本　和彦 69

第2節　未来社会を生きぬく資質・能力を形成する小学校社会科授業提案―第5学年単元「自動車産業からみる未来の産業」の場合― …………………………………………………………… 森　清成 81

第3節　資質・能力の第四の次元としての「メタな学び」 …………………………………………………………… 水山　光春 92

第4節　中学校社会科授業における批判的思考力育成の理論と実践―地理的分野単元「中国の食糧生産」・公民的分野単元「電源構成を考えよう」の場合― ………………… 王子　明紀 103

第5節　持続可能な地域社会づくりのための空間デザイン能力 …………………………………………………………… 吉水　裕也 114

第6節　批判的思考力の発達を促進する社会科単元構成―中学校歴史的分野の場合― ………………………… 梅津　正美 124

第Ⅲ章　社会系教科における授業デザインの理論と実践 ……………… 135

第1節　危機対応マネジメント育成に関わる社会科授業デザイン―第6学年単元「鎌倉の武士」の場合― ………………… 關　浩和 137

第2節　社会科教科書のデジタル化と授業デザイン ……… 岡崎　均 148

第3節　構築主義的社会科の授業デザイン ……………… 松岡　靖 159

第4節　中学校の経済学習授業開発―「男女賃金格差から見えてくるもの，格差をなくすために」―………… 奥田　修一郎 170

第5節　「社会参画学習論」に拠る歴史授業の革新―「明治の国民国家形成」を事例として―…………… 吉田　正生 182

第6節　地域やその諸問題を客観的・主観的に分析する空間概念を
　　　用いた社会科地理的分野の授業デザイン ………阪上　弘彬 193

第7節　主権者を育てる ESD の視点に立った中高の授業デザイン
　　　………………………………………………西村　公孝 202

第8節　メタヒストリー学習に基づく社会形成教育としての歴史授業
　　　………………………………………………服部　一秀 217

第9節　「公正」概念の「活用」を目指した授業デザインとその
　　　実践上の課題─「世代間公正」の授業実践を手がかりにして─
　　　………………………………………………橋本　康弘 228

第Ⅳ章　社会系教科における評価の理論と実践 ……………… 239

第1節　「選択・判断」する力の育成を図る社会科評価法の論点
　　　─小学校社会科授業における子供の判断事例の分析を基に─
　　　………………………………………………溝口　和宏 241

第2節　「ことまど」を活用した社会系教科の学習過程と評価モデル
　　　………………………………………………福田　喜彦 254

第3節　「真正の学び」論に基づく高等学校の評価と学習の改善
　　　………………………………………………桑原　敏典 265

第Ⅴ章　社会系教科における教師教育の理論と実践 …………… 275

第1節　コンテンツとコンピテンシーの両立を図る授業開発
　　　─「生活（小）」の実践を手がかりにして─ …………馬野　範雄 277

第2節　教育実習をトータルで省察する授業の展開
　　　─兵庫教育大学「中等実習リフレクション」の取り組みから─
　　　………………………………………………山内　敏男 287

第3節　社会科教師教育におけるメンタリングの可能性

……………………………………………石川　照子 298

第4節　教師教育者の専門性開発の理念と方法

―教師教育の質を高める3つのアプローチ例―………草原　和博 308

終章　社会系教科教育学研究の展望 ………………………………… 319

第1節　ブレイクスルーの先にあるもの―社会科教育のヴィジョン―

……………………………………………原田　智仁 321

第2節　専門職学位課程（教職大学院）における社会科教育学研究

―修士課程との比較をとおして―……………………米田　豊 331

編集後記……………………………………………………………關　浩和 341

執筆者一覧

序　章
社会系教科教育学研究の意義

第1節　空間軸の形成
―学会誌『社会系教科教育学研究』を中心として―

　学会発展の成果は，論文として学会誌に蓄積される。ここでは，学会誌『社会系教科教育学研究』の研究成果を，「空間軸の形成」に絞って明らかにしていく。

1　空間軸，時間軸，社会科学軸

　人々が何かを認識する際には，必ず，その事象は何処にあるのか（空間軸），何時の時点の事象か（時間軸）を明らかにして行くのが基本である。事象を，空間軸，時間軸に位置づけてから，情報を集め，分析・検討をしていくこととなる。社会科の場合には，社会諸科学の分析視点を使って解明していく。

　草原は，岩田の理論を「教養主義科学教育論」と名付け，「時間軸，空間軸，未来予測」の概念の下に，次のようにまとめている。

　　社会科には，通史と地誌を核にして「時間軸」，「空間軸」を築き，子どもに自分の立ち位置を明確にさせる責任がある。③自分の立ち位置を正しく分かろうとすると，世界各地の相違，他所と此所の繋がり，過去から現在に至る共同体の来歴を知るとともに，その意味を説明できなくてはならない。④また得られた知識を根拠にして将来を予測し，我々の行く末を決定・選択できる市民を育成しなければならない。（①，p.244）

　また，大西真也は，カント（Kant, I.）が，時間と空間の認識形成上の意味を次のように紹介し，空間軸の重要性を明らかにしている。

　　カント（Kant, I. 2010）は「空間と時間は，認識が生まれるための二つの源泉であり，この源泉から異なった種類の総合認識をアプリオリに導き出すことができるのである。」と述べている。空間と時間は，人が事象を認

識する際の源であるということになる。(②, p.22)（カント（Kant, I. 2010),
中山元訳『純粋理性批判 1』，光文社，p.112）

これまで，社会科では，地理意識・地理認識の形成，地理的見方・考え方の
形成，地理学的分析視点の形成との用語の下で，空間軸の形成も論じられてき
た。ここで，本稿で論じている空間軸の形成とこれらの用語で論じられている
内容との関係を整理しておきたい。

空間軸，時間軸，社会諸科学軸の主要な内容は，下記の通りである。

A，空間軸：様々なスケールの地誌

B，時間軸：様々なスケールの年代史

C，社会諸科学軸：社会諸科学の分析視点（政治，経済，社会，歴史，地理等
の分析視点）

地理意識，地理認識の形成と論じられている場合には，Aの場合とCの場合
がある。Cで論じられる場合には，並列される社会諸科学の一つの立場での地
理学的視点である。この分類で，これまでの地理教育論を位置づけてみよう。

A：静態地誌，動態地誌，問題解決的地誌

C：地理的見方・考え方，地理意識，地理認識

これまでの地理教育論の展開では，AとCの区別をつけないで論じられてい
る場合が多い。峻別して論じるべきである。本稿はAの形成を論じていく。

2 同心円拡大原理を中核とした空間軸形成の論理

空間軸形成の主流は地誌学習である。ギリシャ時代からの地理教育は，主と
して地誌学習で展開されてきた。地誌学習は静態的地誌，動態的地誌の二つの
主流がある。また，これらの地誌では，学習する対象地域の同心円拡大原理の
考え方が取られてきた。その組み合わせは，次の二つである。

主：静態的地誌学習と同心円拡大原理

副：動態的地誌学習と同心円拡大原理

静態的地誌学習は，主流を常に形成しながらも，知識過剰，暗記主義学習と

の批判を受け続けていた。それにも拘わらず，主流の座を譲らないで，今日ま
できている。革新的な地理教育論が提示される場合でも，カリキュラム構成に
至ると学習対象地域は，同心円拡大原理に従っている。それは，人間の認識の
源泉が，前述した時間，空間，認識視点から成っているからである。人が事象
を見たり，聞いたり，体験したりする際には，必ず，場所と時間の整理棚の中
においたり，整理棚から対象を引き出したりして考えることが必須なのである。

　こういった状況を踏まえた上で，『社会系教科教育学研究』に掲載された論
文を中心にして検討していく。此所での空間軸の形成に新しい主張をなしてい
るのが，本多千明，伊藤直之，平林和夫，草原和博の論である。

　本多千明は，同心円拡大原理を基本とし，人間生活の規定要因を組み込んだ
地理教育内容構成論を示している。その提案をしたのが，1970年代の米国の
『シルバー社会科』で，次のような内容構成を提案している。

　1986年度版シルバー社会科の内容構成

　全体構成

　第1学年『家族（人々）の生活』▲

　第2学年『コミュニティーの生活』●

　第3学年『人々と資源』▲，第4学年『諸地域の人々』●

　第5学年『人々とアイディア』▲，第6学年『アメリカの人々』●

　第7学年『人々と変化』▲，第8学年『これが私たちの世界だ』●

　…略…同心円拡大原理と人間生活の規定要因を，各学年でスパイラルに学
　習できる内容構成である。(③，pp.44-45)（岩田注：▲人間生活の規定要因，●
　同心円拡大原理）

伊藤直之は，グローバルな問題もローカルな空間に引きつける事の重要性を
示している。そして，ローカルな空間において可視的な変化をさせる必要性を，
イギリスの地理教材を通して次のように提示している。

　　いかにしてグローバルイシューをローカルな空間に引きつけて現実味を
　　帯びたものとしてとらえさせ，ローカルな空間における問題解決がグロー
　　バルな現象につながっていることを的確に把握させるかが課題となる。そ

の点で，地理教育は，現代世界が共通して抱える諸課題を地域に現れた現象を通してより具体的に認識させるとともに，グローバルレベルとローカルレベルの空間的な相互関係をとらえさせることが可能である。(④, p.26)

平林和夫は，グローバル化した社会では，同心円拡大原理に基づくのではなく，地球から始まって地域社会へ展開する原理が重要であると，次のように主張している。

　　同心円拡大でなく，グローバルな視点から地域をとらえる。(地域→市町村→都道府県→国→地球ではなく，地球→国→都道府県→市町村→地域)

　　地域は，以前はその境界が明確に存在した閉じた共同体であった。すなわち，生産・消費が，基本的に地域内で事足りていたのである。このような地域であればこそ，社会科学習のスタートにふさわしい社会の基本単位であった。しかし，今日においては，他地域との連続性，生産・消費の相互依存性のために，地域という概念自体が子どもたちにとってつかみにくいものになっている。今日において，閉じた共同体とは地球に他ならない。地球が基本単位である。従って，地球を把握してから視点をミクロにしていった方がより把握しやすい。(⑤, p.39)

草原和博は，「国家・社会の空間的広がりを内容編成の基盤とする社会科カリキュラム，時事問題が問題生成を持続させているシステム，自分が帰属している社会における世界観の相対化」等の概念を使って，時事問題の有効性と空間認識の形成を，次のように述べている。

　　「現代社会研究としての地理」では，現代世界のマクロレベルでの行動主体，すなわち，公共部門の意思決定を担い，社会を実質的に組織・運営している国家を学習対象に取り上げる。そして，国民国家を単位とする今日の世界像を描かせるところに地理内容編成としての特質がある。(p.40)

　　国家・社会の空間的広がりを内容編成の基盤とする社会科カリキュラムには，社会問題を，単線的な問題生成や問題解決のプロセスとしてではなく，問題解決を遮り，問題生成を持続させているシステムとして提示できるところに特質がある。(⑥, p.45)

ここでは，同心円拡大原理を中核において，人間生活の規定要因，グローバルとローカルの相互関係，時事問題等が，空間軸の形成に関して論じられてきた。

3 様々なスケールの学習対象地域を分析・説明していく論理

学習場面では，様々なスケールの学習対象地域が取り上げられる。そして，その地域の内容が豊かに形成され，空間軸の内容が充実していく理論・方法が提案されてきた。

(1) 空間を説明する概念を生かした空間軸形成

高田準一郎は，「景観は可視的側面に着目して場所の記憶を概念に連続させるのに有効性が高い」点に着目して，空間軸の形成論を展開している。空間に対する生活者のイメージを，五つのエレメントに類型化して，捉える視点を次のように展開している。

リンチ（1968）の『都市イメージ』は，機能的次元に終始してきた都市計画に対して，象徴的な次元を切り開いた。どんな都市にもパブリックイメージがある。生活者のイメージが重なり合った結果としてのイメージである。リンチは，このイメージを五つのエレメントに類型化し，分類した。五つのエレメントとは，パス（path, 道路），エッジ（edge, 縁），ディストリクト（district, 地域），ノード（node, 接合点, 集中点），ランドマーク（landmark, 目印）である。（⑦, p.118）

地域の「景観局面」に着目し，「もし，〜ならば，〜である」という仮説が立てられるかどうか。つまり，「景観局面」という対象に問いかけることができるかどうか。見える環境である「景観局面」に着目する「景観的視点の導入」は，「場所」の記憶を思考の出発点として，「概念（言語）」に連続させる方法だったのである。（⑦, p.124）

我が国の空間軸形成は，様々な視点から地域区分を行って，分析対象を作成

8 　序章　社会系教科教育学研究の意義

し，それを分析・検討する手法が主流である。例えば，次のような地域区分が採用されてきた。

　　　政治的空間：国家，市町村等の地方団体，等
　　　気候区分：瀬戸内式気候，内陸式気候，地中海式気候，砂漠気候，等
　　　農業地域区分：寒冷地の農業，パンパの農業，酪農地域，三圃式農業，等
　　　工業地域区分：北九州工業地域，京浜工業地域，機械式農業地域，等
　　　宗教地域区分：イスラム教地域，仏教地域，キリスト教地域，等
　　これらの地域区分は，大小様々なスケールの地域が学習対象となっていて，重層的な空間軸形成に貢献してきている。しかし，空間軸形成を理論的に考察し，計画的に形成しようとの意図は，これまで見られなかった。単独での地域区分対象地域を，できるだけ詳細に，リアリティを持って学習させる試みに中心がおかれてきた。その理論の代表としては，範例方式，サンプル・スタディ等の学習方法が研究・実践されてきた。

　　佐藤克士は，「行為の科学的理解，空間の生産論」を組み込んで空間軸の形成論を展開した。そして，「空間の生産論」を組み込んだ授業開発する提案を，「第3学年地域学習　単元「梨農家ではたらく人々（筑西市関城地区）」の場合」の事例で示している。そこでは，「行為の科学的理解」，「空間の生産論」を視点として，次の3段階の単元展開を提案している。[8]

　　第1段階　産地形成に関わる空間的プロセスを認識する段階
　　第2段階　行為の背後に潜む社会的要因や意味を科学的に認識する段階
　　第3段階　空間の重層性・階層性やスケール間の関係性を認識する段階
　　ここでは，景観の重視，空間の重層性，空間の生産論等の概念が空間軸形成に有効に働くことが明らかにされている。

(2) 空間軸形成の教授方法論

　空間軸形成の教授方法の開発をした研究も蓄積されてきている。

　澤田義宗は，地域を捉える為の授業過程を，記述，説明，解釈の3段階で構成することの有効性を展開し，授業モデルを事例にして，次のように説明して

いる。

　筆者は，地域を総合的にとらえるための授業過程を，記述・説明・解釈という3段階で考えている。記述・説明段階を経ることで地域に見られるさまざまな事象から中核的要素を絞り込み，中核要素を中心に他の事象との因果関係を追究し，解釈段階で地域性を把握するというプロセスで展開される。実際の授業モデルでは，記述段階において，地域に見られるさまざまな事象から，特色ある中核的な要素をとらえさせるために豊富な事実を与えている。そして，説明段階においては，中核的要素と因果的に関わる要素を抽出し，それらの因果追究を行わせている。さらに，最終的に解釈段階として，中核要素を中心とする地域性を把握するために，地域に見られる事象の中から，中核要素によって影響を受けている事象についてとらえさせている。よって，この指導計画による授業では，各段階の分析の結果，歴史学の問題解決過程から得た総合の考え方を取り入れた授業であるということができる。(⑨, p.92)

永田忠道は，大正自由教育期の「学習法」に基づいた地理教育実践が，学習法の改善にとどまらず，学習内容の改善にも貢献したことを，次のように明らかにしている。

　一般的に自由教育は，学習法の改善にとどまり，学習内容の改善には及ばなかったとの見方をされているが，「学習法」理論に基づいた地理学習に関しては，方法的・内容的な改善が確認された。

　まず，方法的には，教師中心の画一的・注入的なやり方を改めて，観察・調査・調べ学習という子どもの自主的な活動を主体とした一連の学習方法を採用していた。しかし，それだけでは，子どもの認識は拡大する一方なので，最終的には，教師の発問を通すことにより，地理的認識を深められるようにもしつらえていた。

　また，内容的には，教材・情報過剰という地理教育が根源的に抱えている問題を，教師の最終的な発問により，場所の最大特徴（支配的因子）を探るという明確な一つの観点でもって，克服しようと考えられていた点で，

優れた地理教育実践であったと評価できる。(⑩, p.70)

服部太は, 地域, 体験, 地図の概念を組み合わせて, 空間認識の形成を行うことの重要性を, 次のように主張している。

> 空間軸形成が, 社会科学習において, 自分たちの住んでいる地域に特化して行うことが課題となる。また, 空間軸は, ただ単に体験を積み重ねるだけでは, 形成されない。空間軸は, 地図を読み取ったり, 特定の場所に関する体験をしたりすることにより, 形成される。また, 読み取ったこと, 体験したことを地図に表すことにより, 形成される。空間軸形成における課題は, この往復運動を十分に行うことである。(⑪, p.9)

> 社会科の学習における空間認識には, 知識の習得が欠かせない。そのため, 場所についての位置や関係に関する知識を身につけていくことが欠かせない。場所についての知識は, 体験と結びついた真の知識が「空間認識」に効果的である。真の知識を習得するためには複数の具体的事例が必要になる。複数の具体的事例で位置や関係に関する知識が成り立っていることが, 空間認識の質をあげることになる。(⑪, p.15)

米田豊は, 後藤博美の研究成果を分析し, 国民学校における地理授業構成理論の解明をしている。後藤の指導方法は, 内容知と方法知の統一的形成を科学的訓練をすることに拠って計ろうとしている。後藤の「郷土の観察」では, 次のように内容知と方法知を統一的に指導して, 空間軸の形成を進めている事を示している。

後藤は,「郷土の観察」の指導方法を次のように示している。

(1) 学校の附近にある適当なる場所から眺望して郷土の全範囲を大観せしめること

(2) 自分の家を中心として正しい方位と方向と距離の観念を明確に観察せしめること

(3) 地圖と模型と實物との三者を關聯性を保持せしめつつ實際的に観察せしめること

(4) 家庭から學校までの又は學友との交際に於ける見聞した景観を観察せし

めること

(5) 學校附近の特殊的なる景觀を具體的によく觀察せしめること

(6) 公園・神社・寺院等の位置とその發達した理由をよく觀察せしめること

(7) 驛・停留所等は交通機關の中核をなすものであるからよく觀察すること

(8) 市街を地帯性能別に考察して市勢の變遷を理解せしめること

(9) 學校の氣象觀測の器械を整備活用して郷土の氣候狀態をよく觀察すること

(10) 校外教授等によって「郷土の觀察」の科學的なる訓練をすること（⑫, p.17）（岩田注, 後藤博美, 『國民學校郷土觀察の新形態』, 啓文社, 1941. 01. 21）

　角田正和は, 三沢勝衛の「郷土地理教育」の理論・実践を援用して,「身近な地域の調査」の授業開発を行っている。ここでは, 内容知と方法知を統一的に形成する授業を提案し, 習得された知識の質の良さを, 次のように述べている。

　本研究で開発した授業モデルで獲得された知識は, これまでの「地域を知る」にとどまらず, 他の事象や他地域での追究においても有効に働く「地域で知る」知識となりうるものである。（⑬, p.36）

　記述・説明・解釈の峻別, 戦前の地理教育教授法等も, 空間軸の形成に有効に働いていることが明らかにされてきた。

　時間と空間の認識形成上の意味付けによる「空間軸形成」と, 社会諸科学の中の一科学としての地理学的分析視点形成とを峻別して論じていくことが, 今後の課題である。

（岩田　一彦）

註

①草原和博,「社会科学教育における「社会認識の空間的・時系列的位置づけ論」の位置づけ」, 社会認識教育実践学研究会編,『社会認識教育実践学の構築』, 東京書籍, 2008 年 2 月 20 日, p.244.

②大西真也,「「認知図」による子どもの「思考」の評価—小学校社会科における空間軸・

時間軸の形成に着目して―」，『社会系教科教育学研究』第 28 号，2015, pp.21-30.

③本多千明，「1970 年代アメリカ合衆国における地理教育内容構成―『シルバー社会科』を手がかりとして―」，『社会系教科教育学研究』第 17 号，2005, pp.43-51.

④伊藤直之，「問題解決を基盤とした地理教育―イギリス地理教材 Problem-Solving Geography を手がかりにして」，『社会系教科教育学研究』第 14 号，2002, pp.25-32.

⑤平林和夫，「都市型社会科カリキュラム開発―自己認識と宗教認識―」，『社会系教科教育学研究』第 12 号，2000, pp.33-42.

⑥草原和博，「市民性育成のための地理教育―時事問題カリキュラムの示唆するもの―」，『社会系教科教育学研究』第 10 号，pp.37-46.

⑦高田準一郎，「景観的視点を導入した地域調査論―「層の理論」を援用して―」，『社会系教科教育学研究』第 13 号，2001, pp.117-125.

⑧佐藤克士，「社会空間の変容を捉えさせる小学校社会科授業開発―第 3 学年地域学習単元「梨農家ではたらく人々（筑西市関城地区）」の場合―」，『社会系教科教育学研究』第 27 号，2015, pp.61-70.

⑨澤田義宗，「総合の考え方を生かした中学校社会科地理的分野における教材開発」，『社会系教科教育研究』第 2 号，1990, pp.87-92.

⑩永田忠道，「発問・疑問解決により場所の最大特徴（支配的因子）を認識する地理学習」，『社会系教科教育学研究』第 8 号，1996, pp.65-70.

⑪服部太，「空間軸と空間認識の育成を図る社会科授業―小学校第 3 学年の学習を事例として―」，社会系教科教育学会・第 24 回研究発表大会第 2 分科会発表資料，2013. 02. 09.

⑫米田豊，「國民学校における地理教育と授業構成理論―國民科地理「郷土の観察」を中心として―」，『社会系教科教育学研究』第 18 号，2006, pp.11-18.

⑬角田正和，「内容知と方法知の統一的習得をめざす「身近な地域の調査」の授業開発―三澤勝衛の「郷土地理教育」を援用して―」，『社会系教科教育学研究』第 19 号，2007, pp.20-36.

第2節　社会系教科教育学会研究発表大会の性格と意義
―講演・シンポジウム・課題研究を焦点にして―

　社会系教科教育学会は，「学校教育における児童・生徒の社会的資質形成に関する教育実践の科学的研究を行い，その普及と発展に寄与すること」を目的として，1989 年 11 月 26 日に兵庫教育大学大学院の社会系教育の院生と修了生を母体にして設立された。現在では国内外の小中高大の教員を中心に 500 名を越える会員数を有し，年 1 回の研究発表大会の開催と機関誌の発行などの活動を行っている。2019 年度に設立 30 年を迎え，これまでの学会としての活動の性格と意義について考察したい。

　本学会の主な活動は，「研究発表大会の開催」と「機関誌の発行」にある。これまでの活動については，機関誌『社会系教科教育学研究』の論文を取り上げて，研究動向や今後の研究課題を考察してきている[1]。この方法は，学会員の個人および集団の多様な研究活動の特性や傾向性を解明するには有効である。しかし，学会活動の性格や意義を考察するには，機関誌だけでなく，研究発表大会の企画活動にも着目する必要がある。本学会では 1989 年度から研究発表大会が毎年開催されている。この企画活動としては，研究発表，講演，シンポジウム，課題研究がある。なお，研究発表は会員による個人および集団の研究活動であり，機関誌の論文内容とも関連する。したがって，研究発表大会の企画活動としては，講演，シンポジウム，課題研究を取り上げる。

　そこで，本小論では研究発表大会の学会組織としての企画活動である講演，シンポジウム，課題研究に着目して，これまでの研究発表大会の性格と意義を次の 3 期に区分して考察する。なお，研究発表大会は，第 1 期としての講演期（第 1 回～第 11 回），第 2 期としてのシンポジウム期（第 12 回～第 18 回），第 3 期としてのシンポジウムと課題研究期（第 19 回～第 29 回）の 3 期に区分できる。

14 序章 社会系教科教育学研究の意義

1 研究発表大会の講演期の性格と意義

　講演期の研究発表大会は，第1回研究発表大会（1989年11月26日）から第11回研究発表大会（2000年2月2日）までになる。各大会の講演題目と講演者は次のようになっている。

第1回　1989年11月26日　新学習指導要領・初等社会科の理念と展開　　岩田一彦

　　　　1989年11月26日　新学習指導要領・中等社会科の理念と展開　　星村平和

第2回　1991年 1 月27日　長岡実践への批判に答える　　　　　　　　長岡文雄

第3回　1992年 1 月26日　韓国社会科における新しい動向　　　　　　趙　光濬

第4回　1993年 2 月13日　生活科および社会科の新しい授業づくりをめざして　片上宗二

第5回　1994年 2 月12日　編集長の眼から見た社会科教育の変遷　　　　樋口雅子

　　　　1994年 2 月12日　新しい学力観と社会科授業　　　　　　　　伊東亮三

第6回　1995年 2 月11日　今なぜ『豊かな学力』か　　　　　　　　　星村平和

第7回　1995年 2 月10日　アメリカの社会科教育の動向とわが国の社会科のこれから

　　　　　　　　　　　　　　　　　　　　　　　　　　　　　　　溝上　泰

第8回　1996年 2 月 8 日　社会科教育と国際理解　　　　　　　　　　権　五定

第9回　1997年 2 月14日　内なる国際化と社会科教育　　　　　　　　田淵五十生

第10回　1999年 2 月13日　社会科教育学研究の課題と方法―批判に導かれて―　森分孝治

第11回　2000年 2 月 2 日　社会科における異文化理解教育―遥かなるインド・デカン

　　　　　　　　　　　　高原からのメッセージ―　　　　　　　　野崎純一

　学会の研究発表大会だけでなく，一般的な会合においても講演は，講演題目についての専門的知見者が参加者に講説する形態になる。参加者は講演者の講演題目に関する知識や考え方を学習する性格を有する。この期の研究発表大会の講演においても講演題目に関する大学研究者と出版社編集者が講演者になっている。講演題目は，我が国の学習指導要領の改訂との関連で社会科および生活科の基本的性格，教科課程，授業実践，外国社会科教育の動向，さらに社会科教育学研究の内容である。これらの第1回から第9回までの講演の内容や意

義に関する記載は，各回の『発表要旨集録』にも各号の『社会系教科教育研究』にもなされていないのである。その意味では，この期における講演は学会の研究活動よりも参加者への啓蒙活動の役割を担った活動と言える。講演要旨が『発表要旨集録』に掲載されているのは，第 10 回と第 11 回のみである。両回の講演要旨では，講演題目，講演者名，講演内容の目次が記載されている。例えば，第 10 回の講演要旨は，「社会科教育学研究の課題と方法―批判に導かれて―」の講演題目と次の目次が記載されている。

1. なぜ，社会科教育学研究なのか
2. 社会科教育学の確立
3. 社会科教育実践と関連科学―常識的社会科教育学観―
4. 社会科教育実践と社会科教育学―科学的社会科教育学観―
5. 社会科教育学とは―社会科教育研究と社会科教育学研究―

　この講演は，講演者の森分孝治氏が社会科教育学研究としての批判に対して科学的社会科教育学としての研究方法を講説される内容になっている。このような講演期における研究発表大会の性格と意義は，次のように指摘できる。本学会は兵庫教育大学大学院の社会系教育の院生と修了生を母体にして設立したのである。当初の研究発表は，各指導教員が担当する大学院学生の修士論文内容になっている。この期の研究発表大会は，主に兵庫教育大学大学院学生と修了生の研究発表活動であり，講演は参加者に国内外の社会科教育の動向や研究に関する啓蒙的知見を提供する活動と言える。その意味では，この期は，兵庫教育大学大学院の院生と修了生が主な会員であり，研究交流と教育研究の動向を学習する学会組織としての同窓的性格を有している。そして，その後の学会活動の核になる会員の確保と交流がなされたところに意義がある。

2　研究発表大会のシンポジウム期の性格と意義

　シンポジウム期の研究発表大会は，第 12 回研究発表大会（2001 年 2 月 10 日）から第 18 回研究発表大会（2007 年 2 月 10 日）までになる。各大会のシンポジ

16 序章 社会系教科教育学研究の意義

ウムテーマ等は次のようになっている。

第12回 2001年2月10日 社会科授業論のニューウェーブ—これまでの授業ではど
うしていけないのか，これからの授業をどのようにつく
るか— 中村 哲 草原和博

第13回 2002年2月9日 自国史教育の可能性を問う—小・中学校の歴史教育はい
かにあるべきか— 金子邦秀 原田智仁

第14回 2003年2月8日 社会科新教科書構成の批判と開発—内容知と方法知を視
点にして— 中村 哲

第15回 2004年2月7日 評価から社会科の学力を問う—公民的資質は評価できる
か— 原田智仁

第16回 2005年2月5日 社会科授業実践の臨床的組織解剖—授業構造の規則性を
抽出する— 中村 哲

第17回 2006年2月4日 英国におけるシティズンシップ教育の授業実践 原田智仁

第18回 2007年2月10日 社会科で「読解力」をどうとらえ，どう育てるか—指導・
教材・評価を視点にして— 關 浩和

この期において前期までの講演が，シンポジウムに変わったのである。シン
ポジウムではテーマに関する複数の発表者によって公開討論がなされる形態に
なる。講演では参加者が講演者の講話内容を学習する性格であるのに対して，
シンポジウムでは参加者が複数の発表者の考え方や意見を踏まえながら主体的
に各自の考え方や意見を形成する性格になる。したがって，シンポジウムでは
論点が次のように明確になっている。

第12回「社会科授業論のニューウェーブ—これまでの授業ではどうしてい
けないのか，これからの授業をどのようにつくるか—」の社会科授業論（学習
指導論）。第13回「自国史教育の可能性を問う—小・中学校の歴史教育はいか
にあるべきか—」の歴史教育としての学習指導論。第14回「社会科新教科書
構成の批判と開発—内容知と方法知を視点にして—」の社会科学習指導の主教
材である教科書構成の課題と改善。第15回「評価から社会科の学力を問う—
公民的資質は評価できるか—」の「公民的資質」の学習指導論と評価の関連。

第 16 回「社会科授業実践の臨床的組織解剖—授業構造の規則性を抽出する—」の授業構造としての内容構成と展開方法。なお，第 17 回では「英国におけるシティズンシップ教育の授業実践」に関する英国研究者の講演になっている。第 18 回「社会科で『読解力』をどうとらえ，どう育てるか—指導・教材・評価を視点にして—」の社会科教育での「読解力」形成の学習指導論。

　これらの論点は，研究対象である社会科授業実践に関連している。さらに，シンポジウムの企画は，各回とも『発表要旨集録』にテーマと司会，コーディネーター，シンポジスト，指定討論者の担当名だけでなく，趣旨や論点と発表内容要約も記載されている。また，第 12 回と第 16 回のシンポジウムの内容については，機関誌の『社会系教科教育研究』の第 13 号と第 17 号に論述されている。その意味では，シンポジウムの企画が，前期の同窓的学会組織の運営から兵庫教育大学関係者以外の会員も含めて社会科教育（地歴公民教育も含む。）の学習指導論（授業論），教科書構成，授業構成，学習技能，評価等に関する研究課題を共同的に研究する学会活動の研究的性格を形成するようになってきたのである。

　例えば，第 12 回のシンポジウムについては，『発表要旨集録』にテーマの趣旨，シンポジストの授業論，その授業論に基づく学習指導案が記載されている。これまでの「理解・説明・認識・問題解決または意思決定など」の社会科授業論の問題を指摘し，その問題を改善する授業論から「人権」に関する学習指導案を例示し，今後の社会科授業論の検討する内容である。さらに，このシンポジウムについては，『社会系教科教育学研究』（第 13 号 2001 年 10 月 pp.1-50）に次のように掲載されている。

　提案論文

議論による社会的問題解決の学習　　　　　　　　　　　　　　　　　　佐長健司

意思決定の過程を内省し，認識の社会化をはかる社会科授業　　　　　　豊嶌啓司

社会的合意形成を目指す授業—小単元「脳死・臓器移植法と人権」を事例に—

　　　　　　　　　　　　　　　　　　　　　　　　　　　　　　　　吉村功太郎

開かれた価値形成をはかる社会科教育：社会の自己組織化に向けて—単元「私のライフ

18　序章　社会系教科教育学研究の意義

プラン―社会をよりよく生きるために―」の場合―　　　　　　　　　　溝口和宏

　討論論文

真理性か正当性か，市民の基礎形成か市民形成か　　　　　　　　　　　池野範男

価値観育成授業論の課題　　　　　　　　　　　　　　　　　　　　　　峯　明秀

市民的資質育成における社会科教育―合理的意思決定―　　　　　　　　森分孝治

　このようにシンポジウムにおける提案授業論の特性，意義，課題に関する研究成果が『社会系教科教育研究』に記載されたことによって，学会組織としての研究成果の共有化と今後の教育研究の進展の可能性が開示されるようになったのである。さらに，本シンポジウムが各授業論に基づいて「人権」に関する内容の授業実践事例を提示して論議するように構成されているので，授業理論と授業実践を関連づけた企画になっている。その意味では，本シンポジウムは教科教育研究の方法論として理論から実践への開発研究を学会組織として共有化し，定着化していく役割を担った意義がある。

　第12回と同様に第16回研究発表大会のシンポジウム「社会科授業実践の臨床的組織解剖―授業構造の規則性を摘出する―」も『社会系教科教育学研究』（第17号 2005年11月 pp.71-96）に次のように掲載されている。

シンポジウム概要　　　　　　　　　　　　　　　　　中村　哲（兵庫教育大学）

情報社会に求められる社会科授業―小5単元「わたしたちの生活と情報」の場合―

　　　　　　　　　　　　　　　　　　　　　關　浩和（広島大学附属小学校）

社会科授業実践の臨床的組織解剖―小5「わたしたちの生活と情報」を事例として―

　　　　　　　　　　　　　　　　　　　峯岸由治（さいたま市立栄和小学校）

關実践に見る「社会科：授業易行化の視点」　　　伊藤裕康（香川大学教育学部）

社会科授業研究の方法―關浩和先生小5「わたしたちの生活と情報」の批判的分析―

　　　　　　　　　　　　　　　　　　池野範男（広島大学大学院教育研究科）

シンポジウムの意義と課題　　　　　　　　　　　　中村　哲（兵庫教育大学）

　このシンポジウムでは，關浩和先生の小5単元「わたしたちの生活と情報」の授業実践事例を考察対象として，「現象としての授業実践がなぜそのようになっているのか」を，研究関心に対応する研究方法の立場から考察し，研究成

果としての規則性を抽出することが目的とされている。本シンポジウムは同じ授業実践事例を考察対象として，研究関心と研究方法を異にする立場から授業実践事例の内容構成と展開方法を考察する構成になっている。

　このようなシンポジウム期は，講演期の学会組織として同窓的性格を変革した次の性格と意義が指摘できる。会員は兵庫教育大学関係者だけでなく，他大学の教員や院生，多地域の小中高の教員や教育委員会関係者，文部科学省の関係者，海外の教育研究者等も入会され，同窓的性格が薄らいできている。また，シンポジウムの企画により会員が複数の発表者の考え方や意見を踏まえながら主体的に各自の考え方や意見を形成する学会としての研究団体の性格を有するようになったのである。さらに，第12回と第16回のシンポジウム企画では教科教育学構築において重要課題である研究方法論を視野にしているので，本学会組織の運営において社会系教育の授業実践を対象とする解明研究と開発研究の方法論に基づく研究方法の共通理解がなされてきたと言える。その意味では，この期は，会員の核になる兵庫教育大学関係者だけでなく，大学，学校，教育団体，外国の教育研究の関係者の加入により全国的学会組織の性格が強まり，社会系教育研究としての授業研究方法論の共有化が覚醒されたところに意義がある。

3　研究発表大会のシンポジウムと課題研究期の性格と意義

　シンポジウムと課題研究期の研究発表大会は，第19回研究発表大会（2007年10月27日）から第29回研究発表大会（2019年2月11日）までになる。各大会のシンポジウムと課題研究等のテーマは紙面の都合上，論述内容との関連で取り上げる。この期においては，学会開催として，「全国社会科教育学会」（第19回と第28回）と「鳴門社会科教育学会」（第27回）との合同研究大会も実施されている。

　例えば，この期の先駆けであり，合同大会の第19回研究発表大会のシンポジウムでは，『「変革の時代に，社会科はどう変わりうるか」―グローバリズム

とナショナリズムの狭間で―』のテーマで，「戦後の日本における民主主義社会の維持・発展に寄与してきた社会科が，経済・社会のグローバル化と，国内におけるナショナリズム傾向が強まる中で，どのように変わりうるのか」が論点である。そして，日本と同様に「グローバリズムとナショナリズムの狭間で」社会科教育の改革に取り組んでいる中国と韓国も含めた義務教育段階の社会科カリキュラム編成の考察が次のように企画されている。

「変革の時代に，社会科はどう変わりうるか」―グローバリズムとナショナリズムの狭間で―　　　　　　　　　　コーディネーター　中村　哲（兵庫教育大学）

　　　　　　　　　　　　　　　　　指定討論者　岩田一彦（兵庫教育大学）

小・中学校社会科カリキュラムをどう変えるか―ユニバーサル・スタンダードを求めて―　　　　　　　　　　　　　　　　　小原友行（広島大学）

ナショナリズムとグローバリズムの両立をめざす中国の社会科カリキュラムの編成と課題　　　　　　　　　　　　　　　　沈　暁敏（華東師範大学）

グローバリズムの視点から見た韓国の社会科カリキュラムの編成と課題―現行及び改訂試案の小・中学校社会科カリキュラムをもとにして―　　田　鎬潤（長野韓国教育院）

　このシンポジウムの国際的比較の視野を受けて課題研究では，次の我が国における創造的な社会科教育実践と教師教育実践の提案と論議がなされている。

課題研究Ⅰ　変革の時代の小学校社会科教育実践の創造　　　岡﨑誠司（富山大学）

課題研究Ⅱ　変革の時代の地理教育実践の創造　　　　　吉水裕也（兵庫教育大学）

課題研究Ⅲ　変革の時代の歴史教育実践の創造　　　　　原田智仁（兵庫教育大学）

課題研究Ⅳ　変革の時代の公民教育実践の創造　　　　　　大杉昭英（岐阜大学）

課題研究Ⅴ　変革の時代の社会科教師教育実践の創造　　吉田正生（北海道教育大学）

　これらの課題研究は，小中高大の各学校段階における変革の時代における社会的背景を視野にどのような教育実践が必要とされるのかという論点で授業実践事例の提案と議論が意図されている。さらに，第19回の合同大会のシンポジウムと課題研究の各発表の内容，課題，意義が，『社会系教科教育学研究』「第3部　合同研究大会特集（シンポジウムと課題研究総括）」（第20号2008年12月pp.191-264）として記載されている。この第19回の合同大会を契機に研究発

表大会のシンポジウムと課題研究の内容は『社会系教科教育学研究』の学会誌に掲載されるようになっている。その意味では，研究発表大会のシンポジウムや課題研究の研究成果を共有化し，継続的・関連的研究の進展が意図されてきたのである。

第 20 回では，シンポジウムのテーマが「歴代会長による学会発足 20 年の回顧と展望」の記念大会である。その後の大会のシンポジウムと課題研究の動向としては，社会系教科教育学研究方法と社会系教科教育学習指導研究に関する論点に分類できる。前者は，次の研究発表大会である。第 21 回「社会科教育学研究は授業実践にいかに寄与するのか」。第 22 回「社会科教育研究における授業開発の意義と課題」。第 23 回「社会系教科教育授業実践の持続的研究とその基盤構築」。第 24 回「社会科授業研究の有効性を問う」。第 27 回「社会科授業研究の実証性を問う―研究目的と方法の違いに着目して―」。後者は，次の研究発表大会である。第 25 回「『個人化』の時代に，社会科は社会問題にどう取り組むか」。第 26 回「社会科授業研究において，キーコンピテンシーをどうとらえるか」。第 28 回「社会系教科教育は主権者の育成にどう取り組むか」。第 29 回「社会系教科は新学習指導要領にどう向き合うか」。

これらのシンポジウムと課題研究の関連としては，シンポジウムと課題研究が関連する形態（第 19 回，第 25 回，第 26 回，第 27 回，第 28 回，第 29 回）と関連しない形態（第 20 回，第 21 回，第 22 回，第 23 回，第 24 回）に分かれる。前者はシンポジウムのテーマを小中高大の学校段階や地歴公民の内容等の専門的領域ごとに深めて考察する形態である。後者はシンポジウムのテーマとは異なる各課題研究のテーマで多角的に考察する形態である。このようにシンポジウムに課題研究が設けられることによって研究成果の専門的深化と多角的拡大を図る研究活動へ進展してきたと言える。その意味では，この期は，他学会との共催や海外の研究者との協力も含めて国内外の学会組織との連携も可能になる研究団体の性格を有するようになってきたのである。さらに，研究論点や研究成果の共有化が図られ，会員の研究関心や所属学校段階に対応して社会系教育研究としての深化と多角化が図れてきたところに意義がある。

4 今後の研究発表大会の課題

本小論では研究発表大会の学会組織の企画である講演，シンポジウム，課題研究に着目して，第1期として講演期（第1回～第11回），第2期としてシンポジウム期（第12回～第18回），第3期としてシンポジウムと課題研究期（第19回～第29回）の3期に区分して，研究発表大会の性格と意義について考察してきたのである。これまでの学会誌の掲載論文による研究動向と研究課題の考察とは異にする研究発表大会の企画の考察によって今後の学会組織としての研究発表大会を推進する次の要因が明確になったところに研究意義がある。①学会組織の企画が重要な役割を有すること。②学会組織の企画を遂行する上で学会員の数と特性が基盤になること。③研究発表大会と学会誌を関連付けること。④他の学会組織との連携を図ること。今後の研究発表大会の更なる進展を図るには，これらの要因を踏まえて社会的背景を視野に学会組織としての新たな企画の創造と実施が課題になる。

（中村　哲）

註
（1）次の主な論文がある。
　①岩田一彦「21世紀社会科と基礎・基本論」社会系教科教育学会『社会系教科教育学研究』第10号 1998年10月 pp.1-4。
　②中村哲「社会系教科教育研究の傾向と基盤―授業実践を根拠づける持続的研究とその基盤構築―」社会系教科教育学会編『社会系教科教育研究のアプローチ～授業実践のフロムとフォー～』学事出版 2010年10月 pp.10-17。
　③社会系教科教育学会『社会系教科教育学研究』第30号 2018年12月 pp.3-66。

第 I 章

社会系教科におけるカリキュラム・マネジメント
の理論と実践

第1節　社会科の本質に迫るカリキュラム・マネジメント

1　求められるカリキュラム・マネジメント

　平成29年3月に公示された学習指導要領に先立つ理念の実現に必要な方策として，カリキュラム・マネジメントの重要性が3つの側面から挙げられている[1]。教育課程全体を通した取組を通じて，各教科等の教育内容を相互の関係で捉え，学校教育目標を踏まえた教科等横断的な視点で教育活動の改善を行っていくこと，教科等や学年を越えた組織運営の改善を行っていくこと，各学校が編成する教育課程を核に，教育活動や組織運営などの学校の全体的な在り方を改善していくことである。そのためには，計画（P）・実施（D）評価（C）・改善（A）のPDCAサイクルが必要とされる。しかし，これまでも教育内容の配列，年間，単元，各授業等にかかる指導計画の作成，児童や地域の実態の把握，教育活動の実施に必要な人的・物的資源の確保等からの改善が提案されてきているにもかかわらず，現実には，多忙な学校現場において，カリキュラム・マネジメントや授業改善のPDCAを回すには至っていない。以下，教科のカリキュラムをPDCAサイクルにより改善するための方策を，大阪教育大学附属平野小学校の研究開発の取組及び滝沢知之教諭の実践の事実から導く[2]。

　結論を先に示す。

> 1　教育目標を実践研究の中心に据え，学校教育全体のカリキュラムをチェックし改善点を見出す。
> 2　校内研修は目的と進行表，役割分担を示し，限られた時間で話し合ったことや課題を可視化する。

3　校時表を見直し，話し合いの時間を生み出す。ネットワークを活用して情報を共有する。

4　授業を公開する，成果を発表する，証拠（エビデンス）を示す，外部評価を取り入れる。

5　単元ごとの計画カリキュラムから学習者自身の追究に応じて柔軟に学習の流れを変える実施カリキュラムに調整できるカリキュラム編成・授業デザイン力を授業者が身につける。

(1) 教育目標を実践研究の中心にする

　大阪教育大学附属平野平野小学校は，平成 28 年度から 4 年間の文部科学省研究開発学校の指定を受け，新教科「未来そうぞう」科及び各教科・領域における「未来そうぞう」の研究に挑んでいる[3]。長く学校教育目標として「ひとりで考え，ひとと考え，最後までやり抜く子」を追究してきたことから，主体性・協調性・創造性の育成の上に，将来の社会を子どもたちがどのように未来を想像し創造していくのか，実践力をどのように培うのかを問題意識として出発する。いずれの学校においても学校教育目標を掲げ校内研究会を行うが，日々の教育活動が学習者に目指すべき資質・能力としてどのように身についているのか，どのように証拠を示すのか，曖昧である。学校教育全体のカリキュラムをチェックし改善点を見出し，教育内容や方法をどのように変えていく必要があるのか，チェックすることから始める。

(2) 校内研修　話し合いを可視化する

　PDCA の第 1 は，校内研修の持ち方である。例えば，ホワイトボードを使って，教員自らが目指す学習者の姿を話し合う。そこでは，児童の発達の見取りや教科・領域の学習や行事において，学年や学級を横断的・系統的につないで共通して取り組む学習内容や指導方法が共有される。テーマ別に分かれたグループの話し合いは，模造紙に書き込みを残し，それを全体の場に返す。教務

と研究部を中心に研修計画を立て，研修会の目的と進行表，役割分担を明確に示す。限られた時間で話し合ったことや次回課題を必ず可視化して参加者に返す。忌憚のない意見が交わされる同僚との学びは，同じ目標や願いをもつ信頼関係の上で成立する。

（3）話し合いの時間を生み出す

　第2は，時間を生み出す工夫である。計画的な研修であっても，皆が集まる時間確保は難しい。多くの学校で取り入れている朝学活や読書，ドリル学習の時間を15分のモジュールとして横帯に設定し，「未来そうぞう」の活動目標や振り返りの時間とすることで週に1時間を確保する。これにより毎週木曜日の6限を削減し，授業公開以外の学級を下校させ，全職員で参観を行い検討会につなげる。また，研究日として各部会の連絡や活動時間とする。

（4）情報を共有する

　研究内容に関わる文書や資料は，googleドライブの共有フォルダーで管理し，だれでもアクセスできるようにすることで情報共有を図る。また，無線LANのネットワーク環境を整え，職員室や教室のどこにいても個人割り当てのPCやタブレットでメッセージや伝達事項を確認できるようにする。

（5）外部評価を取り入れる

①授業を公開する

　授業参観や研究発表会による外部からの刺激は，教員にとって精神的な負担となるが，自らの授業力を鍛え成長する場と捉える。附属校では年度末の研究発表会に向けて，指導者・協力者を迎えて授業公開を行う。また，特別研究指定校としての発表会，若手教員や学生に向けて教育技術力アップのOpen-Café研修会，校内で互いに授業を見合うInner Caféの期間を設ける等，授業公開の機会が多い。学習参観日には多くの保護者が来校したり，普段から保護者の参画を取り入れた行事や活動をしていたりする。国内外の研究者や実践者が訪

問する機会も多くなってくるため，必然的に外部から評価されることが教員自身に意識的・無意識的に日常化される。その成果は，児童が訪問者を意識せず，日常の姿で学習に取り組めているかどうかに表れる。

②成果を発表する

研究指定校や開発校は，発表要項集や研究をまとめた紀要等の刊行によって成果を発表する。しかし，それらは発表会の参加者や学校の取り組みに関心を寄せる人が特別に入手しない限り，注目されることはない。「研究のための」研究に終わっていないか，一般者からのチェック機能を働かすことが必要となる。教員の中には，iTunes U で ICT 便りとして実践例を発信し，教材や指導展開例を公開する者も表れてきた。新聞，企業の HP や SNS でも取り上げられ，自己研鑽を積む姿も見られる。

③証拠エビデンスを示す

成果検証は多くの報告書において，学習者が記述した作品の一部を切り取った感想文や学習への取り組みを振り返る自己評価カードの集計が示されるが，妥当性や信頼性には疑義がもたれる。3 年次の研究は，教師同士の学習者の姿の見取り，観察による質的な分析の他，学校生活の意欲と学級満足度の尺度による Q—U のアンケート調査の活用に取り組んでおり，質問紙調査による目標到達の因子分析による量的調査を試みている。証拠エビデンスを示すことが今後ますます重要である。

2　計画カリキュラムから実施カリキュラムへ

教科のカリキュラムを PDCA サイクルにより改善する実践例を社会科・滝沢知之教諭（当時）の取組から示す。滝沢氏は，2016 年 7 月に第 3 学年単元「店ではたらく人びと」を開発した。授業の流れは地域の活性化を考える中で，名物になるパンを考案しお店に働きかけ，実際に作って販売する実践である（図 1-1-1）。

パン屋の新商品を開発する活動を通して，消費者のニーズを取り入れたお店

第1節　社会科の本質に迫るカリキュラム・マネジメント　29

2016.7.23実施　第3学年社会科学習指導案

| 子どもの活動と意識 | 指導者の場の構成 |

○支援　◇評価

1　前時までの学習をふりかえる。

| みんなで，パン屋で売る新しい商品を考えたね。 | SNSにあげたけど，どのようなアドバイスがあるか気になるな。 | 早くみんなで考えた新商品のパンを売って，お客さんに買ってもらいたいな。 |

2　本時のめあての確認

　　　　　新商品のパンを決定しよう。

3　新しい商品のパンに必要なことを資料から確認して再修正をはかる。

○消費者の目線から

もっと小さい子どもも食べやすい味にしてほしい。少しねだんが高いので，安くしてほしい。かためのパンにしてほしい。

○経営者の目線から

りえきが出なくなってしまうのでねだんはもう少し高めにするべき。
ざいりょうのお金が高いので，使うざいりょうをへらさないといけない。

4　ふりかえり

実際に商品化され売り出されたパン　⇒

○これまでの学習と座席表をもとに，学級での問題を確認して学習の流れをとらえる。
◇前回に考えた新商品のパンを提示する（外見・値段・材料）。
○SNSに寄せられたレビュー（顧客目線）と店長のアドバイス（経営者目線）の2つを用意して，実現できるよう対策を話し合う活動を入れる。
◇教師は，現在考えられている新メニューに必要なことを整理して板書していく。

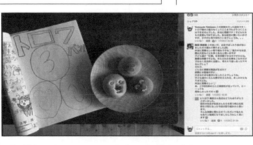

滝沢知之教諭による単元名「店ではたらく人びと」より筆者改変
「未来そうぞう」と並行し児童の関心に応じて，計画を随時変更する

図1-1-1　第3学年社会科学習指導案　単元名「店ではたらく人びと」

30　　第Ⅰ章　社会系教科におけるカリキュラム・マネジメントの理論と実践

2016 年度研究授業　11 月 30 日 (水)　(全 23 時間　本時 20 時)

スーパーは，お客の
アンケートも見て，
よりよい店になろう
と努力しているな。

新しい商品を作るた
めには，ただ自分が
好きなものを作るだ
けではだめだな。

買う人がよろこんで
くれるために，たく
さんの工夫をしてい
るんだね。

自分たちで，新商品を
考えた時もけっこう苦
労したね。世の中の会
社もそうなのかな。

単元のふりかえりをしよう

形や味などが決定した
後は，原料価格や人件
費なども考える視点で
あることを確認する。

じっさいに食べてみる
と思ったのとちがうと
こもあるな。

テスト版で作成してもらったパンを試
食して最終確認をする。

新商品を決定しよう（最終案）

今までの学習を通して感じた
ことをまとめて，発表する。

味や形は決まったけ
ど，値段もしっかり
考えないとな。

完璧だと思った
けど，まだダメ
だな‥

新商品を考えよう（第 3 案）本時

お店に第 3 案をプレゼンしに行こう

予め店長のアドバイスや SNS の情報を
USB にして配布，閲覧しておくようにする。

一番いいと思ったのは，○
○くんです。なぜなら，牛
肉ゴロゴロ，チーズたっぷ
りで具材も良いし，食パン
にカレーということで，す
ごくシンプルだからです。

○くんと○さんの考え
を合体していいものが
できました。

お客さんがならんで
も，買いたいパンを
作りたいです。

トロワのお店に
さいようされる
か心配です。

新商品を考えよう（第 2 案）× 2

SNS を通して，様々
な顧客のレビューも
見て再構成できるよ
うにする。

3 人＝トロワ
＝フランス語
ということを
知ってふしぎ
でした。

売れる方法を思
いつきました。
窓をあけるとい
いにおいが出る
からです。

新商品を考えよう（第 1 案）

お客とお店のそれぞ
れの立場から，新商
品に合っているもの
は何か，考えるよう
にする。

これから，一人で
おつかいする時に
使いたいです。

これから買い
物も理由でど
こか選べるか
ら，便利！

パン屋ははじめから作る
から，機械がたくさんあ
るのだな。

パン屋の工夫

1 人 1 つの商品を考え
て，学級全体で代表の
商品を何にするか話し
合ってきめる。

買い物をする時の工夫を考えよう。

※滝沢教諭の単元構造図より一部抽出，修正加筆

図 1-1-2　2017 年度　第 3 学年社会科実施後の単元構造図

第1節　社会科の本質に迫るカリキュラム・マネジメント　　31

2017年度研究授業　11月29日(水)　（全31時間　本時28時）

トロワとパンをおろしている他店に販売していただき，
売り上げの数を把握し，新商品として成功かどうか確
かめる。（3学期）

┌─ ─ ─ ─ ─ ─ ─ ─ ─ ┐
│　　　　1月に発売へ　　　　│
└─ ─ ─ ─ ─ ─ ─ ─ ─ ┘

やっと決まった
ね。売り出され
るのが楽しみ

パンを1つ考え
るのに，こんな
に苦労するんだ

第4案のパンについて考えよう　（本時）

店長さんに実際に作ってもらい判断する

最終案をプレゼンしに行こう

やっぱり作らな
いとわからない
ことが分かりま
した。おいしい
パンを作りたい
と思います。

パンを考えるのは，とても
かんたんだと思っていたけ
れど，たくさんせいげんが
あるので，とてもむずかし
いんだなと思いました。

SNSとかいろい
ろなところでコ
メントをもらっ
たのでよかった。

みんなに，人気
なパンで，作り
やすいパンにし
たいです。

店長さんに第3案をプレゼンしに行こう

みんなの意見から，新商品の第3案を考えよう

実際にトロワに行
きプレゼンする。

SNSを活用し，一般
の人の意見を集める。

アドバイスをもらって，自
分たちが思いつかないよう
なことが教えてもらった。
SNSでアンケートするの
で，結果が楽しみ

がんばって，決めら
れるようにしたいで
す。新作パンを作れ
るように34人で協
力したいです。

みんなが選んだの
は，食べやすいし，
おいしいように，
細かい所までかい
ているから。

またしんかさせ
てできたパンを
森店長さんに見
せて作ってほし
いです。

店長さんに考えたパンをプレゼンしに行こう

アドバイスをもらってより良いパンを考えよう

未来そうぞうに繋げて，「平野ら
しいパン」というテーマを掲げる

実際にトロワに行きプレゼンする。

トロワで売ってくれるパン
を作ってこれで人気になっ
てトロワが有名になったら
な～と思いました。

パンを考えるのは，けっこ
うむずかしいです。森店長
さんはどうやってパンを作
り出したんだろうか

トロワは，せまいけれど人気のお店
だったのですごいなと思いました。

トロワ（地いきのせんもん店）
の見学をふりかえろう。

トロワで売るパンを考えよう

店長が働いていて嬉しい時は「新しいパンができた時」
であることを取り上げる。

子どもも，iPadで撮影する

地いきの専門店の見学の計画を立てよう。

※単元全体の構造図より
　パンづくりのみ抽出

図1-1-3　2018年度　第3学年社会科実施後の単元構造図

の工夫を知る本物の学習となった。23時間もの時間からなる実践は，2017年度にはさらに商品開発の試行錯誤が増え，31時間となった（図1-1-2・1-1-3）。「販売の仕事に携わる人々の工夫や努力を学ぶ」において，消費者のニーズと生産・販売のコスト・効率を調整しているお店の商品開発そのものを学習にすることで，現実場面のアイデアの創出や具体的可能性による修正というリアルな知的な体験が展開された。

　単元の流れは，お店や人との連絡調整を行い，綿密な単元計画を立て，実践しながら学習状況に応じて随時，学習の流れが変更されている。教師は学習者の思考に沿って，事前に学習材を用意する。しかし，真に重要なのは学習者自身の追究に応じて計画したカリキュラムを柔軟に変えることである。本事例は，第3学年の生産・販売の学習において，お店や商店街の見学を行い，地域の活性化を考える中で，名物になるパンを考案し，パン屋さんに働きかけ，実際に製品をつくってもらい販売する実践に結びついた学習を示している。これは，教師自らが①学校の教育目標や研究の方向性を踏まえ，教科等横断的な視点で目標達成に必要な教育内容を組織的に配列したこと，②教育活動に必要な人的・物的資源を地域の資源も含めて活用しながら効果的に組み合わせたこと，③子どもの姿や学習状況に応じ，実践を通じて，評価・改善を図る一連のPDCAサイクルを行ったことになろう。すなわち，教師自身が柔軟に学習の流れを調整できるカリキュラム編成・授業デザイン・評価力をもつこと＝教師自らによるカリキュラム・マネジメントである。

（峯　明秀）

　　註
（1）幼稚園，小学校，中学校，高等学校及び特別支援学校の学習指導要領等の改善及び必要な方策等について」（H28.12.21答申）学校におけるカリキュラム・マネジメントが強調される。
（2）峯明秀「教科のカリキュラムをPDCAサイクルにより改善する実践例」『指導と評価』No.749，図書文化，2017年，pp.15-17。
（3）大阪教育大学附属平野小学校『未来を「そうぞう」する子どもを育てる探究的な授業づくり』明治図書，2018年他。

第2節　21世紀アメリカの社会科教育
─C3FW／CCSS とジョージア州社会科 FW─

1　全米規模の K-12 学年を通じての社会科のフレームワーク論の提唱

　21世紀を迎えた今日でも，アメリカでは，日本の学習指導要領に相当する全国的なカリキュラムは，存在していない。しかしながら，今世紀に入り，社会科についての全米規模の K-12 学年を通じての社会科のフレームワーク論が，学会，州実務担当者，研究者によって論じられるようになった。それらの提言の中でも，注目すべきものとしては，(1) NCSS（全米社会科学会）による「社会科の10大テーマ」の提唱，同じく (2) NCSS の C3（大学，キャリア，市民）FW（フレームワーク）の提唱及び関連学会に呼びかけてのそれに基づく授業プランの提唱，そして，(3) 全国州教育委員長会議による CCSS（社会科のための共通コアカリキュラム）の提唱がある。そこで，本稿は，こうした全国的な動向が，1つの州の教育課程 FW の編成レベルでどのような形で具体化されているのかを，検証し検討を加えることを目的にした。

　上記，(1) NCSS（全米社会科学会）による「社会科の10大テーマ」の提唱は，2010年刊行の「社会科のための全国カリキュラムスタンダード：教授，学習，及び評価のための FW」においてなされた。それら10大テーマは，以下の通りである。1文化，2時間，連続性，及び変化，3人々，場所，及び環境，4個人の発達及びアイデンティティー，5個人，集団，及び制度，6権力，権威，及び統治，7生産，分配，及び消費，8科学，技術，及び社会，9グローバルな関係性，10公民の理念及び実践，である。

　(2) NCSS の C3FW の提唱及び関連学会に呼びかけてのそれに基づく授業

プランの提唱がなされた。NCSS はその年報のうち 112 号 (2012),113 号 (2013),114 号 (2014) の 3 年分を連続し,さらに 116 号 (2018) において,C3FW に対して,社会科のナショナル・スタンダードの 10 大テーマが,K-12 学年の全ての教授学習の過程において,相互補完性を持って,固有の貢献をなしうる可能性を提起することに充てた。C3FW の特徴は,単元構成を「探究弧」と呼ぶ 4 つの次元で過程構成を行うところにある。すなわち C3 フレームワークでは,次元 1「発問を開発し探究を計画する」,次元 2「学問的な概念及び道具を適用する〈公民〉〈経済〉〈地理〉〈歴史〉」,次元 3「証拠を収集し,評価し,そして使用する〈資料を収集し,評価する〉〈主張を展開し,証拠を使用する〉」,次元 4「結論を伝達し,情報に基づく行動をとる〈結論を伝達し,批判する〉〈情報に基づく行動をとる〉」から構成されている。この次元 1〜から次元 4 が「探究弧」といわれ,社会科授業に共通の探究過程を提供するとともに,社会科に関連する社会諸科学については次元 2 においてその役割を位置づけ,確認したことに意義がある。(3) 全国州教育委員長会議による CCSS (社会科のための共通コアカリキュラム) の提唱は,この C3FW の中でも生かされている。

2 ジョージア州の社会科フレームワーク

ここではまず,ジョージア州の社会科の FW について 2008 年と 2016 年の K-12 学年について,特色と変化を見ておこう。以下の表でわかるように,ジョージア州では,2 つのカリキュラムの枠組みにおいて,K-5 学年で学年の主題に変化が見られるが,6-12 学年では変化が見られない。K-1 学年では,内容的に大きく変化したわけではないが,それでも,基礎や伝統が強調されるように変化した。また,その伝統の学習は 3 学年から 1 学年へと移行し簡略なものとなった。これと同時に,4-5 学年の 2 年間で学習されていたアメリカ史が 3-5 学年の 3 学年に渡って学習されるようになったことも伝統や歴史の重視の結果であるとともに,CCSS の 3R's の重視の結果初等段階では読み方や書き方に時間が割かれた結果であると考えられる。

第2節　21世紀アメリカの社会科教育　　35

表1-2-1　ジョージア州の社会科フレームワーク（2008年／2016年）

学年	2008年	2016年
K	アメリカのシンボル	アメリカの基礎
1	アメリカのヒーローたち	私たちのアメリカの伝統
2	ジョージア，私の州	ジョージア，私の州
3	私たちの民主主義的伝統	合衆国史1
4	1860年までの合衆国史	合衆国史2
5	1860年以降の合衆国史	合衆国史3
6	ラテン・アメリカ，カリブ海とカナダ，ヨーロッパ，及びオーストラリア	ラテン・アメリカ，カリブ海とカナダ，ヨーロッパ，及びオーストラリア
7	アフリカ，南西アジア，南及び東アジア	アフリカ，南西アジア，南及び東アジア
8	ジョージア学習	ジョージア学習
9〜12	アメリカの政治・公民／経済学／合衆国史／世界地理／世界史／心理学／社会学	アメリカの政治・公民／経済学／合衆国史／世界地理／世界史／心理学／社会学

　このジョージア州社会科FWには，NCSSの10大テーマに相当するものとして「関連づけるテーマ」が示されている。それほどにNCSSの10大テーマはアメリカの社会科教育の中で取り扱われる重要なテーマとして各州でも重要視されていることがわかる。紙幅の都合でK-8学年の「関連づけるテーマ」を示すと以下のようになる。これらについては，各学年に5~12ほどのテーマが配当され，各学年の最初の単元で，これらのテーマそのものについて集中的に学習され，各単元では，これらのテーマのいくつかが，さらにそれぞれのテーマの大部分が複数学年にまたがって学習される。

　なお，CCSSにおいて6-12学年のために設定されたリテラシーの最終基準である「歴史／社会科のための読み方」「理科／技術科のための読み方」「歴史／社会科／技術科のための読み方」に対応する形で，ジョージア州社会科フレームワークには「第6-8学年の歴史／社会科，理科，及び技術科におけるコモンコア・ジョージア到達基準」が設けられ，ここにも特にCCSSとの対応が図られていることがわかる。（単元例参照）

36　第Ⅰ章　社会系教科におけるカリキュラム・マネジメントの理論と実践

表1-2-2　ジョージア州社会科フレームワークの「関連づけるテーマ」(K-8学年)

K	1	2	3	4	5	6	7	8
文化 個人，集団，制度 位置 希少性 時間，変化，連続性	文化 個人，集団，制度 位置 希少性 時間，変化，連続性	対立と変化 権力の分散 個人，集団，制度 位置 希少性 生産，分配，及び消費 時間，変化，連続性	信念と理念 対立と変化 権力の分散 人間環境の相互作用 個人，集団，制度 位置 希少性 生産，分配，及び消費 時間，変化，連続性	信念と理念 対立と変化 権力の分散 個人，集団，制度 位置 移動／移住 生産，分配，及び消費 技術革新	信念と理念 対立と変化 位置 移動／移住 生産，分配，及び消費 技術革新	対立と変化 文化 通商からの利益 統治 人間環境の相互作用 位置 移動／移住 生産，分配，及び消費 時間，変化，連続性 希少性	対立と変化 文化 通商からの利益 統治 人間環境の相互作用 位置 移動／移住 生産，分配，及び消費 時間，変化，連続性 希少性	信念と理念 対立と変化 対立の解決 権力の分散 個人，集団 位置 移動／移住 生産，分配，及び消費 法の支配 技術革新

3　ジョージア州社会科のジョージア学習の単元とその考察

　ジョージア州社会科FWでは第2学年と第8学年の2回ジョージア学習が行われる。

　第2学年のジョージア学習は，単元1テーマを関連させる，単元2我々のジョージア，単元3ジョージアの最初の人々，単元4ジョージアは1つの植民地になる，単元5ジョージア人と公民権，単元6ジョージアの指導者たち，の6つの単元からなる。この学年での学習は，ジョージア州について対立と変化，権力の分散，位置，希少性，生産・分配・消費，時間・変化・連続性の6つの永続的なテーマから，歴史，地理，公民（政治，経済，社会）についてK-12学年の基礎的な学習をするものとなっている。

第8学年のジョージア学習は，単元1テーマを結びつける，単元2ジョージアの地理とアメリカン・インディアンたち，単元3探検と植民地化，単元4州としての地位，単元5南北戦争，単元6新しい南部，単元7 20世紀，単元8第二次世界大戦後のジョージア，単元9公民権，単元10現在のジョージア，単元11州及び地方の政治，単元12成人及び青少年の裁判システム，単元13個人的な金融，の13単元からなる。ジョージア州について，その基礎となる10個の「関連づけるテーマ」を視点に，地理，アメリカ史を背景にした詳細な州の歴史，ジョージア州の憲法，行政，司法，及び個人的な金融の学習をする。内容的には，第2学年のジョージア学習の発展版となっている。

　そこで，ここでは，ジョージア州社会科FWの理解をより容易にするために，特に，最近の言語技能との関連が明確に示されている，第2学年の最終単元について取り上げその実際を考察し，検討してみたい。ここでも，紙幅の制約上，まず，FWの実物の要所・要点を摘出し，しかるのちに考察をすることとする。

　「単元6：ジョージアの指導者たち」のFWは以下のようになっている。

2nd Grade Georgia Studies–Unit 6–Georgia Leaders	
精密な単元の焦点	この単元では，生徒たちはJimmy Carter大統領とJuliette Gordon Lowについて学習するであろう。生徒たちはいかにしてロウの指導力がガール・スカウトの設立及び継続した成功において利点を発揮したのかを学習する。生徒たちはまた，ジミー・カーターの生涯の重要性を，田舎のジョージアでの1人の農夫としての彼の初めから合衆国大統領としての彼の時代まで学習する。彼らは，カーターとロウの人生からどのように現代のジョージアにおける彼らの生活が類似しておりかつ異なっているのかについての十分な理解を持つ。さらに，生徒たちはいかにして貯蓄，消費，及び経済的な選択が彼ら自身の生活に影響を与えるかの理解を発達させる。
関連のあるテーマ／永続的な理解への関連	生徒たちはジミー・カーター大統領とジュリエット・ゴードン・ロウというジョージアの著名な指導者たちを学習することによって彼らの第2学年の社会科の最後を飾る。彼らは，個人，集団，及び制度といったテーマを使用してカーター大統領の政治的及び個人的な役割やロウのリーダーシップを議論する。位置と時間，変化，及び連続性のアイデアは，カーターやロウの人生の間に起こった変化のみならず，彼ら自身の人生におけるそしてロウやカーターの人生における類似性と

	差異を生徒たちが探るのを助ける。最後に，個人的な財政の選択を議論するために希少性のテーマを使用することによって経済についての彼らの学習をうまくまとめる。
社会科のためのGSE（スタンダードと要素）	SS2 H1　ジョージアの歴史における歴史上の人物たちの人生及び貢献を描写する。 e. Juliette Gordon Low（ガール・スカウト及びリーダーシップ） f. Jimmy Carter（リーダーシップ及び人権） SS2G2　SS2H1の中の歴史的な人物及びSS2H2の中のジョージアのクリーク及びチェロキーと結びついた文化的及び地理的なシステムを描写する。 c. どのようにこれらの歴史上の人物たちが生活した地方は彼らの人生に影響を与えたのかを描写し，そして，これらの地方を生徒たちが生活している地方を比較する。 SS2CG3 いかにして SS2H1 の中の歴史上の人物たちは以下のような公的な市民的資質を示したのかについての例を挙げる：正直，頼り甲斐，信頼性，名誉，礼儀，良いスポーツマンシップ，及び共感。 SS2E4 個人的な貯蓄と消費の選択の費用と便益を描写する。
社会科のためのリテラシーとの関連（読み方ないしは書き方）	ELAGSE2RI1：1つのテキストの中の鍵となる詳細の理解を示すために誰が，何が，どこで，いつ，なぜ，そしていかにといったような質問を尋ね答える。 ELAGSE2RI3：一連の歴史上の出来事，科学的なアイデアまたは概念あるいは1つのテキストの技術的な手順の中のステップの間の関連を描写する。 ELAGSE2RI4：第2学年のトピックまたは科目領域に適した1つのテキストの中の単語及び語句の意味を決定する。 ELAGSE2RI5：1つのテキストの中の鍵となる事実または情報を位置づけるために様々なテキストの特徴（例えば，見出し，太字，副題，付録，索引，電子的メニュー，アイコン）を知って使用する。 ELAGSE2RI7：いかにして特定のイメージは1つのテキストに貢献しかつ明確にするのかを説明する。 ELAGSE2RI9：同じテキストについて2つのテキストによって提示された最も重要な点を比較し対照する。 ELAGSE2W6：大人たちからのガイダンス及び支持を伴って，デジタルな道義や仲間たちとの協働を含めて，書き方を生み出し発表するために様々な道具を使う。 ELAGSE2W7：共同の調査研究及び書き方のプロジェクトに参加する（例えば，1つのレポートを作成するために1つの単一のトピックについての何冊かの本を読みなさい；科学の観察を記録しなさい） ELAGSE2W8：1つの質問に答えるために，経験からの情報を想起するか提供された資料から情報を集める。

	ELAGSE2SL1：小集団及びより大きな集団で，仲間たち及び大人たちと第2学年のトピックス及びテキストについての入念な会話に参加する。 ELAGSE2SL2：大きな声で読まれた書かれたテキスト／口頭／他のメディアを通じて提示された情報から，鍵となるアイデア／詳細を順序立てて述べるか描写する。 ELAGSE2SL3：付加的な情報を収集し，あるいは，1つのトピック／論争問題についての理解を深めるために，1人の話し手がいっていることについて質問を尋ね答える。 ELAGSE2SL4：一貫した文章で聞こえるように話しながら，適切な事実や適当な，描写的詳細を伴って，1つの物語を語るか1つの経験を順序立てて述べる。 ELAGSE2SL6：要求された詳細／明確化を提供するためにタスクや状況に適している時には完全な文章を作る。 ELAGSE2L1：書き方／話し方で標準的な英語の文法や用法の慣例の使いこなし能力を示す。 ELAGSE2L2：書き方の時に標準的な英語の大文字化，句読，及び綴字の慣例の使いこなし能力を示す。 ELAGSE2L3：書き方／話し方／読み方／聴き方で言語と慣用の知識を示す。 ELAGSE2L4：一連の方略から柔軟に選択して，第2学年の読み方及び内容に基づいて，未知のそして多義的な単語／語句の意味を決定するか明確にする。
社会科マトリックスとの関連（情報加工ないしは地図及び地球儀の技能）	地図及び地球儀の技能：1（主方位），2（中間の方位），4（地図上に見出される特徴），7（歴史的及び現在の出来事に対する地理の影響を説明するために地図を使用する） 情報加工技能：1（類似性／差異），2（項目を年代順に構成する），3（問題／解決），4（事実／意見），5（主要なアイデア，詳細，順次性，原因／結果），6（第一次／第二次資料），7（年表を解釈する），8（特定の目的のために使用される社会科の参考資料），9（図及び表を構成する），10（作品を分析する）

次に教授活動／評価案の概略を取り上げておきたい。

　[活動1] デイジーと私 (pp.4-5)（ベン図の中で生徒自身とデイジーとを比較する）では配布資料1：私とデイジーを使用して，ベン図の中で私自身について，両方について，デイジーについての3つに分けることが求められる。(p.6)

　[活動2] 調査研究用整理用品 (pp.8-9)（Juliette Gordon Low と Jimmy Carter についての情報を整理するために以下のような，調査研究用整理用品を使用す

40　第Ⅰ章　社会系教科におけるカリキュラム・マネジメントの理論と実践

る。

〈配布資料：（調査研究用整理用品）（p.10）〉

重要な日付	我々の類似点	我々の差異
イラスト		貢献
	性格の特徴	

（p.10）

　［活動3］デイジーの人生（p.11）では，生徒たちは，配布資料：「デイジーの人生」（p.11）（中心にジュリエット（デイジー）ゴードン・ロウと書かれたデイジーの花，花びら19枚のうち9枚にはジュリエットに関する真偽を交えた事項が書かれている）。生徒たちは，その事項が真なら黄色，それが偽ならば茶色に塗ることで判別する。そして縦長の長方形の中にジュリエットの絵を描く。

　［活動4］カーター家の農場を地図にする（pp.14-15）では，配布資料：「カーター家の農場の格子地図」（p.16）（地図は南北にA～E，東西に1～5の25のブロックに分けられている。）が渡される。また，もう1つの配布資料には（p.17）その農場の挿絵とp.16の地図をもとにして11の質問が並ぶ。生徒たちは，問1～4はブロックの番号で，問5～7はその施設名で答え，問8～11は地図で表現された農場の様子の理由を説明する。（問9～11はその解答が多様なものが想定されている）（p.18）

　［活動5］ジミー・カーターの人生（p.19）では，配布資料：「ジミー・カーターの人生」（p.20）が使われる。これには，カーター大統領の写真と，彼の人生の9つの出来事が並び，これらに彼の誕生からノーベル賞受賞まで順番に番号を振ることが求められる。

　［活動6］貯蓄と消費の選択（p.22）では，配布資料：「貯蓄と消費の選択」が使用され，生徒たちは選択，貯金，消費する，需要，必要性の5つの語句をその簡単な説明と線で結ぶ作業をすること，次に，貯蓄することと消費するこ

との差異を説明すること，さらには，自分の経済的選択を説明し，貯蓄することと消費することの例をあげることが求められる。加えて，必要性の1つの例をボックスの中に絵で示すことが要求される。

　［活動7］どの単元の最後にも設けられている最後を飾る単元の達成のタスク（p.25）は，この単元の場合，次の活動の形態をとる。「活人ポスター・プロジェクト」（pp.25-26）では，生徒たちは，ジミー・カーターまたはジュリエット・ゴードン・ロウについての活人ポスターを創作する。ここでの配布資料では，生徒たちは，ポスターの中央に生徒自身の顔が出る楕円の穴をあけ，その周りに，2人のいずれかの事績について書き込む。

　［活動8］では，生徒の到達度について指標を参照しての評価が行われる。到達度の指標は，1）歴史上の人物の名前，2）誕生及び死亡の日付，3）何でその人物が有名かの記述，4）5つかそれ以上の重要な出来事の年表，5）性格の特徴及び説明，6）ポスターはきちんとし筆跡が読みやすい，7）正しい綴字，句読，及び文法の7項目について，「まだ明確でない」0点，「部分的に明確だ」1点，「十分に明確だ」2点，最大14点満点でのチェックを行う。

　この単元は2008年版ではカーター大統領のみが取り扱われていた。そこで，ジョージア人の代表としてジェンダーや活躍分野を考慮してガールスカウトの創設者ジュリエット（デイジー）が取り上げられたと考えられる。この学年では，ジョージア州のはじまりにはネイティブアメリカンと入植者が取り上げられ，また，本単元の直前の単元では，野球の選手であり人権家のジャッキー・ロビンソンと人権家マーチン・ルーサー・キング Jr.の二人の黒人が取り上げられており，少数派への配慮がうかがえる。

　授業活動例は，第2学年ともあってシンプルなものが多いが，いずれも，生徒が思考を進めていくためのツールとして一旦学習したのち，それらの概念や技能の繰り返しの学習で強化され，発展していく方法が採用されている。

（金子　邦秀）

参考・引用文献

＊Georgia Department of Education（2008），Social Studies Georgia Standards（現在閲覧不可）

＊Georgia Department of Education（2016），Social Studies Georgia Standards of Excellence

＊Council of Chief State School Officers and National Governors Association Center for Best Practice（2010），Common Core State Standards（通常 CCSS と略称／本論文でも略称を使用する）

＊NCSS（2012），Teaching Reading with Social Studies Standards ~Elementary Units that Integrate Great Books, Social Studies, and the Common Core Standards~（NCSS Bulletin 112）

＊NCSS（2013），Social Studies for the Next Generation ~Purposes, Practices, and Implications of the College, Career, and Civic Life（C3）Framework for Social Studies State Standards~（NCSS Bulletin 113）

＊NCSS（2014），Teaching the College, Career, and Civic life（C3）Framework: Exploring Inquiry-based Instruction in Social Studies（NCSS Bulletin 114）

＊NCSS（2018），Teaching the College, Career, and Civic life（C3）Framework: Part Two（NCSS Bulletin 116）

＊金子邦秀（2018），21 世紀アメリカの社会科教育課程―C3 フレームワーク／CCSS と NCSS―,『教育文化』27

＊金子邦秀（2019），21 世紀アメリカの社会科教育―C3 フレームワーク／CCSS と結合した歴史授業―,『教育文化』28

第3節 「持続可能な社会の創り手」を育てる小学校
社会科カリキュラムマネジメント
—「SDGs に気づき，SDGs を通して学ぶカリキュラムデザイン
『昆布ロード』単元の提案」—

1 なぜカリキュラム・マネージメントか

　2017 年告示の小学校学習指導要領解説では改訂のポイントとして，「知識の理解の質を高め資質・能力を育む『主体的・対話的で深い学び』，知・徳・体にわたる『生きる力』を子供たちに育むため，『何のために学ぶのか』という学習の意義を共有しながら，授業の創意工夫や教科書等の教材の改善を引き出していけるよう，全ての教科等を，1.知識及び技能，2.思考力，判断力，表現力等，3.学びに向かう力，人間性等の三つの柱で再整理した」とある。そして，これらは学校だけに閉じるものではなく，「子供たちが未来社会を切り拓くための資質・能力を一層確実に育成。その際，子供たちに求められる資質・能力とは何かを社会と共有し，連携する『社会に開かれた教育課程』を重視した」とある（文部科学省，2017 年 8 月）。さらに，「教科等の目標や内容を見渡し，特に学習の基盤となる資質・能力（言語能力，情報活用能力，問題発見・解決能力等）や現代的な諸課題に対応して求められる資質・能力の育成のためには，教科等横断的な学習を充実する必要」があり，「『主体的・対話的で深い学び』の充実には単元など数コマ程度の授業のまとまりの中で，習得・活用・探究のバランスを工夫することが重要」とした。そのため，「学校全体として，教育内容や時間の適切な配分，必要な人的・物的体制の確保，実施状況に基づく改善などを通して，教育課程に基づく教育活動の質を向上させ，学習の効果の最大化を図るカリキュラム・マネジメントを確立」することが重要とある（前掲）。

　要するに，まず学校で育てるべき資質・能力を提示し，学校および各教師は，

社会とも連携ししつつ，学校全体での教育課程の柔軟な編成だけではなく，各教師も教科単独にとらわれることなく，教科固有の見方・考え方を生かしつつ，横断的にかつ総合的に，まとまった授業単元を構成し，学習者が「主体的で対話的で深い学び」を獲得できるように支援すべきとしたのである。カリキュラム・マネージメントは，教科担当制をとらない小学校においてはその特色を生かせる授業のステラテジーの根拠となるといえる。もちろん，中学校・高等学校においても各教科の専門性に安住することなく，総合的な探究をめざして教科との連携を図ることが可能である。

　なお，本章では，カリキュラム・マネージメントとともにカリキュラム・デザインという用語を用いている。マネージメントされた学校の教育課程の中での「まとまった授業単元づくりやその構想，提案」，もしくは，個々の教員のカリキュラムに対する柔軟な取り扱いや創意工夫された単元づくりという意味で使っている。

2　社会科固有の見方，考え方 と「なぜ疑問」

　筆者は勤務する大学で，社会科に関する内容および指導法に関する授業科目（教職課程）を担当している。重視しているのは，45分の学習指導案づくりだけではなく，教科書や学習指導要領の内容にかかわる「社会科なぜ疑問」への応答やそれを基にした社会科授業単元の構想であり，単元全体の見取り図（ウェビングをつかった構造図や関連図）である。つまり，授業のデザイン力を重視している。

　「社会科なぜ疑問」は後述の「昆布ロード」のように，社会科の教科書に書かれていることにかかわる。社会科の内容は，地理，歴史から政治や経済，国際まで，実に内容が幅広く，相互に関連している。家庭科や理科などの内容とも横断することも多い。社会科固有の見方・考え方とは社会内容や社会事象の総合性・連関性，多様性・多角性の追究と深く関わる。

　小学校社会科の目標は，「社会的な見方・考え方を働かせ，課題を追究した

第3節　「持続可能な社会の創り手」を育てる小学校社会科カリキュラムマネジメント　　45

り解決したりする活動を通して，グローバル化する国際社会に主体的に生きる平和で，民主的な国家及び社会の形成者に必要な公民としての資質・能力の基礎」をめざすとある（2017年告示小学校新学習指導要領，後段略）。教師は日々の授業で，教科書に書かれた表面的な記述にとどまるのではなく，つねに「なぜという問い」を持ち，学習者に投げかけ，応答していくことが，社会科の目標を達成し，カリキュラムをマネージし，授業をデザインしていく近道なのである。

3　社会科カリキュラムデザインの提案

(1)　単元名および単元設定の理由

　提案する単元名を「SDGs に気づき，SDGs を通して学ぶカリキュラムデザイン―教材『昆布ロード』を事例として」とした。以下のその理由を述べる。

　国連，日本政府，企業，NGO など各セクターで SDGs が取り上げられている。SDGs とは，2016 年から 15 年間にわたって達成すべき，現在および未来が持続可能な社会になるための 17 の目標のことである。2001 年から 15 年までのミレニアム開発目標（MGDs）が貧困や飢餓の撲滅など発展途上国をターゲットに示されたのに対し，SDGs は，先進国や企業もふくめてターゲットを拡大し，すべての人がかかわり，すべての人が恩恵をうけられるための世界を変える目標とされたのである。しかしながら，SDGs の認知度は，世界平均が半分をこえているのに日本は 2 割にも満たず，先進国では最低である[1]。学校教育においても，2005 年から 10 年間，文部省が「持続可能な開発のための教育（ESD）の推進を掲げ，ユネスコスクールが 1000 校をこえているにもかかわらず，また，新学習指導要領前文に「持続可能な社会の創り手」の育成が掲げられているにもかかわらず，学校教員への浸透も低い。SDGs は，崇高で理想に過ぎた目標ではなく，私たちの身近な暮らしのなかにある課題と目標であり，くらしのあり方を変える目標なのである。

46　第Ⅰ章　社会系教科におけるカリキュラム・マネジメントの理論と実践

　提案する単元の大きな目標を「SDGs とは何かを知り，その目標について考え，目標の達成のために自分はなにができるかを追究すること」とする所以である。具体的には，昆布ロードを題材に，家庭科や社会科の水産業の時間を活用した「健康と福祉」（SDGs3），「海の豊かさ」（SDGs14），社会科の歴史や国際の単元を活用した「貧困の削減」（SDGs1），「働きがい」（SDGs8），「不平等の削減」（SDGs10），「つくる責任・つかう責任」（SDGs12）など各目標への気づきを通して，地・歴・国際を総合する。また，歴史と現代をつなぐ社会的な見方・考え方を育てるための単元とするものである。

　筆者が昆布ロードを題材とした理由は，「なぜ北の海でとれる昆布が和食を中心とした私たちの暮らしのなかにあるのか」「なぜ南の沖縄で昆布が食べられているのか」という，「社会科なぜ疑問」からである。昆布を通した流通（ヒトやモノの動き）だけではなく，昆布という商品をめぐる生産と消費のあり方，利益の行方への疑問であり，誰が昆布をとり，誰が運び，誰が売り，誰が利益をえたのかという，なぜの問いである。また，なぜ江戸時代前半にアイヌ民族の戦いが社会科教科書にも登場にしているかの問いである[2]。

　このような「なぜ疑問」の探究過程から，歴史的には，蝦夷地とそこに暮らすアイヌ民族，松前藩や昆布を運ぶ北前船の商人，昆布を中国に輸出した琉球（沖縄）と貿易の利益を得た薩摩藩，薩摩に昆布をもたらした富山の売薬商人などの動きが見えてくる。蝦夷地（北海道），日本海，京・大坂（関西），琉球（沖縄）をめぐる昆布ロードは，歴史的には 19 世紀の江戸時代後半から明治時代にかけて最盛期を迎えたもので，現在では辺境交流史となっている。しかし，昆布ロードを教材化することで，異国をめぐるボーダーを超えたモノ（昆布）の生産と消費ととらえ，現代の中心的なテーマである，グローバルなモノ（食）の生産と消費のあり方とつなげることができる。

　昆布は和食のベースとなるだし昆布はいうまでもなく，塩昆布やとろろ昆布などの加工食品として食されてきた。それらは昆布のうまみや栄養成分の有用性を示すものでもある。それがなぜ，沖縄で，中国で食されるのか。歴史的には異国であった蝦夷地や琉球を介して，東アジアの国境を越えた昆布の生産と

消費のあり方は，現代におけるカカオとチョコレート，お茶やサトウキビ，コーヒー栽培と紅茶，砂糖，コーヒーなど，歴史的には三角貿易を背景に成立した地球規模の生産と消費とそのあり方にも通じるのではないか。SDGsを通して，現代的，国際的な内容だけではなく，昆布ロードを題材することで歴史と現代，ローカルとグローバル，そして自分と世界をつなぐことを可能にする，というのが筆者のカリキュラムデザインである。

(2) 単元の見取り図と追究の支援

単元の見取り（デザイン）を図1-3-1に，単元展開の構想を下記に示した。対象学年は，第6学年後半における「家庭科・総合・社会科（水産業，歴史，国際）」の横断的な発展学習（約20時間）を想定している。単元展開の構想は，学習項目と学習活動・支援とその応答，留意点などを中心に作成しているが，紙幅の関係もあって具体的な写真，図は限定的にならざるをえず，教師から提供する情報量が多くなっている。実際は学習者の実態にあわせて，調べ活動や話し合いなど追究活動を多くする方が良い。そのために表1-3-1に追究の支援の例をあげておいた。

なお，本単元は小学校を想定しているが，内容的には高度であり，探究的な学習単元である。それゆえ，中学校でも可能であり，また高等学校の新科目「地理総合」でも十分に実践できるだろう。

	家庭科・総合6年 ・和食の味の決め手は昆布だ ・昆布の栄養を生かすために色々な食べ方を工夫して来た		社会科5/6年（水産業） ・昆布は，誰がどこで，どのように，収穫しているか ・昆布は日本だけのものか	
総合6年 （単元の導入） ・SDGsってなに？ 吉本の芸人さんがなぜ？ ・今，世界が目標にしているものは？	社会科6年（歴史1） ・昆布はいつ頃誰が北海道から持ち込んだのだろう ・北の海でしか採れない昆布がなぜ本州（京・大阪）さらには沖縄にまで広がったのだろう	社会科6年（歴史2） ・昆布ロード（昆布の貿易）で誰が利益を得たのだろうか ・取引や働き方は公平だったのだろうか ・SDGsの目標をもとに考えてみよう	社会科6年（国際） ・昆布ロードと三角貿易を比べてみよう ・チョコレートの原料のカカオはどこで作られ誰が利益を得ているのだろう	総合（単元のまとめ） SDGs：世界を変えるためのアクションフェアトレードチョコを買って食べてみよう

図1-3-1 単元の見取り図

48　第Ⅰ章　社会系教科におけるカリキュラム・マネジメントの理論と実践

表 1-3-1　単元における追究の支援

	総合 6 年（導入）	家庭科・総合	社会科 5/6 年（水産業）	社会科 6 年（歴史）	社会科 6 年（国際）	総合 6 年（まとめ）
追求の方法／活動の支援	動画	給食，調理ゲスト	調べるゲスト	調べる	ゲスト	学び（ふりかえり）カード
ウェブサイト	吉本興業国際連合	昆布館日本昆布協会	北海道漁連昆布館	昆布館，函館地域資料センター，アイヌ民族博物館	国際連合，森永製菓など企業，ピープルツリー，NPO法人 ACE	国際連合
社会的な見方・考え方（なぜの問い）	・なぜ芸人さんが世界のことに関心を持つのだろうか	・なぜ昆布は食べられてきたのか	・なぜ昆布は食べるだけのものではないのだろうか・なぜ昆布の資源を管理するのだろうか	・なぜ北海道の昆布が沖縄でたべられ，さらに，中国にも輸出されていたのだろうか	・昆布の生産と消費のつながりが，カカオ（生産）とチョコ（消費）のつながりと似ているのはなぜだろう	・なぜ SDGsという目標が必要なのだろう・世界を変えるためにできることはなんだろう
プレゼンテーション力	意見をいう	昆布を食べたり，昆布を使った料理をつくる	調べたことを発表する	調べたことを発表する	調べたことを発表する意見をいう	新聞づくり卒業発表ロールプレイやミニドラマ
社会参加・参画		ゲストから話を聞く昆布販売店に行く	ゲストから話を聞く		ゲストから話を聞くチョコを食べる	フェアトレードのお店や企業を訪問する

(3) 単元展開の構想（第 6 学年，約 20 時間）

単元・学習項目	学習活動・支援／資料・留意点
総合（単元の導入）　1 時間	
1．今，世界で起きていること，気にしていること 学習活動・支援＞ 資料・留意点＞	・"よしもと＆国連"が地球を守るためのコンビ結成！動画「SDGsについて考えはじめた人々」を見る[3]。 Q1：芸人さんは何を訴えているのだろう？ A1．環境，地球，温暖化，飢え，貧困 Q2：なぜ，芸人さんはこんなことをしているのだろう？ A2．芸人さんでも世界のことを考えている。 Q3：SDGs って何だろう。国連開発センター動画「持続可能な開発とは」を見る[4]。 A3．世界の人が世の中を変えていこうとしている。 例・トレンディエンジェル・斎藤×ガンバレルーヤ「砂漠化」篇（各篇 15 ～ 30 秒） ・SDGs について簡単に紹介する（17 目標のロゴ，資料 1）

	・国連開発センターの動画は 2 分，日本語字幕付 ・単元の導入として「これから，昔のことも，今のことも，昆布という食べ物を通して，考えていく」と告げる
家庭科・総合 6 年　2 ～ 3 時間	
1 昆布について知ろう。 学習活動・支援＞	Q1：昆布料理の写真や実物を見せて，これは何でしょう？ Q2：食べてみよう，どんな味がしたか？ Q3：昆布はどのように食べられているか？ A1 ～ 3. だし，おやつなど Q4：なぜ昆布は私たちの食べ物になったのか？ A4. 栄養がある，美味しいから Q5：昆布の栄養って何だろう？ A5. ヨウ素，カルシウム（身体の成長や骨を丈夫にする）
資料・留意点＞	・塩昆布やとろろ昆布，昆布茶，酢こんぶ，こぶジメ（富山）などの写真については昆布館のウェブサイト参照
2 和食の決め手は昆布だ 学習活動・支援＞	Q6. 和食の写真を見せて，これは何？ Q7. 和食の基本の味は何だろう。 A6 ～ 7. うまみ Q8. うまみは何からできているだろう。 A8. 昆布だしやカツオだし Q9. 昆布は日本の文化にも影響を与えている，それは何？ A9. よろこんぶ（お祝い事，結婚式，お正月，健康長寿，子供の成長）
資料・留意点＞	・和食が 2013 年ユネスコの無形文化遺産に指定されたこと，5 つの味（すっぱい，塩からい，甘い，うまい，苦い）について捕捉する。 ・昆布と日本文化については栄養教諭，祖父母や両親への聞き取りも可能。SDGs3（健康と福祉）との関連についても補足する。
社会科 5・6 年　水産業（昆布の生産）5 ～ 6 時間	
3 昆布の生産と販売（2 時間） 学習活動・支援＞	Q1. 昆布はどこで，誰が，どのように取っているだろう？ A1. 北海道で採れる（95％）。4 大産地（利尻，羅臼，日高，真昆布，資料 2）。太陽の光が届く寒流の海で教室の高さぐらいまで成長する。漁船で岩場のある沿岸で夏場に収穫。生育は 2 年。冬，流氷がくると生長が良い。 Q2. 昆布が製品になるまでどんなことをするか？ A2. 海岸で干す。大きさを揃えて，切る。束ねて等級に分けて箱詰めされて出荷される。
資料・留意点＞	・北海道漁連や日本昆布協会，昆布館などのウェブサイトから生産量，収穫の仕方，製品になるまでの行程などを調べる。

4 世界の昆布 （1～2時間） 学習活動・支援＞	Q3. 世界の人は昆布を食べるのだろうか？ A3. 北海道周辺の先住民族は食べていた。中国の人は輸入していた。 Q4. 資料3を提示し，世界の昆布の生産や貿易はどうか？ A4. 生産，輸出とも中国が圧倒的に多い。 Q5. なぜ中国で多いのだろう？ A5. 昆布の養殖。1990年代に激増。工業用（ネバネバが粘結剤）や薬品（ヨード）
資料・留意点＞	・補足説明：北海道のアイヌ民族をはじめ，サハリンや千島列島，沿海州などに住む先住民族，朝鮮半島の人々が食べていた。魚と煮込み，出汁としても利用。内陸に住む中国の人は朝鮮半島や日本から薬，食品として輸入していた。 ・昆布は，食べ物以外の用途があることに気づく。
5 これからの食糧生産（昆布漁の未来）（2時間） 学習活動・支援＞	Q6. 日本人の味覚をつくってきた昆布だが，実は「消えゆく業界」などと言われている。なぜか。食卓の変化から考えてみよう。 A6. 旨味を昆布から取る必要がなくなった（うま味調味料）。洋食，核家族化，簡単調理など。 Q7. 昆布漁の将来は明るいのだろうか？ A4 農業と同じく後継者不足。夏に集中する重労働〈採る，干す，切る，束ねる，選ぶ〉。 Q5. 良い昆布や高級品を作るために漁師さんがしていることはなにか。 A5 決められた時期と漁獲量（みんなが豊かに）。海を育てるために森に木を植えている（森，川，海の循環，持続可能な昆布漁）。
資料・留意点＞	・うま味調味料や粉末だしの実物を見せる。 ・食卓の変化については日頃の食べ方に気づく。戦後の最盛期から約半分くらいになった。 ・昆布館，日本昆布協会，北海道漁連などのウェブサイトを活用し，和食ブームや健康志向，高級品志向のためいまは回復傾向にあることも説明する。ブランド維持，資源の管理のために「海の豊かさ」を守ることが大切であることに気づく（SDGs14）[5]。
社会科6年　歴史「昆布ロード」（日本海という大動脈：西回り航路と北前船）6～8時間	
6 昆布ロード （2時間） 学習活動・支援＞	Q1. 昆布が広く食べられるようになったのはいつ頃からか？ A1. 江戸時代の前半に日本海の海運が整備された（西回り航路，1672年） 以後，東北のお米や北海道の昆布，鮭，ニシンなどを大量に運ぶことができた。 Q2. 誰がどのようにして昆布を運んだのだろう？ A2. 北前船（近江商人，富山の売薬商人） Q3. どんな荷物を積んだのだろう？

	A3.北海道から〈昆布やサケ，ニシン〉，北海道へ〈米，塩，酒，醤油，木綿など〉 ・昆布ロード（資料4）の定義「蝦夷地（北海道）から大坂（大阪），琉球（沖縄），清国（中国）までの昆布の道」
資料・留意点＞	・西回り航路と北前船については教科書の記述などを引用する。 ・補足説明：北前船は年に1回の航海（2月から6月，8月が蝦夷，昆布，ニシン漁の最盛期，12月に大坂へ）。一航海・千両＝1億 [6]。
7蝦夷地での昆布漁 （アイヌ民族の仕事） （2時間） 学習活動・支援＞	Q4.昆布は誰がとったのだろう？ A4.北海道に住んでいたアイヌ民族（サケやニシンもとった） Q4.昆布やサケ，ニシンをアイヌ民族から買ったのは誰だろうか A4.松前藩から漁場を請け負った和人の商人（北前船のオーナー） Q5.アイヌ民族と和人との取引はどんなものか A5.アイヌ民族には不利な取引で，和人に有利だった。シャクシャインの戦いが起きた。
資料・留意点＞	・不公平な取引の例（干鮭5束と100尾を米7〜8升と交易，注6） ・シャクシャインの戦いについては教科書記述を引用する。
8昆布ロードの拡大 （2時間） 学習活動・支援＞	Q7.クーブイリチーの写真を見せて，これは何か？ A7.沖縄の昆布料理でクーブイリチーという。 Q8.なぜ，北海道の昆布が南の沖縄にあるのだろうか？ A8.沖縄に昆布が入ってきた Q9.沖縄に，いつ頃，誰が，昆布を輸入したのか？ A9.江戸時代の後半，琉球王国だった頃，薩摩藩が持ち込んだ。 Q10.薩摩藩はなぜ昆布を琉球に持ち込んだのか。 A10.中国と貿易するため。琉球王国は独立国で，中国や東南アジアの国々と貿易していた。薩摩藩は琉球を支配し，重い年貢を課し，琉球に貿易をさせ，昆布の利益を独占した。余りの昆布が琉球料理となった。 Q11.昆布を薩摩藩に持ち込んだのは誰か。 A11.北前船のオーナー（富山の薬売）。 Q12.誰が利益を得たのか，琉球にとって貿易は公正な取引であったか A12.薩摩藩や富山の商人には有利で，琉球の人には不利だった。
資料・留意点＞	・クーブイリチー：豚肉ときざみ昆布，ニンジン，シイタケの炒め物。沖縄の長寿を支えてきた。 ・「昆布ロード」の地図（資料4）を見せながら，海から遠い中国（清国）では，病気の予防のために昆布が必要だった。昆布は中国の人にとって貴重品だったことを補足説明する。 ・富山の薬売り商人が，昆布と引き換えに，琉球が中国から輸入した漢方薬を仕入れ，全国に販売したことを補足説明する。

9 江戸時代の〈異国〉をこえたモノ, ヒト, カネのつながり (2時間) 学習活動・支援＞	Q13. 江戸時代は「鎖国」をしていたというが, 本当だろうか? A13. 幕府が正式に貿易を公認していたのは幕府直轄の長崎だけ (オランダや中国と)。 Q14.「昆布ロード」からわかったことはなんだろうか A14. 異国であった蝦夷地 (アイヌ民族) や琉球王国とも交易 (貿易) をしていた。 Q15. 三つの〈異国〉の間での昆布の貿易は公平だっただろうか? A15. 不公平だった。働き方や利益の配分が和人 (松前藩, 北前船商人, 薩摩藩) に有利だった。 Q16. 持続可能な開発目標 (SDGs) から「昆布ロード」はどのように見えるだろうか。 A16. 和食の味や昆布の世界的な広がりの裏には, 貧困や不平等, 人間らしく働き方があった (資料5. SDGs1 貧困をなくそう, 8 働きがい, 10 不平等をなくそう, 12 つくる責任・つかう責任)
資料・留意点＞	・江戸時代の4つの交流の窓口の地図を見せて説明する (注2)。「昆布ロード」によって, 三つの〈異国〉を超えることで交流は深まったが, その関係は必ずしも平等, 対等ではない。貧困や対立をもたらした。 ・正式の外交国の朝鮮 (「朝鮮通信使」) については補足説明する。
社会科6年　国際理解:昆布ロードは過去のものか	
10 昆布ロードと現在 学習活動・支援＞	Q1. 昆布ロードは過去の話だけど, 私たちの身近な食べ物で, 貧困や不平等を引き起こしているものはあるか。 A1. チョコレート, コーヒー Q2. チョコレートの原料は何か, 誰が, どこで, どのようにつくっているだろうか A2. 原料はカカオ。アフリカのガーナやコートジボアールという国のカカオ農園で家族で安い賃金で働く。子どもが働くこともある。 Q3. カカオをチョコレートにしたのは誰か。利益を得たのは誰か, A3 原料の値段は安い。チェコレートを作る先進国の企業が多くの利益を得ている。 Q4. 不公平な取引の原因はなんだろう。 A4. 昔, 三角貿易があって, 不公平な取引の仕組みができた。
資料・留意点＞	・三角貿易 (アフリカから奴隷, カカオ, イギリスから木綿などがアフリカに, アフリカからアメリカなどに奴隷, アメリカなどからイギリスに砂糖がもたらされた, 資料6) ・資料6を見ながら, 国境を超えた現代のグローバルな食の不公平な取引が昆布ロードと似ている点に注目する。
総合:単元のまとめ:SDGsを通して世界がわかる, 世界を変えることができる。	
11 SDGs から現在の世界を考えてみよう	Q5. SDGs (1,8,10,12) をもう一度確かめて, カカオ農家が働きがいを持ち, 貧困や不平等をなくし, 不公平な取引を改善するためにどん

第3節 「持続可能な社会の創り手」を育てる小学校社会科カリキュラムマネジメント   53

学習活動・支援＞	な取り組みがあるだろうか。 A5. 世界の人々は，カカオ農家に安定した暮らしを約束するために公平な取引を模索している。 Q6. このチョコレートを見たことがあるか？ A6. フェアトレードのチョコレート。フェアトレードのお買い物で，SDGsの目標に少しでも近づける。
資料・留意点＞	・くらしのなかの買い物や食べることにも責任があることに気づく。

(4) 資料（表，図，写真など）

資料1　持続可能な開発目標

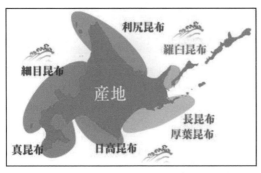

2008年	1	2	3
生産	中国(8〜9割)	韓国	日本
輸出	中国（9割）	日本	韓国
輸入	ロシア	台湾	日本

資料2　北海道の昆布産地（北海道漁連より）　　資料3　世界の昆布生産[7]

54　第Ⅰ章　社会系教科におけるカリキュラム・マネジメントの理論と実践

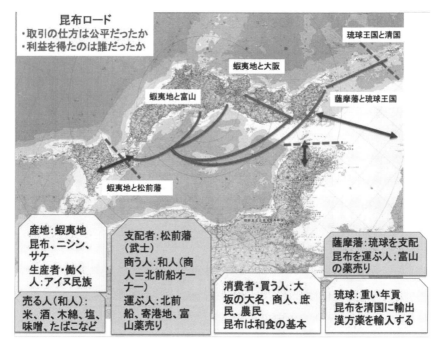

資料4　昆布ロード（筆者作成）

資料5　国連持続可能な開発目標（1貧困をなくす，8働きがい，10不平等なくす，12つくる責任・つかう責任）

第3節 「持続可能な社会の創り手」を育てる小学校社会科カリキュラムマネジメント　55

（藤原　孝章）

①バーミューダ　②キューバ　③ジャマイカ
④プエルト・リコ　⑤バルバドス　⑥セント・ヴィンセント
⑦トリニダード

資料6　三角貿易[8]

註
（1）「第2回『SDGsに関する生活者調査』」電通2019年4月調査，2019年7月18日閲覧　http://www.dentsu.co.jp/news/release/2019/0422-009803.html
（2）平成27（2015）年版小学校社会科教科書（東京書籍6年上84-85頁，日本文教出版6年上80-81頁，教育出版6年上70-71頁，光村図書6年78-79頁）どの教科書も，「鎖国のもとでの交流」として，いわゆる4つの口及び相手国，蝦夷地，琉球を取り上げている。シャクシャインの戦いの記述もある。
（3）吉本興業（2017.10.21公開）http://www.yoshimoto.co.jp/sdgs/movies.html
（4）国連広報センター（2015.09.13公開）　https://www.youtube.com/watch?v=1c48vhokWLQ
（5）伊畑智波・髙嶋幸男・奥山冽・広重真人（2016）「北海道東部昆布森におけるコンブ漁の教育内容研究とその授業プラン及び授業実践の検討："持続可能なコンブ漁"とは何か」北海道教育大学『へき地教育研究』71号, pp.41-70（電子ジャーナル）
（6）奥井隆（2012）『昆布と日本人』日本経済新聞
（7）江単・李博・婁小波（2011）「昆布の国際貿易と日中製品の競争力分析」『国際漁業研究』第9巻, pp.37-55
（8）川北稔（1996）『砂糖の世界史』岩波書店

56　第Ⅰ章　社会系教科におけるカリキュラム・マネジメントの理論と実践

第4節　高等学校地理歴史科「歴史総合」と カリキュラムマネジメント
―歴史学習と「私たち」―

1　「カリキュラム・マネジメント」と社会系教科教育の課題

　2015 年に中央教育審議会教育課程企画特別部会の論点整理[1] が公表されて以来，「カリキュラム・マネジメント」という言葉が耳目を集めるようになった。その後，この「カリキュラム・マネジメント」は 2016 年の中央教育審議会の答申において「各学校には，学習指導要領等を受け止めつつ，子どもたちの姿や地域の実情等を踏まえて，各学校が設定する学校教育目標を実現するために，学習指導要領等に基づき教育課程を編成し，それを実施・評価し改善していくこと」と整理され，次のような「カリキュラム・マネジメント」の3側面が具体的に提示された[2]。
　　①各教科等の教育内容を相互の関係で捉え，学校教育目標を踏まえた教科
　　　等横断的な視点で，その目標の達成に必要な教育の内容を組織的に配列
　　　していくこと。
　　②教育内容の質の向上に向けて，子どもたちの姿や地域の現状等に関する
　　　調査や各種データに基づき，教育課程を編成し，実施し，評価して改善
　　　を図る一連の PDCA サイクルを確立すること。
　　③教育内容と，教育活動に必要な人的・物的資源等を，地域等の外部の資
　　　源も含めて活用しながら効果的に組み合わせること。
　そして，これを受けて 2017 年告示の小学校中学校学習指導要領および 2018 年告示の高等学校学習指導要領では，この「カリキュラム・マネジメント」が総則に明記された[3]。その意味で，「カリキュラム・マネジメント」の推進は学習指導要領改定の主要な基本方針の一つとなっている。

第4節　高等学校地理歴史科「歴史総合」とカリキュラムマネジメント　57

　ただし，ここでの「カリキュラム・マネジメント」は，各学校が組織全体で取り組むことを前提とした学校教育改革の方向性として示されているため，これを各教師が個人的な営みを通じて実現させるには限界がある。特に教科担任制を採用する中等教育段階においてはハードルが高い。この点については，今後，教育経営学などの分野の知見[4]も生かされていくことになろう。

　ただ，このような「カリキュラム・マネジメント」の提案は，その根本において，社会系教科教育に関わる者への耳の痛い問題提起を含んでいる。それは，社会系教科教育に関わっている者，特に中等教育段階の社会系教科教育に関わっている者が「子どもたちの姿や地域の実情等を踏まえて，（中略）教育課程を編成し，それを実施・評価し改善」していたのかという問題提起である。この問題に応えることが社会系教科教育に関わる者が最初に取り組むべきカリキュラムマネジメントであろう。本稿では，2018年告示の高等学校学習指導要領で地理歴史科の必履修科目として新設された「歴史総合」をとりあげ，「子どもたちの姿や地域の実情等を踏まえて，（中略）教育課程を編成し，それを実施・評価し改善」するという意味でのカリキュラムマネジメントについて検討する。

2　新科目「歴史総合」に課せられるべき条件

　必履修科目として「歴史総合」が機能するには，その新設にあたって，さし向き，必要条件として次の四点が考慮されているべきである。

　　条件①：必履修科目であるということは，全ての高校生が「歴史総合」を学ぶことを意味する。そのため，「歴史総合」には，興味・関心，進路などの状況が多様な生徒一人一人にとって，これまで以上に学ぶ意味の実感できる科目であることが求められる。

　　条件②：地理歴史科では「地理総合」も必履修科目となり，「歴史総合」とあわせた4単位（標準単位数の場合）がすべての生徒を対象としたものとなる。その一方「日本史探究」「世界史探究」などの探究科目はあく

58　第Ⅰ章　社会系教科におけるカリキュラム・マネジメントの理論と実践

までも選択科目でしかない。平成 21 年告示の学習指導要領では,「世界史 A」及び「世界史 B」のうちから 1 科目,「日本史 A」「日本史 B」「地理 A」「地理 B」のうちから 1 科目が必履修であったことと比べると,科目選択の自由度は縮減している。その結果「世界史探究」や「日本史探究」を選択しない生徒が多数となることが予想される。それは,それらの生徒にとって「歴史総合」が小・中・高等学校を通じた歴史学習の最後の機会となることを意味する。そのため,「歴史総合」には,探究科目への接続と同時に,小・中・高等学校での歴史学習の総仕上げも求められる。

条件③:「歴史総合」は近現代史を対象とするが,探究科目の「日本史探究」「世界史探究」でも近現代史は学習する。もし,「歴史総合」と「日本史探究」「世界史探究」の内容およびその取扱いに重複があると,入試に対応するため,日本史で受験する生徒には「日本史探究」で日本史の前近代を学ばせ「歴史総合」で日本史の近現代を,世界史で受験する生徒には「世界史探究」で世界史の前近代を学ばせ「歴史総合」で世界史の近現代を学ばせるなどといった学校も出現しかねない。しかし,それでは「歴史総合」「世界史探究」「日本史探究」それぞれの科目の趣旨は生かされず,実質的な未履修状況となる。そうならないためにも「歴史総合」は従来の歴史科目とは異なる論理で構成されることが求められる。

条件④:今回の学習指導要領の改訂は,急速な社会の変化,現代的な諸課題やグローバル化への対応,成年年齢の 18 歳引き下げなどを背景に,「生きる力」を具体化し,「何ができるようになるか」という視点から「何を学ぶか」「どのように学ぶか」を構想し,「知識・技能」「思考力・判断力・表現力等」「学びに向かう力・人間性等」といった「資質・能力」を育成することをめざしている[5]。そして,そのために「主体的・対話的で深い学び」の視点からの授業改善が強調されている。「歴史総合」にもこのねらいに即した構成が求められる。

第4節　高等学校地理歴史科「歴史総合」とカリキュラムマネジメント　　59

　これらの点に関して「歴史総合」はどう対応しようとしてるのか。以下，それぞれ検討してみたい。

3　多様な生徒が学ぶ意味が実感できる科目として（条件①への対応）

　2019 年に高等学校（全日制課程・定時制課程）を卒業した者のうち，センター試験で歴史科目（世界史Ａ，世界史Ｂ，日本史Ａ，日本史Ｂ）を受験した者は約 20％に過ぎない，とりわけ世界史Ａや日本史Ａを受験した者は合わせても 0.3％に満たない[6]。このことからも，必履修科目である「歴史総合」は，受験に使う使わないに拘わらず，すべての高校生にとって学ぶ意味がこれまで以上に実感できる科目として設計される必要がある。

　では，学ぶ意味が実感できる歴史科目とはどのようなものなのだろうか。下に示すのは新設された「歴史総合」の大項目と中項目である。これを見ると，中項目「Ａ（1）歴史と私たち」，大項目「Ｂ 近代化と私たち」「Ｃ 国際秩序の変化や大衆化と私たち」「Ｄ グローバル化と私たち」といった，歴史科目では見慣れない「○○と私たち」という文言が使用されていることが分かる。このことは「歴史総合」が生徒自身と歴史学習との間に何らかの関係性を構築することをめざしていることを象徴しており，いわゆる生徒の「学習レリバンス」の構築を意図していることを明示していよう。この「学習レリバンス」について，本田由紀は「子どもにとって学習がどのような意味や意義をもっているか」という意味であるとし，

【「歴史総合」の大・中項目】（下線筆者）

Ａ　歴史の扉
　(1) 歴史と私たち
　(2) 歴史の特質と資料
Ｂ　近代化と私たち
　(1) 近代化への問い
　(2) 結び付く世界と日本の開国
　(3) 国民国家と明治維新
　(4) 近代化と現代的な諸課題
Ｃ　国際秩序の変化や大衆化と私たち
　(1) 国際秩序の変化や大衆化への問い
　(2) 第一次世界大戦と大衆社会
　(3) 経済危機と第二次世界大戦
　(4) 国際秩序の変化や
　　　　　　大衆化と現代的な諸課題
Ｄ　グローバル化と私たち
　(1) グローバル化への問い
　(2) 冷戦と世界経済
　(3) 世界秩序の変容と日本
　(4) 現代的な諸課題の形成と展望

60　第Ⅰ章　社会系教科におけるカリキュラム・マネジメントの理論と実践

子どもが学習を行っているその時点で感じられる学習そのものの「面白さ」を「現在的レリバンス」，学習が将来何かに「役立つ」といった感覚を「将来的レリバンス」として説明[7]しているが，科目構成の基幹となる大・中項目の質的な変化からは，「歴史総合」が歴史を生徒に「自分事」として捉えさせ，多様な実態にある生徒それぞれに学ぶ意味を実感させようと意図していることが分かる。

4　小・中・高等学校を通じた歴史学習の総仕上げとして（条件②への対応）

　下に示すのは学習指導要領の解説に示された「歴史総合」の大項目「B 近代

【大項目BからDまでの中項目の構成】（下線筆者）

【中項目（1）の学習の特徴（身近な資料から考察する，過去への問い）】

　中項目（1）では，生徒にとって身近な生活や社会の変化を表す資料を取り上げて，情報を読み取ったりまとめたりして資料を活用する技能を身に付けるとともに，歴史の大きな変化に伴う生活や社会の変容について考察し，問いを表現する。（後略）

【中項目（2）及び（3）の学習の特徴（主題を踏まえた考察と理解）】

　中項目（2）及び（3）では，中項目（1）の生徒が表現した問いを踏まえ，主題を設定し，資料を活用して課題を考察する。主題の設定に当たっては，学習のねらいに則した考察を導くようにするとともに，生徒の課題意識を深めたり，新たな課題を見いだしたりすることができるように留意する。それらの主題を，学習上の課題とするための問いに設定することで，現代的な諸課題の形成に関わる近現代の歴史の理解を深める学習となるよう工夫することが大切である。

【中項目（4）の学習の特徴（歴史の大きな変化と現代的な諸課題）】

　大項目B及びCの中項目（4）では，中項目（1）から（3）までの学習内容を踏まえ，「自由・制限」，「平等・格差」，「対立・協調」，「統合・分化」，「開発・保全」など，現代的な諸課題の形成に関わる歴史的な状況を考察するための観点を活用して主題を設定し，現代的な諸課題の形成に関わる近現代の歴史を考察し，表現する。

　大項目Dの中項目（4）「現代的な諸課題の形成と展望」は，この科目のまとめとして位置付けられている。これまでの学習の成果を活用し，生徒が持続可能な社会の実現を視野に入れ，主題を設定し，歴史的な経緯を踏まえた現代的な諸課題の理解とともに，諸資料を活用して探究する活動を通し，その展望などについて考察，構想し，それを表現できるようにする。

化と私たち」「C 国際秩序の変化や大衆化と私たち」「D グローバル化と私たち」の中項目の構成についての説明[8] である。これを見ると，中項目 (1) では，それぞれの生徒にとっての身近な生活や社会の変化について「問い」を発見させる。中項目 (2) (3) では，生徒らが中項目 (1) で発見した「問い」を踏まえ，教師がそれらの「問い」を包括的に考慮しつつ，生徒の課題意識を育てることのできるような主題を設定し，現代的な諸課題の形成に関わる近現代の歴史を理解させる。そして，大項目 B・C の中項目 (4) では，それぞれ (1) (2) (3) の学習を踏まえ，「自由・制限」「平等・格差」「対立・協調」「統合・分化」「開発・保全」などの観点を活用しつつ，教師が主題を設定し，生徒に現代的な諸課題の形成に関わる近現代の歴史的な考察などをさせる。また，大項目 D の中項目 (4) では，それまでの「歴史総合」の学習の成果を生かし，持続可能な社会の実現を視野に入れながら，生徒自身に主題を設定させ，歴史的な経緯を踏まえた現代的な諸課題について理解させ，その展望などについて考察や構想などをさせるという構造になっていることが分かる。

　これを見ると，「歴史総合」の大項目 B・C・D は，生徒自身が抱いた「問い」を，現代的な諸課題の形成に関わる近現代史についての主題の学習を通じて成長させ，「近代化」「国際秩序の変化と大衆化」「グローバル化」についての現代的な諸課題について歴史的な状況をふまえた考察等へと発展・成長させる構造になっていることが分かる。このような構造は，多様な生徒それぞれに「歴史総合」を学ぶ意味を実感させるための具体的なプロセスであるとともに，生徒にとって身近な生活や社会にある課題，さらには現代的な諸課題に歴史的なアプローチによって向かい合うプロセスや手続きを学ばせることにもなろう。こうして，「歴史総合」では，社会の形成者として歴史と向かい合い，将来直面するであろう諸課題について歴史的な状況をふまえて考察・判断する術を身につけさせようとしている。そして，このことが，「歴史総合」が小・中・高等学校での歴史学習の総仕上げとしての意義と言えよう。

5 従来の歴史科目とは異なる論理の科目に（条件③への対応）

　図1-4-1[9] は，中教審答申の別添資料として示されている「歴史総合」の構造図（部分）である。これを見ると，「歴史総合」の大項目「B 近代化と私たち」「C 国際秩序の変化や大衆化と私たち」「D グローバル化と私たち」はB⊃C⊃Dといった包含関係にあり，時代区分ではないことが明白になっている。つまり，現代的な諸課題につながる歴史的な状況を考察させるために，「近代化」という社会構造の大きな枠組みの変化から，近代化に包含される個人・集団と社会の関わりとしての「国際秩序の変化や大衆化」，さらに持続可能な社会を展望するための「グローバル化」へと段階的に焦点化していく構成となっており，通史的な構成ではない。従って，「歴史総合」は，従来の「世界史A」「日本史A」「世界史B」「日本史B」，および今回の改定で誕生した「世界史探究」「日本史探究」の科目目標に見られる「歴史の展開」[10] を学ぶ学習，いわゆる通史的構成を前提とした学習とは決別し，現代的な諸課題の形

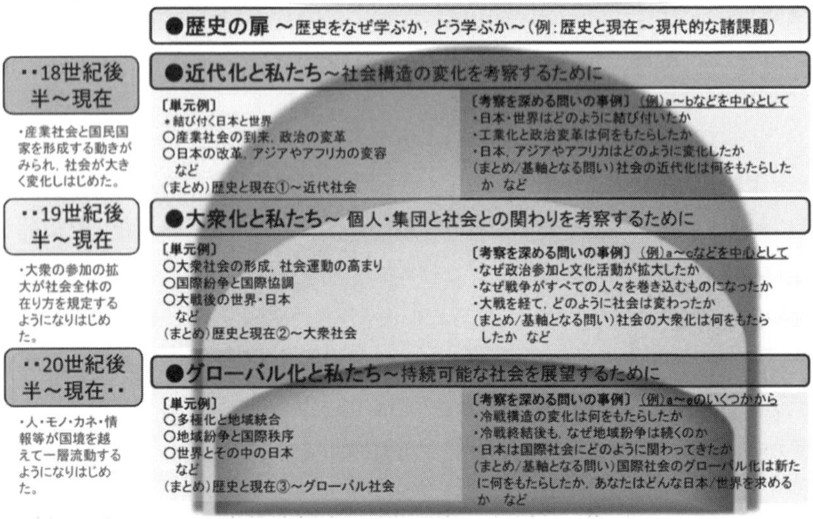

図1-4-1 「歴史総合」の構造

成に関わる近現代の歴史を学ぶ科目として差別化されるよう構成されていることが分かる。

また，「歴史総合」は「世界とその中における日本を広く相互的に捉え」る科目として中教審答申で提言[11]されたため，従来の世界史と日本史の内容を選択・統合し，現代史に重点化した科目であると捉えられることが多い。しかし，もしそうであれば，「歴史総合」と「世界史探究」「日本史探究」の近現代史部分の内容の重複は不可避となってしまう。しかし，前頁の図を見ても，日本史と世界史の枠は特に設定されておらず，日本で学ぶ生徒が，現在および将来に直面するであろう課題を考察する際のフィールドとして「世界とその中における日本」を総合して扱い，生徒の生活の舞台のある日本と関連づけながら「広く相互的に」考察させる構成になっていることが分かる。その意味で，「歴史総合」は日本史でもなければ世界史でもない。あえて言えば，そのような枠を取り払った「グローバルヒストリー教育」という見方もできるかもしれない。その意味で「世界史探究」「日本史探究」とは異なる論理を有している。

6 「主体的・対話的で深い学び」を実現する科目として（条件④への対応）

2017年告示の小学校中学校学習指導要領および2018年告示の高等学校学習指導要領では，「主体的・対話的で深い学び」が総則に重く位置づけられている。次頁に示すのは2016年の中央教育審議会の答申において示された社会科・地理歴史科・公民科における「主体的・対話的で深い学び」の実現のために示された視点[12]である。これを見ると，「深い学び」は「教科・科目及び分野の特質に根ざした追究の視点と，それを生かした課題（問い）の設定，諸資料等を基にした多面的・多角的な考察，社会に見られる課題の解決に向けた広い視野からの構想（選択・判断），論理的な説明，合意形成や社会参画を視野に入れながらの議論など」を通して実現するものと考えられていることが分かる。そして，これは60頁に示した中項目構成と比べると，そのプロセスはほぼ軌

64　第Ⅰ章　社会系教科におけるカリキュラム・マネジメントの理論と実践

【答申における社会科・地理歴史科・公民科に関する
「主体的・対話的で深い学び」の視点】（下線筆者）

（「主体的な学び」の視点）
・主体的な学びについては，「児童生徒が学習課題を把握しその解決への見通しを持つ
　ことが必要である。」そのためには，単元等を通した学習過程の中で動機付けや方向
　付けを重視するとともに，学習内容・活動に応じた振り返りの場面を設定し，児童生
　徒の表現を促すようにすることなどが重要である。
（「対話的な学び」の視点）
・対話的な学びについては，例えば，実社会で働く人々が連携・協働して社会に見られ
　ている課題を解決している姿を調べたり，実社会の人々の話を聞いたりする活動の一
　層の充実が期待される。しかしながら，話合いの指導が十分に行われずグループによ
　る活動が優先し内容が深まらないといった課題が指摘されるところであり，深い学び
　との関わりに留意し，その改善を図ることが求められる。
・また，主体的・対話的な学びの過程で，ICT を活用することも効果的である
（「深い学び」の視点）
・これらのことを踏まえるとともに，深い学びの実現のためには，「社会的な見方・考
　え方」を用いた考察，構想や，説明，議論等の学習活動が組み込まれた，課題を追究
　したり解決したりする活動が不可欠である。具体的には，教科・科目及び分野の特質
　に根ざした追究の視点と，それを生かした課題（問い）の設定，諸資料等を基にした
　多面的・多角的な考察，社会に見られる課題の解決に向けた広い視野からの構想（選
　択・判断），論理的な説明，合意形成や社会参画を視野に入れながらの議論などを通し，
　主として用語・語句などを含めた個別の事実等に関する知識のみならず，主として社
　会的事象等の 特色や意味，理論などを含めた社会の中で汎用的に使うことのできる概
　念等に関わる知識を獲得するように学習を設計することが求められる。（以下略）

を一にしている。つまり「歴史総合」は「主体的・対話的で深い学び」を前提
に設計された科目であることが分かる。

7　カリキュラムマネジメントが必須の「歴史総合」

　「歴史総合」は教室にいる一人一人の生徒の「問い」つまり「子どもたちの
姿や地域の実情等を踏まえ」た「問い」からスタートし，教師は授業を通して
生徒たちの「問い」を成長・深化させ，最終段階で現代社会の諸課題の形成に
関わる歴史を探究させる過程として構成される。以上のことを踏まえると，
「歴史総合」は「子どもたちの姿や地域の実情等を踏まえて，（中略）教育課程

を編成」することなしには成立しない科目であり、その意味で教師のカリキュラムマネジメントを大前提として、一人一人の教師にその実行を迫る構成となっている。

　一方、「歴史総合」に対する課題の指摘も多い。まず、「主たる教材」[13]である教科書の位置づけの難しさが挙げられる。もし、「歴史総合」の教科書が従来の通史的な性格に留まったり、教師もいわゆる「教科書を教える」タイプの授業に終始しては、「歴史総合」の趣旨は生かされようもない。また、評価の難しさもしばしば挙げられる。高等学校では観点別学習状況評価の普及が遅れており、今回の学習指導要領の改定に応じ、観点別学習状況の指導要録への記載が定められた[14]が、このような評価の適切な実施がなされなければ、「評価して改善を図る一連のPDCAサイクルを確立」することは難しいであろう。入試問題についても知識・理解中心の問題が中心となっては「歴史総合」で培おうとする学力は充分に測れないだろうし、「世界史探究」「日本史探究」とは異なる論理で作問がなされなければ、科目の趣旨は打ち消されてしまうだろう。しかし、最も課題になるのは、「歴史総合」を担当する教師が、適切にカリキュラムを「子どもたちの姿や地域の実情等を踏まえ」るようにマネジメントしながら単元や授業の設計を行い、実施することができるのかという問題である。従来の歴史科目とは異なる原理で構成されているだけに、教師自身も経験が乏しい。今後は教員養成や教員研修等の場面での対応が急務となろう。「歴史総合」の誕生を奇貨とし、生徒にとって魅力のある歴史授業の創造がなされることを期待したい。

（二井　正浩）

註

（1）中央教育審議会教育課程規格特別部会『論点整理』（2015年8月）pp.21-23, http://www.mext.go.jp/component/b_menu/shingi/toushin/__icsFiles/afieldfile/2015/12/11/1361110.pdf（2019年5月1日所収）。

（2）中央教育審議会『幼稚園、小学校、中学校、高等学校及び特別支援学校の学習指導要領等の改善及び必要な方策等について（答申）』2016年12月、第1部第4

章 2 (2)。

（3）平成 29 年告示『小学校学習指導要領』p.25，『中学校学習指導要領』p.27。

（4）代表的なものとして，天笠茂の「カリキュラム・マネジメント」研究，中留武昭，田村知子らの「カリキュラムマネジメント」研究が挙げられる。

（5）中央教育審議会，前掲『答申』，pp.26-31,39-43,47-53，および文部科学省『高等学校学習指導要領解説 地理歴史編』2018 年 7 月，pp.1-4 をもとにした。

（6）大学入試センター「受験者数・平均点の推移（本試験）平成 30 年度センター試験以降」(https://www.dnc.ac.jp/center/suii/h30.html，「平成 31 年度大学入試センター試験の志願者数」(https://www.dnc.ac.jp/albums/abm00035730.pdf，2019 年 5 月 1 日所収)，文部科学省「学校基本調査—平成 30 年度結果の概要—」(http://www.mext.go.jp/component/b_menu/other/__icsFiles/afieldfile/2018/12/25/1407449_2.pdf，2019 年 5 月 1 日所収) より，「該当科目受験者数合計×現役生割合」÷「高等学校卒業生総数」で算出した。

（7）本田由紀「学習レリバンスの構造・背景・帰結」東京大学大学院教育学研究科付属学校臨床総合教育研究センター『学校臨床研究 2 (2)』，2003 年 3 月，pp.65-75。

（8）文部科学省『高等学校学習指導要領解説 地理歴史編』pp.128-129。

（9）中央教育審議会，前掲『答申』，別添 3-8，(http://www.mext.go.jp/component/b_menu/shingi/toushin/__icsFiles/afieldfile/2017/01/10/1380902_3_1.pdfp，2019 年 5 月 1 日所収)。この資料は審議途中で作成された資料であり，項目タイトルが一部異なっている。

（10）平成 21 度 3 月告示『高等学校学習指導要領』「世界史 A」「日本史 A」，および平成 30 年告示『高等学校学習指導要領』「日本史探究」「世界史探究」の目標記述より。

（11）中央教育審議会，前掲『答申』，p.134。

（12）同上書，p.138。

（13）昭和 23 年『教科書の発行に関する臨時措置法』第 2 条による。

（14）中央教育審議会教育課程規格特別部会『児童生徒の学習評価の在り方について（報告）』2019 年 1 月，3，(7)，http://www.mext.go.jp/b_menu/shingi/chukyo/chukyo3/004/gaiyou/__icsFiles/afieldfile/2019/01/23/1412838_1_1.pdf（2019 年 5 月 1 日所収)。

第Ⅱ章

社会系教科における資質・能力（コンピテンシー）育成の理論と実践

第1節　深い学びを実現する小学校社会科の授業構成
―小崎俊実践・小学校第5学年単元
「情報ってなに？」を事例として―

1　資質・能力の育成と深い学び

(1)　資質・能力の育成

　2016年12月21日，中央教育審議会「幼稚園，小学校，中学校，高等学校及び特別支援学校の学習指導要領等の改善及び必要な方策等について（答申）」（以下，「答申」）が示され，2017年3月には小学校，中学校の学習指導要領が，2018年3月には高等学校の学習指導要領が改訂された。今回の学習指導要領は，「何を知っているか」ではなく「何をできるようになるか」という資質・能力の育成が重視されるようになった。コンピテンシー・ベースへの改訂である。育成すべき資質・能力は，①「何を理解しているか，何ができるか（生きて働く『知識・技能』の習得）」，②「理解していること・できることをどう使うか（未知の状況にも対応できる『思考力・判断力・表現力等』の育成）」，③「どのように社会・世界と関わり，よりよい人生を送るか（学びを人生や社会に生かそうとする『学びに向かう力・人間性等』の涵養）」の3つの柱とされた。

　今回の改訂の意図を，「答申」では「はじめに」で次のように述べている。

　　「本答申は，2030年の社会と，そして更にその先の豊かな未来において，一人一人の子供たちが，自分の価値を認識するとともに，相手の価値を尊重し，多様な人々と協働しながら様々な社会的変化を乗り越え，よりよい人生とよりよい社会を築いていくために，教育課程を通じて初等中等教育が果たすべき役割を示すことを意図している。」（「答申」）

　このように，子供たちの未来を見据え，子供たちが変化の激しい社会の中で

70　第Ⅱ章　社会系教科における資質・能力（コンピテンシー）育成の理論と実践

生き抜くことができ，他者と協働して社会に参加し，よりよい人生と社会を築いて行くことをめざして今回の改訂が行われた。

(2) 主体的・対話的で深い学びの現状と課題

　今回の学習指導要領では，「何ができるようになるか」という育成すべき資質・能力とともに，それらを育成するために，「どのように学ぶか」も示された。それが，「主体的・対話的で深い学び」である。この言葉は，当初，「アクティブ・ラーニング」という語で語られ，学校現場ではかなりのスピードで広がりを見せた。しかし，「活動あって学びなし」といった活動主義や形式主義が危惧されるようになり，「主体的・対話的で深い学び」と言い換えられることとなった[1]。主体的・対話的で「浅い」学びが多くの学校現場で見られるようになり，深い学びの実現が課題とされたのである。そこで「アクティブ・ラーニング」を「主体的・対話的で深い学び」に改めるとともに，深い学びを保証するため，全ての教科の目標に「見方・考え方」という語が冠せられ，教科固有の「見方・考え方」を働かせて課題を追究したり，解決したりする活動が求められることとなった。

　小学校学習指導要領解説社会編では，深い学びの実現は，「『社会的な見方・考え方』を用いた考察，構想や，説明，議論等の学習活動が組み込まれた，課題を追究したり解決したりする活動」が不可欠であり，「社会の中で汎用的に使うことのできる概念等に関わる知識を獲得する」学習が深い学びであると述べられている[2]。文部科学省初等中等教育局視学官として新学習指導要領の作成に携わった田村学は，深い学びを，育成すべき資質・能力と密接に関連付けて「『深い学び』とは，『知識・技能』が関連付いて構造化されたり身体化されたりして高度化し，駆動する状態に向かうこと」と定義している[3]。「答申」は，「子供たちは，各教科等における習得・活用・探究という学びの過程において，各教科等で習得した概念（知識）を活用したり，身に付けた思考力を発揮させたりしながら，知識を相互に関連付けてより深く理解したり，情報を精査して考えを形成したり，問題を見いだして解決策を考えたり，思いや考

えを基に創造したりすることに向かう。こうした学びを通じて，資質・能力が
さらに伸ばされたり，新たな資質・能力が育まれたりしていく。」と述べてい
る(4)。このように，資質・能力の育成は，深い学びの実現の如何にかかって
おり，それは，獲得する知識の質（概念）が鍵を握っていると言える。

2　社会科における「見方・考え方」と深い学び

　全ての教科に冠された「見方・考え方」は，「答申」では，「"どのような視
点で物事を捉え，どのような考え方で思考していくのか"という，物事を捉え
る視点や考え方」，すなわち各教科等の特質に応じた物事を捉える視点や考え
方であると述べられている(5)。田村学は，この「見方・考え方」を，具体的
な例を挙げながら，次のように述べている(6)。

　　「総合的な学習の時間で，稲作をしながら食料生産について探究してい
　　く子供の学びを例に考えてみよう。稲を栽培し，その生育過程を記録し，
　　気温や日照条件などと関係付けて学ぶことは理科の『見方・考え方』を活
　　用している。栽培品種の地域的な広がりを地形や物などと関連付けて学ぶ
　　ことは社会科，米の持つ独自の栄養価を自分の食生活に生かそうと学ぶこ
　　とは家庭科である。同じ事物や現象でも，各教科等の『見方・考え方』を
　　活用することで，多様に事象を捉え，幅広く認識し，豊かに関わることに
　　つながる。」

　このように，今回の学習指導要領における「見方・考え方」は，物事を捉え
るときに働かせる「見方・考え方」となっている。しかし，社会科では，以前
から，習得する，身に付けるものとしての「見方・考え方」という語が使われ
てきた(7)。そのため，今回の「見方・考え方」の変更は，使う人，使われる
文脈によって「見方・考え方」の意味するところが多義的になり，混乱を引き
起こしている。このような状況の中で，原田智仁は，社会科教育学研究におい
てこれまで語られてきた「見方・考え方」を整理しつつ，今回の働かせる「見
方・考え方」を次のように解釈・再定義している(8)。

72 第Ⅱ章 社会系教科における資質・能力（コンピテンシー）育成の理論と実践

「○見方・考え方は内容知と方法知からなる教科内容と探究のための問い
を階層化しつつ，目標に向けて学習の方向付けを図るツールである。
・内容知は，事実的知識→概念的知識→価値的知識の三層構造をなす。
・方法知は，情報の読解・記述→探究方法（仮説・検証）・説明→提案・
議論の三層構造をなす。
○見方は主に事実（現象）を把握するツール，考え方は主に概念（理論）
化と価値観形成（意思決定）を促すツールとして機能する。」

そして，その「見方・考え方」の再定義に基づいて，石井英真による「学校
で育てる能力の階層性（質的レベル）を捉える枠組み」[9]を参考に，「見方・
考え方を生かしたカリキュラムの構造化モデル」（表2-1-1）を提案している[10]。

この構造化モデルは，横軸に資質・能力の要素が，縦軸に能力・学習活動が
階層的に示されている。つまり，横軸に示された資質・能力の要素の学びの深
さが，縦軸で階層的に示されるようになっている。このモデルは，深い学びを
実現するための目標の構造化の指針となり，ひいては問いの設定，学習過程の
設計に効果を発揮する[11]。加えて，今ある授業実践の深い学びの実現状況を
分析・評価する際の分析枠組みとしても効果を持つと言える。

それでは，具体的に深い学びを実現していると思われる小学校社会科の授業

表2-1-1　見方・考え方を生かしたカリキュラムの構造化モデル（原田）

目標の柱／学力のレベル		知識	技能	思考・判断／表現	情意・態度
見方	知識の獲得（知っている）	事実	情報読解	事実的思考・事実判断 記述	素朴な興味・共感 異なる見方への関心
考え方	意味の理解（わかる）	概念	探究方法	理論的思考・推理 説明	文脈や根拠の吟味
	活用・創造（使える）	価値	提案	価値的思考・価値判断 議論・意思決定	自己の考え方の構築

第1節　深い学びを実現する小学校社会科の授業構成　　73

実践を取り上げ，原田の構造化モデルを用いながら，深い学びの実現状況を見てみよう。

3　深い学びを実現する小学校社会科の授業実践例
―小崎俊実践・単元「情報ってなに？」―

(1)　小崎俊実践・単元「情報ってなに？」の概要

　ここでは，高槻市立桃園小学校教諭小崎俊が，平成30年1月19日（金）に実践した第5学年単元「情報産業とわたしたちのくらし」（「情報ってなに？」）を取り上げて，深い学びの実現状況をみていく[(12)]。

　本授業の概要は，以下の通りである。

・単元名　「情報産業とわたしたちのくらし」

・単元目標

　　○自分たちが普段得ているメディアの情報はどのようにつくられているのかを知ることを通して，生活の中で情報をどのように活かすのかを考えようとする。

　　○メディアが社会に与える影響を踏まえ，情報を伝える側の立場で，どのように情報を伝えればよいのかを思考・判断し，適切に表現する。

　・指導観

　　これまでの社会科の学習では，資料から「なぜ」と思われることを探し，個人で自分の意見を考え，班やクラス全体で考えるという学習を意識的に取り入れてきた。「なぜ」の答えを考える過程で，友達の意見に自分の意見を付け足したり，反対意見を理由とともに言える児童も徐々に出てきた。本単元では，メディアがどのように情報を作り，伝えているかを学習する。授業の中で，メディアが情報を伝える上で大切にしていることや，メディアが伝える情報は，事実の一部を切り取られたもので，伝える側の意図が含まれていることなどに気づけるよう展開しようと考えている。児童は普段情報を受

74 第Ⅱ章 社会系教科における資質・能力（コンピテンシー）育成の理論と実践

け取る側の立場だが，情報を伝える側のことを知ることによって，情報を鵜
呑みにするだけでなく，自分で思考・判断する姿勢を身に付けさせたい。

・**単元の評価基準**

評価の観点	評価基準
社会的事象への関心・意欲・態度	・メディアが情報をどのように伝えているのかに関心をもち，進んで調べようとしている。 ・情報を伝える側の立場に立って，メディアが情報を伝えるうえで大切にしていることを考えようとしている。
社会的な思考・判断・表現	・情報を伝える側の人々が，どのような情報の作り方・伝え方の工夫をしているのか考え，適切に表現している。
観察・資料活用の技能	・情報を伝える側の人々が，「はやく」「正確に」「分かりやすく」伝えるために工夫や努力をしていることを読み取って，ノートにまとめている。
社会的事象についての知識・理解	・情報を伝える側の人々が，情報を受け取る側の人々のニーズにこたえ，情報をつくるためにさまざまな工夫や努力をしていることを理解している。

・**指導計画の概要**（全7時間）

　　第1時　様々なメディアの特徴を知り，それぞれの長所と短所を考える。

　　　　　→学習課題を考える。

　　　　学習課題： メディアはどのようにして情報を作っているのだろう。

　　第2時　東日本大震災の緊急特番を見て，番組はどのように作られたのか
　　　　　を考える。

　　　　「なぜこんなにはやく番組を放送できるのだろう。」

　　　　　→番組作りの概要。

　　第3時　ニュース番組はどのように作られ，何を大切にして作られている
　　　　　のか考える。

　　　　　→ はやく ， 正確に ， わかりやすく

　　第4時　ニュース番組以外のテレビ番組について考える。

　　　　「同じ時間帯に似たような番組が放送されているのはなぜだろう。」

　　　　　→視聴率を上げるとスポンサーが付き，広告料（CM）収入として

テレビ局に入る。という構造をおさえる。

第5時　同じ事実について，違う報道の仕方をしている資料から，なぜ伝える内容が（本時）違うのか考える。

　　　→情報は事実の一部を切り取られたものだということに気付く。

第6時　マンション広告の資料（地図）から，「情報は事実の一部を切り取られたものだ」ということを一般化して理解する。

第7時　学校行事（もちつき大会）の新聞を作るとして，5年生向け・新1年生とその保護者向け・地域の人向けの3グループに分かれる。どの写真を使うのか，見出しはどんな文言にするのかを考える。

・**本時の授業展開**

　　　本時の目標：話し合いを通じ，情報は事実の全てではなく切り取られた一部であることに気が付く。

　　　本時のめあて：同じ事実なのに，なぜ伝える内容が違うのかを考えよう。

第5時（本時）

	学習活動（○），発問（・）	児童の反応	資料	評価規準
導入	・テレビ局が番組をつくる上で大切なことは何でしたか。 ○後で見る動画（プロ野球）の試合の流れをワークシートを見ながら聞く。 ・今日はまずテレビ番組の動画を見ます。 ○（同じ試合だけど異なる2つの）スポーツニュースの動画を見る。 ○動画を見ながら，それぞれの番組で伝えている事実に○をつける。（ワークシート） ・では，この2つの番組は「はやさ」「正確さ」「わかりやすさ」の点で問題はあるだろうか。 ・どちらの番組も嘘を報道しているわけではありませんね。では，同じ事実なのに，なぜ伝える内容が違うのだろう。	・「はやさ」「正確さ」「わかりやすさ」 →○印（伝えている内容）が2つの番組で異なる。 ・3つの点で問題はない。	ワークシート スポーツニュースの動画	

展開			
めあて 同じ事実なのに，なぜ伝える内容が違うのか考えよう。 ○なぜ伝える内容が違うのかを考え，自分の考えをノートに書く。 ↓ 班で交流	**予想される意見** ・関西は阪神ファンが多くて，阪神を応援する人に見てもらえるようにするため。 ・視聴率を上げるため。		
・この2つのスポーツ番組の内容は中立と言えるだろうか。 ・なぜ中立性を欠いてまでも視聴者に見てもらおうとする（視聴率を取ろうとする）のだろうか。	・中立ではない。 ・視聴率を取らないとお金が入らない。 ・視聴者受けが良くなるような場面を多く放送している。(関西なら阪神が活躍するシーンを多くするなど)		
・では，みんなが普段受け取っている「情報」とは何でしょう。今日の授業のまとめとして1文で書きましょう。 ○「情報とは・・・・・・・・・・もの。」という形式で今日のまとめを書く。 ※◎のまとめが理想だが，この時点では○のまとめでもよい。次時の授業で，「情報は事実の一部を切り取られたものだ。」ということを，野球コーナーだけでなく，どんな情報でもそうだというように一般化して理解する。	○情報とは，阪神ファンに見てもらえるように，阪神ファンが喜ぶ内容にしているもの。 ◎情報とは，メディアが情報の受け手を意識して，情報の一部を切り取って作ったもの。		メディアがどのような意図で放送する場面を選んでいるのかを，自分なりに考えている。【思・判・表】

第1節　深い学びを実現する小学校社会科の授業構成　　77

(2) 小崎俊実践・単元「情報ってなに？」の授業構成

　本単元は，「情報とはメディアが情報の受け手を意識して，情報の一部を切り取って作ったもの。」という概念（知識）を習得させ，その概念が児童の中で生きて働く知識になり，使うことができるようにすることをねらいとしている[13]。

表 2-1-2　小崎俊実践・単元「情報ってなに？」の単元構成

	パート	時	主な問いや学習活動（方法）	習得する知識(内容)
Ⅰ	様々なメディア調べ。	1〜3	Qメディアはどのようにして情報を作っているのだろう？ ・資料を読み取る。話し合う。	・様々なメディアの特徴 ・メディアは「はやく」「正確に」「分かりやすく」を大切にしている。
Ⅱ	テレビ番組と視聴率の関係の考察	4	Q同じ時間帯に似たような番組が放送されているのはなぜだろう？ ・予想して話し合う。確かめる。	・広告収入のため，視聴率を上げようとしている。（テレビは広告収入で成り立っている。）
Ⅲ	「情報とは何か」の仮説の設定・他の事例での検証・修正（一般化）	5・6	Q同じ事実なのに，なぜ伝える内容が違うのか？ Q情報とは何か？ Qマンションの広告の地図も，プロ野球ニュースと同じようなことが言えるだろうか？ ・予想して話し合い，仮説を立てる。 ・他の事例で話し合い，仮説を検証し，自分なりの表現でまとめる。	・視聴率を上げるために，視聴者が喜ぶように切り取って伝えている。 ・情報とは事実を切り取ったものである。 ・マンションの広告地図も，購買者に気に入ってもらえるように地図に載せる事実を選択している。
Ⅳ	パフォーマンス課題「写真を選ぼう!」	7	学校行事（もちつき大会）の新聞をつくるとしたら，たくさんの写真の中からどの写真を使うのか，見出しはどんな文言にするのか，それぞれの読み手に（5年生向け・新1年生とその保護者向け・地域の人向け）合ったものを，グループで話し合って考える。	（情報の送り手となって，情報の受け手を考えて，事実を切り取り，選択する。）

（筆者作成）

78　第Ⅱ章　社会系教科における資質・能力（コンピテンシー）育成の理論と実践

　そのねらいの実現のため，その授業は，大きく４つのパートに分かれている。その内容と方法を整理したものが，表2-1-2である。

　まず，パートⅠで，様々なメディアの特徴とメディアが大切にしていることを知る。次にパートⅡでテレビ番組と視聴率の関係を考察し，テレビは広告収入で成り立っており，視聴率を高めようと工夫していることを理解する。そして，本時（5時）を含むパートⅢで，まず，パートⅠで学んだ「正確に」ということは守っていて嘘はついていないことを確認しつつ，同じ事実なのに，なぜ伝える内容が異なるのか，パートⅡで学んだテレビ番組と視聴率との関係の知識を活用して考察する。そして「情報とは何か」についての仮説を自分なりに立て，表現する（5時）。次に，5時で立てた仮説が他の事例でも言えるのか，マンションの広告に掲載された地図を用いて検証し，「情報とは何か」の仮説を検証・修正し，一般化させる。最後にパートⅣで，習得した「情報とは事実の一部を切り取ったものである。」ということを踏まえて，実際の新聞作りの場面を設定して，受け手の立場を考えながら，掲載する写真と見出しを話し合って決めていく。

　このように，小崎実践は，単元全体を通したねらいを，「情報とは何か」という概念的知識の習得と活用に定め，パートⅢで，前半のパートⅠ・Ⅱで習得した知識を活用させながら探究させ，さらにパートⅢで得た概念的知識をパートⅣでパフォーマンス課題によって使える，生きて働く知識となるよう構成されている。

(3) 小崎実践における深い学びの実現状況

　それでは，小崎実践は，どのような深い学びを実現しているだろうか。表2-1-1で示した原田の構造化モデルを活用して，小崎実践を当てはめたものが，表2-1-3である。

　表2-1-3にみられるように，小崎実践は，全ての要素において「知っている」，「わかる」，「使える」とパートを展開していき，深い学びを実現している優れた実践例であることがわかる。

第1節　深い学びを実現する小学校社会科の授業構成　79

表 2-1-3　小崎実践における深い学びの実現状況

目標の柱 学力のレベル		知識	技能	思考・判断／表現	情意・態度
見方	知識の獲得 （知っている） パートⅠ	メディアについての事実的知識	様々なメディアについての資料読解	「どのようなメディアの特徴があるか」という事実的思考・事実判断 ------------------ 記　述	様々なメディアについて興味・関心
考え方	意味の理解 （わかる） パートⅡ・Ⅲ	情報についての概念的知識	「なぜ」「なに」による探究，解釈	「なぜ異なるのか」「情報とは何か」という理論的思考・推理 ------------------ 説　明	根拠にも基づいた仮説・解釈の吟味
	活用・創造 （使える） パートⅣ	情報の送り手と受け手の価値観	パフォーマンス課題による提案	「受け手を考えてどの写真を選ぶか」という価値的思考・価値判断 ------------------ 議論・意思決定	写真（事実）の選択による自己の考え方の構築

（筆者作成）

4　深い学びを実現する小学校社会科の授業構成とその要件
―小崎実践が示唆するもの―

　小崎実践は，社会科の授業の深い学びの実現に，どのような示唆を与えてくれるだろうか。まず，授業構成として，学習内容は概念的知識を中核に位置付けること。そして，学習過程は単元全体を通して探究させ，知識を習得，活用させることが重要であることを示唆した。特に，単元の最後には，概念的知識が「使える」よう，習得した知識を総動員させながら活用する場面（パフォーマンス課題）の設定も重要であることを示した。

　加えて，小崎実践では，日常の生活の中から資料や問いを用意し，学校行事とも関連付けたパフォーマンス課題の設定など，学ぶ意味や有用性を感じられる教材研究の成果が随所に見られた。

このように，深い学びの実現には，単元全体でのカリキュラム・デザインと
レリバンスを高めることがその成立の要件として重要になると言えるだろう。

（中本　和彦）

註

（1）詳細は，原田智仁『中学校新学習指導要領　社会の授業づくり』明治図書，2018 年，
　　pp.10-11 を参照。また，活動主義・形式主義については，文部科学省「新しい学
　　習指導要領の考え方」2017 年，p.21 を参照。
（2）文部科学省『小学校学習指導要領（平成 29 年告示）解説社会編』，日本文教出版，
　　平成 30 年，p.8
（3）田村学『深い学び』東洋館出版社，2018 年，p.64
（4）中央教育審議会「幼稚園，小学校，中学校，高等学校及び特別支援学校の学習
　　指導要領等の改善及び必要な方策等について（答申）」（2016 年 12 月 21 日），p.33
（5）前掲（4），p.33
（6）前掲（3），p.32
（7）詳細は，前掲（1），pp.44-46 を参照。
（8）詳細は，前掲（1），pp.49-51 を参照。
（9）前掲（4）補足資料，pp.121-122
（10）前掲（1）p.53
（11）詳細は，前掲（1），pp.54-57 を参照。
（12）本実践は，平成 29 年度高槻市教育研究会小学校社会科部会 1 月部会において公
　　開された。
（13）実際，小崎は本授業をつくる際に，情報単元でありがちな徳目主義的な授業は
　　避けたい。知識を活用して判断できるようにさせたい，と述べていた。

第 2 節　未来社会を生きぬく資質・能力を形成する
　　　　小学校社会科授業提案
—第 5 学年単元「自動車産業からみる未来の産業」の場合—

1　Society5.0 の社会を生きぬくための学校の学び

　近年，Society5.0 という言葉をよく耳にするようになった。Society5.0 とは，狩猟社会（Society1.0）に始まり，農耕社会（Society2.0），工業社会（Society3.0），情報社会（Society4.0）の次に訪れる社会の姿であり，超スマート社会とも呼ばれている。Society5.0 の社会では，ビックデータ（Big Data）を人工知能（AI）が処理したり，ロボット（Robot）によって様々な仕事が自動化したりしていくことで効率化が図られる。さらに，このような社会では，IoT（Internet of Things）によって全てのヒトとモノがつながり様々な情報が共有されることで，情報のプラットホームが形成され，産業同士もつながりをもつことになる。Society5.0 の社会において期待されていることは，人工知能（AI）を搭載したロボット（Robot）やドローン（Drone），自動運転車（Autonomous car）などの技術で，環境問題，災害・テロ，少子高齢化，地方の過疎化，貧富の格差などの課題が克服されるということである[1]。このような社会では，産業構造が大きく変革し，多くの人間に求められるのは，再現性ではなく創造性のある活動に変わることが考えられる。このような未来社会を想定したとき，学校教育において，創造性のある活動を企図した学びを創り出していかなければならい。

　以上のようなことから，2 つの視点で社会科教育を考えていきたい。1 つ目は，Society5.0 の社会を生きぬくために必要な資質・能力とは何であるかということ。2 つ目は，Society5.0 の社会を生きぬくために必要な資質・能力を身に付けるための社会科授業とはどのようなものかということ。本稿において，

82 第Ⅱ章 社会系教科における資質・能力（コンピテンシー）育成の理論と実践

この2つの視点について述べていきたい。

2 Society5.0 の社会を生きぬくために必要な資質・能力

(1) Society5.0 の社会を生きぬくために必要な「協創」

これまでの狩猟社会（Society1.0）から情報社会（Society4.0）において求められてきた資質・能力は，与えられた仕事を効率的に正確にこなしていく力であった。同様に，教育においてもそのような現存する概念を理解し，忠実に再現できる力の育成が求められたのである。しかし，Society5.0 の社会に求められる資質・能力は，新しいものを創り出したり，今あるものに異なる価値を見出したりすることであると言われている。そのような創造性のある活動は一人の力だけで行うことは難しい。特に，Society5.0 の社会においては，多様な価値観の人間が集まりアイデアを出すことによって，より豊かな創造性のある活動を行うことができると考えられている。

以上のことから Society5.0 の社会を生きぬくために必要な資質・能力は，多様な価値観をもった他者と創造性のある活動を行うことができることである。そのような資質・能力を「協創」と定義し，未来の社会科授業をより豊かにするための視点の1つとすべきである。

(2) 創造性の欠如した教育

「協創」とは多様な価値観をもった他者と創造性のある活動を行うことである。創造性のある活動を行うための前提として，「創造性に対する自信（creative confidence）」をもっていることが極めて重要であると言われている[2]。しかし，2017 年に発表された日本の生徒と教師を対象としたクリエイティビティなどの認識に対する調査[3] において，12 歳から 18 歳までの日本の生徒たちは，自らを「創造的である」と回答した割合がわずか8％であったという。これは，グローバルの同世代（平均44％）に比べて著しく低い結果となっている。さら

に自らが「創造的である」と答える日本の教師は2%であった。このことが示唆するのは，日本の子どもの創造性の認識の低さは日本の教師の創造性の低さに大きく起因していると考えられる。つまり，子どもの創造性を高めるとともに教師の創造性に対する自信も高めなければ，これからの未来社会を生きぬくための「協創」は生まれにくくなる。

以上のような状況を踏まえると，社会科教育において，子どもたちが見ている社会の中から問題を見出し，その問題を解決するための課題を克服しようとする中で，実社会とつながった「協創」を生むことによって，子どもたちの創造性が引き出されるのではないか。また，実社会とつながることで，学びに切実さが生まれ，子どもの柔らかな思考が創造性の溢れるものとなれば，社会にも寄与することができ，子どもたちの社会参画に対する意識も芽生える。つまり，創造性が生まれる「協創」を授業に取り入れることは「開かれた教育課程」と関連するとともに，Society5.0 の社会における資質・能力の育成につながるのである。

(3) 創造性を育むシステム―デザイン思考

「協創」を意図的に生み出すための方法である「システム―デザイン思考」が近年，企業で注目されている。「システム―デザイン思考」は社会の問題に

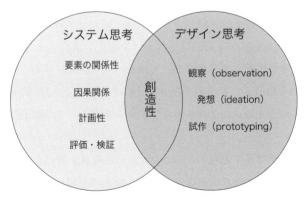

図2-2-1　システム思考とデザイン思考の関係性（筆者作成）

84 第Ⅱ章 社会系教科における資質・能力（コンピテンシー）育成の理論と実践

対して創造的に解決していくことを目指すものである。社会科授業において，この「システム―デザイン思考」を援用することによって，子どもたちが実社会を観察し，その中で問題を見出し，その問題を解決するために，チームを創り，さらに社会と「協創」しながら，創造性豊かに問題を解決する力が身につくのではないか。「システム―デザイン思考」については以下に説明する。

システム―デザイン思考はシステム思考とデザイン思考を融合させることによって，創造性が育まれる（図 2-2-1）。

①システム思考

システム思考とは，広い意味では「物事を要素間の関係性として俯瞰的にとらえること」[4]である。全体から細部までシステマティックに分析することで，全体像としての構造理解をするとともに，構造の緻密な詳細の理解もすることである。問題を抜本的に解決するためには，全体を俯瞰して，それぞれの問題がどのように関係し合っているかを正確に把握した上で，全体を解決する必要がある。

②デザイン思考

一方，デザイン思考とは観察（observation）発想（ideation）試作（prototyping）の 3 つのプロセスを何度も繰り返しながらアイデアを磨いていく活動である。観察（observation）のプロセスでは，現場で人を観察し，対象に共感することによって，新たな発見を得たり，表面化されていない無意識のニーズを読み取ったりする。発想（ideation）のプロセスでは，ブレーンストーミングを用いて，多様な価値観をもつ者が協働的にアイデアを出す。試作（prototyping）のプロセスでは，実際にすぐにカタチに表してみることを大切にする。たくさんのアイデアの中から抽出したアイデアをカタチにすることで，3 つのサイクルが早く回ることにつながる。以上のようなプロセスを踏むことで創造性が高まると言われている。

③システム―デザイン思考

以上の 2 つの思考の重なるところで，新しいものを創り出したり，今あるものに異なる価値を見出したりすることができると考えられている。その中で，

第2節　未来社会を生きぬく資質・能力を形成する小学校社会科授業提案　85

重要なことが異質な他者が一緒に考えることである。システム思考によって，社会のしくみを捉え問題を見出した後に，多様な価値観をもつ異質な他者も交えて問題解決に取り組むことによって「協創」が生まれ，創造的に問題を解決しようとする資質・能力が身につくのである。

3　Society5.0 の社会を生きぬくために必要な「協創」を生む小学校社会科授業提案

(1) Society5.0 の社会における小学校社会科授業

　本来，小学校社会科授業は社会システムを学習する場である。しかし，Society5.0 の社会を生きぬくための資質・能力ベースの学びを意識したとき，小学校社会科授業は社会システムを学習した上で，問題を見出し，創造的に解決しようとする力を身に付けられるようにすべきである。そのために，システム―デザイン思考を社会科授業に援用し，「協創」が生まれる授業展開にしていくことで一つの社会科授業提案をする。社会科単元の中にシステム―デザイン思考の要素を取り入れたモデルを以下に提示する（表 2-2-1）。

表 2-2-1　社会科単元学習　システム―デザイン思考モデル

	システム―デザイン思考	学習活動
第一次	システム思考	知識・技能を育成する活動 社会の仕組みを理解する活動
第二次	デザイン思考（観察）	データ等から社会を観察し，問題点・課題を見つける活動
第三次	デザイン思考（発想―試作）	実社会と協創し，アイデアを生み出す活動・協創する活動

（筆者作成）

　第一次においては，社会の仕組みを俯瞰し，システム的に理解することを目標とする。そして，第二次においては現実の社会を観察し，問題点や課題を見つけ，解決すべきことを共有することを目標とする。さらに第三次では，課題

に対して実社会と協創し，アイデアを生み出すことを目標とする。以上のような単元の流れで実践した小学校第5学年の産業学習「自動車工業からみる未来の産業」を紹介する。

(2) Society5.0 の社会を生きぬくために必要な「協創」を生む 小学校社会科産業学習授業提案

①授業づくり【第5学年　単元　自動車工業からみる未来の産業】

　本単元では2030年の未来の自動車と社会のカタチを取り扱った。現在の自動車工業の仕組みや自動車の役割を理解した上で，課題を見つけ，解決していくための方法を発散的に話し合う活動を取り入れることによって，私たちの生きる近い未来の産業や社会について考えようと試みた。今回，特に焦点を当てたのが自動運転のクルマである。近年，自動制御システムなどの安全性能が高まり，交通事故は減少している。また，自動運転の技術も発達し始めている。シリコンバレーなどでは，実際に公道を自動運転のクルマが走っている。さらに，日本でも東京都多摩市，兵庫県三木市において国土交通省が公道での自動運転の実証試験を行ったところである。近い未来，自動運転のクルマが日本中を走るようになることが予想される。そうすれば，高齢化問題に悩むタクシー，バス及び運送業の労働問題を解決したり，人的操作ミスなどによる事故が減少したりすることによって，大きく社会が変容するだろう。しかし，現状としては自動運転走行中に事故が起こった場合の責任の問題や運転を趣味としているヒトもいるため，自動運転の普及は難しい。最新の自動車工業から現在の産業のしくみを理解し，その現状を根拠にして近い未来社会を想像することで，社会科授業で得た見方・考え方を働かせ日常生活に活かして考えることにつながると考えた。以上を踏まえて，本単元での留意点について2つ述べる。1つ目は，自動運転のクルマについてデータや映像をもとに分析することである。それにより未来社会の良い点だけでなく課題や問題点も予想することができるのではないかと考える。2つ目は，自動運転の実証試験を行う三木市緑が丘の運営委員会や関わる企業と「協創」し未来のクルマと町づくりのアイデアを創出

第2節　未来社会を生きぬく資質・能力を形成する小学校社会科授業提案　　87

することである。2030年に走るクルマの機能や役割を想像し，町の課題を解決できるような町づくりのアイデアを企業と「協創」することで社会参画の意識を高めたい。

②単元目標

　自動車産業が日本の基幹産業の一つなのは，製造業からサービス業まで幅広くクルマに関わって働く人が存在しているからであるとともに，最新のクルマは新エネルギーや人工知能（AI）などの新しい技術の結晶であるということを理解し，これからの社会が目指すSociety5.0において，IoT（Internet of Things）による情報が共有化され自動運転化が進んでいく中で，どのように自分（人間）が関わっていけば，よりよい社会になるのかを考えることができる。

③学習の流れ（全12時間）　　　　　　　　　○：1時間　◎：2時間

		学習活動	教師の働きかけ
第一次　自動車産業の仕組みを知る【システム思考】（五時間）		○工業製品について知り，自動車産業が日本の基幹産業であることを知る。 ・ふり返りとして自動車産業のイメージマップを描く ○自動車が私たちの手に渡るまでの流れをフロー図にする。（輸送・経済） ○日本や世界の自動車がどこで作られているのかを知る。（位置・分布） ・特に日本とドイツで比較する ○日本生産台数1位であるトヨタ自動車について追究する。（生産のしくみ） ・ジャストインタイム方式・自動化を知る。 ○なぜIT企業と自動車企業が協力するのか考える。（かかわり）（協力）	・映像資料を用いて，現代の産業について知り，俯瞰できる図をつくる。 ・なぜ自動車工業が基幹産業の一つなのかについてわかるようにする。 ・販売，輸送，製造のサービス全体を俯瞰することによって，自動車産業のシステムを理解できるようにする。 ・地理的な見方で世界の自動車工業地帯がどこにあるかを俯瞰することで，立地条件について考えられるようにする。 ・映像資料を用いてどのように自動車が作られるのかを視覚的に捉えやすくする。 ・新聞記事を提示することによって，日本の自動車産業は未来の社会に対応しようとしていることに気付けるようにする。
第二次　自動車産業の未来と社会の		未来のクルマが走る社会について考えよう。	
		○2030年における自動運転のクルマの映像資料から未来の社会がどのように変わるのか想像する。	・ドイツにおける未来のクルマのイメージ映像を視聴することによって，近い未来のクルマについて知り想像を膨らませられるようにする。

ン思考（観察）】（三時間）課題を見つける）【デザイ	◎2030年の未来社会における課題を資料から追究する。 ・事故の責任の問題 ・働く人の問題 ・エネルギーの問題	・資料を活用することで，問題を読み取れるようにし，課題を解決するための対策を考えられるようにする。
第三次 緑が丘の町の未来を協創する 【デザイン思考（発想・試作）】（四時間）	◎未来のクルマと社会を想像する。 ・連想法などを使って，アイデアの発散を行う。 ◎総合建設会社と協創しアイデアを創出する。 ・町の課題を解決するアイデアを提出する。	・根拠を明確にしながら，未来のクルマを描くことで，そのようなクルマが走る町を想像できるようにする。 ・三木市緑が丘の自動運転を活用した町づくり運営員会に自動運転のクルマを活用した町づくり図案を提出すると伝える。 ・子どもたちが出したアイデアを総合建設会社の社員の方に評価してもらうことで，動機付けとするとともに，町の課題を提示してもらう。 ・総合建設会社の社員とともに，町の課題を解決する自動運転のクルマを考えられるようにようにする。

4　Society5.0 の社会を生きぬくために必要な「協創」を生む小学校社会科授業の創造性の検証

　本稿では，第三次における「協創」の実際を紹介したい。第三次の最初に，子どもが単元を通して得た現在の技術を活用したり，社会の課題を解決したりする新しいクルマのアイデアを表現した。子どものアイデアを分析すると表2-2-2のようになった。一番多かったのは自動運転機能を活用した車内空間の利用であった（32件）。具体的には，車内が全てスクリーンで映像が見ることができるようになる，車内で料理やゲームを楽しめるようになる，というようなものであった。また，アイデアとして価値が高かったのは，自動運転車両と歩行者の遮断である（12件）。子どもたちは，システムの誤作動が起こった場合，

第2節　未来社会を生きぬく資質・能力を形成する小学校社会科授業提案　89

表2-2-2　子どものアイデアの分析表

アイデアの分類	アイデアの具体
自動運転機能を活用した車内空間の利用	・車内がスクリーン・ライブ・映画 ・車内で料理，ゲーム・マッサージ機など
環境に優しいクルマ・燃料	・水素，電気，水，海水，空気など ・排気ガスをきれいにする機能
便利機能	・顔認証・道路情報の自動更新・自動ドア
自動運転車両と歩行者の遮断 （安全性　社会システム）	・自動車専用道路・カーシェアで負担軽減 ・駐車場の有効利用
車両の安全装置	・緊急停止装置
その他	・宣伝カー・空を飛ぶクルマ

(筆者作成)

歩行者を巻き込んでしまう恐れがあるため，高速道路のように自動運転車両が走る場所を限定すれば，現実的であると考えた。その際，道路にICチップを埋め込み運転制御できるようにするなどのアイデアもあった。以上のように，第一次から第二次までの学びを活かした根拠のあるアイデアが多く見られた。次時に行った総合建設会社との「協創」の時間では，まず子どもたちが考えたアイデアを評価してもらった。特に自動運転車の専用道路やICチップを埋め込んだ道路に関しては，専門家から見てもよいアイデアであると評価を受けた。しかし，車内空間の活用に関する実現性や有用性が低いことや，水を燃料としたクルマも開発されているが，「水は気温が0°を下回ると凍る」という特性のため，現実的に難しいという話を聞き，アイデアだけでなく，現在の技術や実現可能性についても考えなければならないことに気が付いた。そして，総合建設会社の町づくりに関する取り組みを紹介（図3-2-2）してもらい，ともに自動運転車両の活用について考える時間を設定した。方法としてはブレーンストーミングを活用した。具体的にはA環境にやさしい車，B運転せずに他のことができる車，C便利な機能をもつ車，D車の安全性の4つのカテゴリーの中からグループで2つ選び，それぞれのアイデアを発散的に出していった。そして，収束場面では，その中から三木市緑が丘・青山地区の人が幸せになるためにと

① 三木市緑が丘・青山地区はどんな所？
【どんな町？】
・昭和40年代〜50年代（お父さん，お母さんが生まれた頃）に作られた町
・お年よりが多い（住んでいる人の10人に4人はお年より）
・坂道が多く，お年よりが歩くにはしんどい
・町の外へ行く，鉄道やバスは通っているが，町の中の交通が不便
【この町でどんなことをしたのか？】

> 住んでいる人の日常生活を助ける新しい移動手段を考える
> ↓
> 自動運転車を用いた移動手段の調査を実施（動画資料）

② 近い将来の取り組み
　　シェアリングサービス

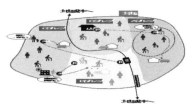

大和ハウス株式会社　資料

図 2-2-2　三木市緑が丘・青山地区の町づくり

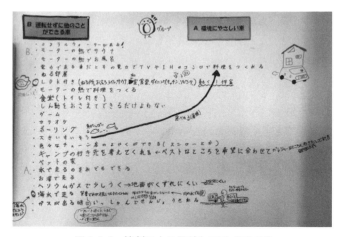

図 2-2-3　協創による子どものアイデア図

いう視点で発散したアイデアの中から2つ選んだ（図2-2-3）。子どもたちが最終的に出したアイデアは「住めるクルマ」「やっぱり水が燃料だと便利」の2つのアイデアを掛け合わせたものであった。PRポイントを考える際に重要な視点が「誰を幸せにできるか」「どのように幸せにできるか」である。子どもたちはその視点で考えた時，三木市の緑が丘・青山地区がどのような町であるのかを考慮してアイデアを磨いた。Oグループの子どもたちが最終的に書いたPRポイントは，「水が燃料だったら，災害時の対策にもなり，クルマに住めるとクルマが好きな高齢者の方が幸せになる」という内容であった。

　実際の企業と一緒に町づくりについて考えることを通して，子どもたちは，実社会の最前線で働く人たちの情熱や「人々を幸せにするために」町づくりとして新たな社会の仕組みを創ろうとしていることに気付くことができた。さらに，「協創」することによって，子どもたちのアイデアが認められ，自信につながった。「協創」を企図した社会科授業はこれからの社会に求められる一つの形になることを期待している。

（森　清成）

註

（1）大野治，『俯瞰図から見える　IoTで激変する日本型製造業ビジネスモデル』，日刊工業新聞社，2016，pp.16-17。

（2）トム・ケリー＆デイヴィット・ケリー著　千葉敏生訳，『クリエイティブマインドセット想像力・好奇心・勇気が目覚める驚異の思考法』，日経BP社，2013，p.3。

（3）アドビシステムズ株式会社が学校経営者および教職員向けに開催している教育フォーラム（2017．6.29）において，日本の生徒と教師を対象とした，学習，クリエイティビティ，将来の仕事についての認識に関する調査結果「Gen Z in the Classroom : Creating the Future」から。

（4）前野隆司，『システム×デザイン思考で世界を変える』，日経BP社，2014，p.20。

参考資料

デロイト　トーマツ　コンサルティング，『モビリティ革命2030　自動車産業の破壊と創造』，日経BP社，2018。冷泉彰彦，『自動運転「戦場」ルポ　ウーバー，グーグル，日本勢──クルマの近未来』，朝日新書，2018。

第3節 資質・能力の第四の次元としての「メタな学び」

1 新しい教育が求めるメタな学びとは

(1) 新学習指導要領が求める資質・能力に対する問題意識

　21世紀に生まれ、その中を生き抜くことになる子どもたちの教育に資するための学習指導要領の改訂が、2017年3月に行われた。今次学習指導要領の改訂は、子どもたちに「何を教えるか」から「どのような資質・能力を育成するか」へ、或いは子どもたちが「何を知っているか」から「何ができるようになるか」へと、その教育観を180度転換させるものになったとされている。その中核となる学力像を描くために、改訂に先立つ中央教育審議会においてはかなり長期にわたって広く国内外の資質・能力論が検討されたが、最終的な答申 (2016.12) では、「何を理解しているか」（知識・技能）、「知っていることをどう使うか」（思考力・判断力・表現力等）、「どのように社会と関わるか」（学びに向かう力・人間性等）の三つを柱とするものに落ち着いた。また、この資質・能力

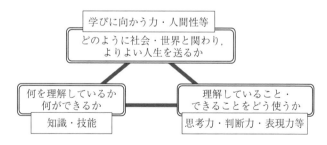

図2-3-1　育成を目指す資質・能力の三つの柱 （答申補足資料スライド：No.7）

論を補足／説明するものとして答申補足資料は，教育関係者には見慣れた次の図（図2-3-1）を載せている。

　答申や学習指導要領の発表から2年が経過し，初期の騒動が一段落した今，教育実践の現場での議論は，授業の中にいかに知識・技能を組み込み，思考力・判断力・表現力を育てるかに向かっており，学びに向かう力・人間性等はあまり注目されていないように思われる。それは前の二つが後者（学びに向かう力等）に比べて具体的で，取り組みやすいことにも原因があると考えられる。それに対して，新しい資質・能力論の核心はむしろ「学びに向かう力」にこそあり，その点からもう一度，資質・能力論を見直すべきではないか，というのが本稿の問題意識である。

(2) 資質能力の第4の次元としてのメタな学び

　答申の補足資料は，資質・能力の三つの柱をさらに補足するものとして，図2-3-2を載せている。この図はOECD第2回政策対話において日本側が資料として提出したもので，Center for Curriculum Redesign（アメリカ，ボストン）による原図を再構成したものとなっている。資質・能力の三つの柱との関係では，知識（何を知っているか）が「個別の知識・技能」に，スキル（知っていることをどう使うか）が「思考力・判断力・表現力等」に，人間性（社会の中でど

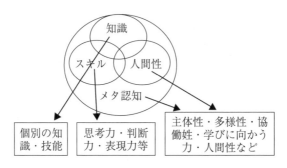

図2-3-2　カリキュラム・デザインのための概念と，「学力の三要素」の重なり（答申補足資料スライド：No.99）

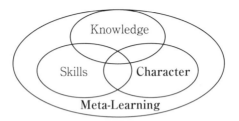

図 2-3-3　4つの次元の相互作用を示す CCR
フレームワーク（Fadel : p.43）

のように関わっていくか）とメタ認知（どのように省察し学ぶか）が、「主体性・多様性・協働性・学びに向かう力・人間性など」にまとめられている。

　ところでこの図の原図の出典である「Four Dimentional Education（四つの次元の教育）」（Fadel, 2015）では、人間性は「Character」に、メタ認知は「Meta-Learning」になっており、図 2-3-3 から図 2-3-2 を作成するに当たって、日本の事情に合わせてかなり考えた意訳・改変が行われていることがうかがえる。

　しかるに、ここでの大きな問題点は二つあり、その第一は、図 2-3-2 におけるメタ認知と人間性が、「学びに向かう力・人間性」として一つにまとめられるものであるかどうかという点である。すなわち、メタ認知と人間性というかなり性格の違う要素を一つにまとめようとするあまり、資質・能力の具体像が見えにくくなり、それが、「学びに向かう力・人間性」の実践的な研究に停滞をもたらしているのではないかというものである。

　第二は、こちらの方がより本質的であるのだが、そもそも原図では次元の一つは「Meta-Learning」であって、「メタ認知」ではなく、原図での「Meta-Cognition」は「Meta-Learning」の一部にすぎない点である。さらに述べるなら、原題にあるように次元は四つあり、「Meta-Learning」が他の三つの次元のすべてをカバーしているより根本的な次元となっていることである。残念ながら、図 2-3-1 や図 2-3-2 では、原図 2-3-3 の本質に関わるコンセプトが見えにくい（見えてこない）。では、なぜ Meta-Cognition ではなくて Meta-Learning でなければならないか、メタ学習とメタ認知は何が違うのか。

第3節　資質・能力の第四の次元としての「メタな学び」　95

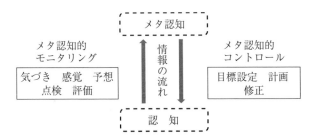

図 2-3-4　メタ認知的活動のモデル（三宮, 1996：p.161）

　そもそもメタ認知とは認知心理学の用語であり、一言でいうと通常の認知の上のもう一段高いレベルでの認知、すなわち「認知について認知する」ことである。このメタ認知が注目を集めるのは、自らの学びのもう一段高いレベルでの学び直しや、今日的な資質・能力論の中核となっている分野や教科を越えた汎用的な資質・能力の育成と密接な関係を持っているからである。三宮真智子（1996）はメタ認知の活動を図2-3-4のように整理している。

　一方、原著では、メタ認知に対して次のような説明がされている。

　　「メタ認知を発展させることのもっとも大きな理由は、それが知識やスキルや人間性の質のそれぞれの領域における応用を、学びの直接の文脈を越えて改善することができるからである。このことは、学問分野をまたいだコンピテンシーの転移として結実しうるし、生徒たちが実生活での様々な状況に備えるにあたっても重要である。そこでは、明確な学問分野の区分は消え去り、彼らは自らの人生の全経験の中から必要なコンピテンシーを選び取り、それらを同時に効果的に当てはめようとするに違いない。」

　　（Fadel et al.：p.94）

　そして、数学の問題を解くに際しての初心者と熟達者の違いを例に挙げている。すなわち初心者は、役に立つと考えた解き方に、その解き方が実際に有用かどうかを確かめることなく固執することによって、大切な時間を無駄にしてしまう。それに対して経験豊富な数学者は、メタ認知を働かせ、その解き方が問題の解決に向かうのか、それとも袋小路に向かうのかをモニターしていると

96 第Ⅱ章 社会系教科における資質・能力（コンピテンシー）育成の理論と実践

いう。

　また，メタ学びについては次のような説明がなされている。

　　　「人は世の中でのさまざまな決定に際して，自分の理解がたとえ深い理
　　解であったとしても，その理解を決定に使わないことが示すように，メタ
　　学びのない教育は，単に効果的であるだけにすぎない。」(Fadel：p.100)

　そして，倫理学者の人生における倫理的行動についての研究を紹介している。
その研究によれば，倫理学者であるからといって，募金に寄付したり，ベジタ
リアンのダイエットを選んだり，生徒のEメールに返信したり，会議の参加
費を払ったり，図書館の本を返したり，公的な選挙で投票したり，母親と定期
的にコンタクトをとったり，献血や臓器提供をしたり，会議において誠実に行
動しようとするわけではない。

　さらに述べて曰く，

　　　「メタ学びは，現在および将来において，人生の間にしなければならな
　　い仕事や個人的な選択のすべてと同様に，様々に変化する学習課題に立ち
　　向かう，すべての生徒を支援することができる教育の第四の次元である。

　　　『さて，これをすることが正しいということは，どのようにして知るこ
　　とができるのだろうか』というのは内なる声（内言）であり，『挑戦し続
　　ければ，できる』という声でもある。それは，教師や親があらゆる機会に
　　急かさなくとも，生徒自らが向上し成長し続けようとする目標とフィード
　　バックの循環を創造することによって，他のあらゆる次元（知識，スキル，
　　および性格）の教育を支援し，完成させる。

　　　また，世界が，他人に影響を与えることができる，多才な21世紀人で
　　あるために必要とされるものに変化し続けているように，彼らが選ぶであ
　　ろう生産的なキャリアや自らの人生を通して成長し続けることにおいて，
　　生涯にわたって自ら方向付けることが求められる学習に成功するよう生徒
　　に備えさせる。」(Fadel et al.：p.100)

　以上から読み取ることのできるメタ認知とメタ学びの決定的な違いは「時
間」と「構造」にある。上の例に示されるように，メタ認知が算数の問題を解

くなどの当面する課題の解決に直結しているのに対して，メタ学びはそれより時間のスパンの長い，そして一段レベルの高い人生を通した成功に結びつく。それゆえ，そこでは挑戦や努力や批判といったマインドセット（心構え）が重要な役割を果たすことになるとともに，メタ学びは知識やスキルのみならず人間性をも包み込むより根源的で上位の次元となっている。逆に述べるなら，学習においては比較的短期的な文脈や場面に対応する学びとしてのメタ認知を，より長期的な文脈や場面（すなわち人生）に対応するようなメタ学びへと変えていくことが求められる。このことは見方を変えれば，学習することにおいて，学習の文脈固有性の強調によって注目されることが少なくなった「転移」という認知心理学的な働きの再評価であるとも言えるだろう。

2 小学校社会科の中でのメタな学び

(1) 新学習指導要領社会科におけるメタな学び

メタ認知やメタ学びは，平成29年版学習指導要領においてはどのように捉えられているのだろうか。その記述の内容から検討してみよう。

学習指導要領では，メタ認知やメタ学びに関する内容は「思考力・判断力・表現力等」や「学びに向かう力・人間性等」に関連して記述されているので，その部分を中心に検討していこう。

小学校社会科学習指導要領の「教科の目標」には，「思考力・判断力・表現力等」に関連して次のような記述がある。

---

(2) 社会的事象の特色や相互の関連，意味を多角的に考えたり，社会に見られる課題を把握して，その解決に向けて社会への関わり方を選択・判断したりする力，考えたことや選択・判断したことを適切に表現する力を養う。（下線部：筆者）

98　　第Ⅱ章　社会系教科における資質・能力（コンピテンシー）育成の理論と実践

　そして学習指導要領解説は，「社会への関わり方を選択・判断する」について，次のように補足・説明している。

　　　「社会への関わり方を選択・判断する」とは，社会的事象の仕組みや働きを学んだ上で，習得した知識などの中から自分たちに協力できることなどを選び出し，自分の意見や考えとして決めるなどして，判断することである。例えば，農業の発展に向けては，農家相互の連携・協力，農業協同組合や試験場等の支援などが結び付いて取り組まれている。また，森林資源を守る取組は，林業従事者，行政，NPO法人など様々な立場から行われている。こうした事実を学んだ上で，私たちはどうすればよいか，これからは何が大切か，今は何を優先すべきかなどの問いを設け，取組の意味を深く理解したり，自分たちの立場を踏まえて現実的な協力や，もつべき関心の対象を選択・判断したりすることなどである。」（学習指導要領解説：p.23）（下線部筆者）

　つまり，「社会への関わり方の選択・判断」は，社会的事象の仕組みや働きを学んだ上でのメタ認知，すなわちメタ学びとなっている。

　次いで注目すべきは，「各学年の目標」に関する記述である。各学年の目標の書き方は基本的に同じなので，第3学年の場合を見てみよう。メタ認知・メタ学びと最もかかわりの深いのは，「学びに向かう力・人間性等」について記している目標の（3）である。曰く，

（3）社会的事象について，主体的に学習の問題を解決しようとする態度や，よりよい社会を考え学習したことを社会生活に生かそうとする態度を養うとともに，思考や理解を通して，地域社会に対する誇りと愛情，地域社会の一員としての自覚を養う。

　この文言を学習指導要領解説は次のように補足している。
　A 社会的事象について，主体的に学習の問題を解決しようとする態度を養うとは，学習問題を追究・解決するために，社会的事象について意欲的に

調べ，社会的事象の特色や相互の関連，意味について粘り強く考えたり，調べたことや考えたことを表現しようとしたりする主体的な学習態度を養うようにすることである。

B よりよい社会を考え学習したことを社会生活に生かそうとする態度を養うとは，これまでの学習を振り返り，学習したことを確認するとともに，学習成果を基に，生活の在り方やこれからの地域社会の発展について考えようとする態度を養うようにすることである。(下線部：筆者)

ここに記されている二つの態度のうちの A は，「意欲的に調べ…，粘り強く考えたり…，表現しようとしたりする主体的な学習態度」とあるように，心の持ち方としてのマインドセットと関係している。それに対して，メタ認知やメタ学びに関係するのは B で，そのうちの前半の「これまでの学習を振り返り，学習したことを確認する」はメタ認知に，後半の「学習成果を基に，生活の在り方やこれからの地域社会の発展について考えようとする」はメタ学びに関係している。

以上から明らかになることは以下の通りである。

・学習指導要領本文では，メタ認知やメタ学びは「態度」とされており，明確な学びとして意識されていない。

・また，メタ認知とメタ学びの区別はされていない。

・学習指導要領解説では，メタ認知やメタ学びは教科の目標レベルでは「思考力・判断力・表現力等」の部分で，各学年の目標レベルでは「学びに向かう力，人間性等」の部分に詳述されるなど，その記述に一貫性がない。ちなみに各学年の内容においては，ほとんど記述がない。

(2) メタな学びを取り入れた授業設計

本稿における筆者の主張は，資質・能力における三つの柱の一つ「学びに向かう力・人間性等」を，図 2-3-2 に戻って「メタ認知」と「人間性」に分けるとともに，さらに図 2-3-3 に戻ってメタ認知のメタ認知（メタ・メタ認知）としての「メタ学び」をメタ認知の上位概念として設定し，かつメタ学びを意識的

100　第Ⅱ章　社会系教科における資質・能力（コンピテンシー）育成の理論と実践

に学習のプロセスに組み込もうというものである。そうすることで，学習指導
要領社会科の目標（3）「主体的に学習の問題を解決しようとする態度や，より
よい社会を考え学習したことを社会生活に生かそうとする態度（を養う）」にい
うところの，抽象的な方向目標としての「態度」がより具体的な学習の対象と
なり，ひいては「学びに向かう力」の実質的な育成につながるというものであ
る。そのために本節では，第3学年の内容（2）「地域に見られる生産や販売の
仕事」を例に，メタ認知とメタ学びを意識的に分けて育てる授業設計について
論じる。

　ちなみに学習指導要領では，地域に見られる生産や販売の仕事について，次
の事項を身につけることができるように指導することとなっている。

ア　次のような知識及び技能を身に付けること。
（ア）生産の仕事は，地域の人々の生活と密接な関わりをもって行われて
　　いることを理解すること。
（イ）販売の仕事は，消費者の多様な願いを踏まえ売り上げを高めるよう，
　　工夫して行われていることを理解すること。
（ウ）（省略）
イ　次のような思考力，判断力，表現力等を身に付けること。
（ア）仕事の種類や産地の分布，仕事の工程などに着目して，生産に携わ
　　っている人々の仕事の様子を捉え，地域の人々の生活との関連を考え，
　　表現すること。
（イ）消費者の願い，販売の仕方，他地域や外国との関わりなどに着目し
　　て，販売に携わっている人々の仕事の様子を捉え，それらの仕事に見ら
　　れる工夫を考え，表現すること。

　しかるに従来は，生産と販売は別個の事象として扱われ，学習はそれぞれの
小単元において完結し，メタ認知もそれぞれの単元の中で終わる傾向にあった。
学習指導要領解説にも，生産と販売，それぞれの指導内容や方法に関する丁寧

第3節 資質・能力の第四の次元としての「メタな学び」　101

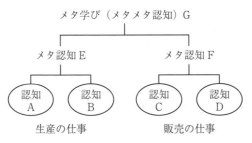

図2-3-5　認知・メタ認知・メタ学び（メタメタ認知）の関係

な記述はあるが，両者を繋ぐような記述は見られない。それに対して，学びの範囲と時間を拡大・延長し，項目の全体としてメタ学びを働かせるようにしようというわけである。そこでの学習は次の図2-3-5のような構造となる。

すなわち，小単元「生産の仕事」の中では各時間に認知活動が行われ，小単元の全体を通してメタ認知活動が行われる。同様のことが「販売の仕事」に関しても行われ，最後に単元の全体を通してメタメタ認知としての「メタ学び」の活動が行われる。

ここで重要となるのは活動を構造化することである。学びのレベルが認知，メタ認知，メタメタ認知としてのメタ学びへと変化するならば，当然に活動も変化しなければならない。

認知A　　…仕事の種類や工程，産地などによって生産に携わる人々の仕事はそれぞれ異なっていることがわかる。

メタ認知E…生産の仕事は，地域の人々の生活と密接な関わりをもって行われていることを説明することができる。

メタ学びG…地域では，生産や販売などの仕事を通して多くの人が働いていることや，それらの仕事は自分を含めた地域の人々の暮らしや生活に密接に結びついていることが説明できるとともに，それらの仕事や人々に対する愛着や誇りを持つ。

主体（学習者）が対象との間で行うモニタリングとコントロールの活動は，

メタ認知でもメタメタ認知でも基本的には変わらない。また，メタ認知とメタメタ認知の関係は相対的で，ある事象に対する認知（a）とメタ認知（b）との間がさらに精緻化されてメタ認知（a'）が付け加われば，これまでのメタ認知（b）はメタ認知（a'）のメタ認知としてメタメタ認知となる。一方，マインドセット（態度／心構え）的な部分は，後者になるにつれて増していく。

　そうして，認知→メタ認知→メタメタ認知，換言すると認知→メタ認知→メタ学びへと学びの質を引き上げていくことによって，子どもたちは社会科のねらいに近づいていく。つまり，メタ認知とメタ学びを分けて意識づけることで，より上位の学びに接近していく具体的な筋道とモチベーションを子どもたちに培うことができる。また，そうすることで，社会科の目標である資質・能力の育成がより具体的になっていく。以上，社会科における資質・能力の第四の次元としてのメタ学びの重要性とその育成方法について述べた。

（水山　光春）

引用文献

Charles Fadel, Maya Bialik, and Bernie Trilling, *Four-Dimensional Education: The Competencies Learners Need to Succeed*, The Center for Curriculum Redesign, Boston, MA., 2015.

文部科学省『小学校学習指導要領解説 社会編』日本文教出版，2017。

三宮真智子「思考におけるメタ認知と注意」市川伸一編『認知心理学 4 思考』東京大学出版会，1996。

第4節 中学校社会科授業における批判的思考力育成の理論と実践

—地理的分野単元「中国の食糧生産」・公民的分野単元「電源構成を考えよう」の場合—

1 社会科で育成すべき「資質・能力」とは

(1)「資質・能力」の育成と社会科

　社会科教育に携わる者の理想は，社会科を学んだ子どもが，その学びをいかしてよりよい社会の形成に寄与することである。現実的には，子どもが現在進行形で社会の形成に寄与できることはまれである。したがって，社会科教育に求められることは，未来の社会の形成を託すことのできる人材を育成することである。未来の社会の形成を託すことのできる人材とは，社会の課題について，最も妥当性の高い判断を下す能力を有する人のことである。それは，社会科の教科目標である公民的（市民的）資質の育成に通じる。

　平成29年度版の学習指導要領のキーワードは，「資質・能力」の育成である。しかし，中学校現場では，授業改善の方向性として「主体的・対話的で深い学び」に注目が集まっても，なかなか「資質・能力」の育成についての議論にまでは至らない現状がある。学校全体でどのような「資質・能力」を育成していくのか，なぜ，その「資質・能力」を育成する必要があるのかを教科の枠を越えて議論する。そして，その議論をもとに教科ごとで担うべき「資質・能力」の育成を明らかにし，日々の授業改善に取り組むことが求められる。

　以上のような学校教育に求められる変化の中で，公民的（市民的）資質の育成を教科目標にしてきた社会科教育が担う役割は大きい。従前から内容教科である社会科が資質の育成を教科の目標にしてきたことは，まさに「何を知って

104　第Ⅱ章　社会系教科における資質・能力（コンピテンシー）育成の理論と実践

いるのか」ではなく，「何ができるのか」をめざし続けてきた証左である。社会科が「資質・能力」の育成をどのようにとらえ，どのように育成しようとしてきたのかを示すことは，他教科の先達となりうる。

　国立教育政策研究所は，様々な「資質・能力」[1]を示している。それらのすべてがこれからの社会で求められる「資質・能力」である。しかし，社会科がそのすべての育成を担う必要はない。それでは，社会科ではどのような「資質・能力」の育成を担うべきなのだろうか。

（2）社会科で育成を担う批判的思考力の育成

　本節では，社会科で育成する「資質・能力」として，特に批判的思考に着目する。現代社会の激しい変化に対応するためには，自身の社会をみるフィルターを常に更新する必要がある。常に最新の情報を入手し，それらを分析して様々な判断を下すことが求められる。批判的思考は，この社会をみるフィルターを更新するために必要な思考である。子どもが社会科の学習をとおして批判的思考を身につけ，社会のあり方を考えることができるようになれば，それは未来の社会の形成を託する人物の育成に資する学習となる。

　石井英真は，学校で育成する「資質・能力」の要素を示している。石井は，学力・学習の質を「知っている・できる」，「わかる」，「使える」の三つのレベルに分け，それらは相互に関係するとし，「使える」レベルの学力は，教科学習における「真正の学習」を通して育つと述べている[2]。さらに，石井は，知的問題解決や意思決定学習などで批判的思考をはたらかせることが，「使える」レベルの学力のひとつであるとしている[3]。

　社会科の学習において必要とされる批判的思考には，次の二つの種類がある。一つは，他に対する批判的思考である。もう一つは，自己に対する批判的思考である。この二つの批判的思考によって，既に自身の内部にある知識の組み合わせ方や考える視点を変えていく。これは，自身の内部にあるものを再編集する作業である。他に対する批判的思考では，常識としていたものを「本当にそうなのか」と問い直すことで，社会認識の再編集を図る。自己に対する批判的

思考では，メタ的な視点で自己の判断を「本当にそれでよいのか」と問い直す省察をとおして，価値の再編集を図る。このように社会科の学習においては，批判的思考力の育成をめざすべきである。

次に，批判的思考力の育成を意図した社会科授業の具体例として，社会認識の再編集を意図した地理的分野単元「中国の食糧生産」の授業実践と，価値の再編集を意図した公民的分野単元「電源構成を考えよう」の授業実践を示す。

2 批判的思考力の育成を意図した中学校社会科授業

(1) 社会認識の再編集を図る社会科授業—「中国の食糧生産」の場合—

中学校入学後のできるだけ早い時期に，教科書記述や示された資料を鵜呑みにせず，「本当にそうなのか」と問い直す学習に取り組ませたい。地理的分野の授業実践「中国の食糧生産」は，学習をとおして，子どもが批判的思考の必要性を実感できることを意図している。学習過程は，問いを発生させるまでの過程（批判的思考の存在に気づく段階），問いを探究する過程（批判的思考の必要性を実感する段階）からなる。問いが発生するまで過程は授業記録の形式で，問いを探究する過程は学習指導案（略案）の形式で示す。

○「中国の食糧生産」：問いが発生するまでの学習過程①（授業記録）

T：中国の農業生産と輸出入を見て，どのようなことがわかりますか。
P：中国は，小麦や米を世界一たくさん作っているけれど，アメリカと違って輸出では上位に入っていません。
T：たしかにそうだね。なぜ，中国はたくさん農産物をつくっているのに米や小麦の輸出では上位に入らないのだろうか。
P：それは，人がたくさんいるから，国内で食べてしまっているからだと思います。
（うなずくもの多数）

子どもは，中国の人が米や小麦を食べきってしまうというイメージをもっており，このことに対して疑いをもつことはない。中国が小麦とトウモロコシを輸入している事実から，そのイメージは事実として受け入れられる。しかし，

授業者が批判的思考で子どものイメージを覆せることを示せば、「本当にそうなのか」と考えることの重要性を実感させることができる。

○「中国の食糧生産」：問いが発生するまでの学習過程②（授業記録）

> T：社会科は事実を丁寧に読み解いていく教科だ。本当にみんなが言っていることが正しいのか確かめてみよう。「FAOSTA」によると2014年の中国の主食系（米，小麦，トウモロコシ）の農業生産は，合計3億3284万トン。さらに，小麦を約300万トン，トウモロコシを約250～500万トン輸入している。生産した分だけで考えて，可食部分が70％と仮定すると約2億3289万トンを食べていることになる。これを13億8853万人の人口で割ると，一人あたり年間167kgの穀物を食べている。これをさらに一食あたりにすると152g。家庭科の先生に聞くと，米は炊くと約2.2倍に膨れるそうだから，実際の量は一食335gになる。（実際の335gのごはんをみせる。この量は某牛丼チェーン店の大盛と同じ位である。）
> P：すごい量。この量を三食は食べられないなあ。
> T：これは中国の人口で単純に割った数字だから，赤ちゃんから高齢者までみんなこの量を食べなければならないことになる。
> P：そんなの絶対無理だ。
> T：農林水産省の調査によると，2014年の中国人1人あたりの年間穀物消費量は，都市部で117.2kg，農村部で167.2kgだそうだ。
> P：農村部では，結構食べている。食べきってしまっているのだから都市部の穀物はどこにいったのだろう。都市部の人は，なぜ穀物をあまり食べていないのかな。

　子どもは，a）中国では直接の食事のみで農産物をすべて消費していないこと，b）都市部と農村部の食料事情が異なっていること，c）それでも穀物が国内で消費されていることをデータ分析によって知る。この過程を経て，子どもにとって探究すべき「なぜ」疑問が発生する。次に，この問いを探究する過程について学習指導案の形式で示す。

○「中国の食糧生産」：問いを探究する過程（学習指導案）

段階	学習活動	○主な発問，指示　・予想される学習者の反応	資料
予想		なぜ，中国では食べきれていないはずの穀物をさらに輸入しているのだろうか。	
	1　予想をする。	○問いに対する予想を立てみよう。 ・わからない	
探究	2　資料をもとに調べる。	○中国の人が食べていない穀物はどこにいったのかな。資料をもとに調べてみよう。	【資料1】 【資料2】

		・資料1からトウモロコシの生産が2007年ごろから急激に伸びていることがわかる。	【資料3】
		・資料2から2007年ごろから，肉食のための家畜のえさの生産が伸びていることがわかる。	【資料4】 【資料5】
		・資料3から1990年とくらべて2014年の中国では豚肉が4.5倍，乳類が6.7倍の消費量になっていることがわかる。	
		・資料4から豚の体重を1kg増やすためには，3～3.5kgの穀物飼料が必要になることがわかる。	
		・資料5から中国ではトウモロコシの約60％が飼料として使われていることがわかる。	
		○調べてわかったことからどのようなことがいえるだろうか。	
		・中国では，穀物を飼料として使っている。	
		・家畜を育てるにはたくさんの穀物が必要である。	
		【習得を期待する説明的知識】 生産した穀物は直接の食用としてだけでなく，食肉生産のための飼料として利用される。中国では肉の消費量が増えており，生産している穀物の消費だけでは，飼料用の穀物が不足するので，小麦とトウモロコシを輸入している。	
新たな探究	3　中国について新たに調べたいことを発見する。	○以上の事実から，中国がどのように変化してきたということになるか。	
		・経済的に豊かになった。	
		○日本の穀類消費量との比較から，どのようなことがわかるだろうか。	【資料6】 【資料7】
		・2014年の中国の農村部の一人あたりの消費量は，1970年度の日本の消費量より多い。	
		・日本は70年前から炭水化物の摂取量がどんどん減っている。	
		○これまでの学習から，現在の中国の様子を予想してみよう。	
		・農村部と都市部の間に経済格差があるのではないか。	
まとめ	4　次時の課題を知る。	○中国が経済的に豊かになったのか，都市部と農村部に経済格差があるのかを，次の時間に調べてみよう。	

《資料の出所》資料1，2，3，6については農林水産省，資料4については熊本県畜産協会，資料5については厚生労働省資料をもとに自作した。

《参考文献》河原昌一郎「中国：中国の食糧問題」農林水産省『プロジェクト研究［主要国農業戦略］研究資料』第9号，2017年，pp.109-121

108 第Ⅱ章 社会系教科における資質・能力（コンピテンシー）育成の理論と実践

　授業実践「中国の食糧生産」では，ともすれば授業者でさえも簡単に結論付けてしまう「中国が食糧を輸出しないのは，人口が多くて国内で消費してしまうから」の再検討を図った。子どもは，イメージとしてもっていた生産されたすべての食糧を直接食べているからではなく，中国経済の成長に伴う食生活の変化によって，食肉生産のために使っている部分もあるからへと社会認識を再編集することができた。「なぜ」は，「なぜ」と思わない限り，素通りしてしまう。また，自身で探究することなく「なぜ」の解を覚えるだけでは意味がない。「本当にそうなのか」という問い直しを体験することで，社会認識の再編集を図り続ける姿勢を育むことができる。

(2) 価値の再編集を図る社会科授業―「電源構成を考えよう」の場合―

　未来の社会を形成する人材を育成するためには，子どもが自らの生きる社会を見つめ，社会的論争問題を考えることが有効的である。社会的論争問題について意志（思）決定をする学習を積極的に取り入れたい。原田智仁は，深い学びは個々の生徒に「真正の学び」を生み出すことであるとし，自らの生活や生き方に関わる我が事としての課題（問い）について，方法の科学性を踏まえた探究をすることで「真正の学習」が生まれると述べている[4]。したがって，社会的論争問題について考える学習では，その賛否を問うよりも，様々なデータを分析的に検討し，どのような意志（思）決定がより望ましいかを検討する学習の方が，より「真正の学習」に近づく。

　また，意志（思）決定学習では，これまでも意志（思）決定とその根拠に論理整合性を求めてきた。さらに，それに加えて，その根拠の妥当性を検討することが「真正の学習」では必要になる。例えば，「地球温暖化を防止するために，火力発電所を廃止すべきである」という意志（思）決定と根拠には論理整合性はある。しかし，実際には電力確保の課題についてはクリアされていないため，実現可能性が低い意志（思）決定となる。同様に，留保条件付きの意志（思）決定については，留保条件の妥当性について検討する必要がある。例えば，「福祉のために全額使うのならば，消費税増税に賛成である」という留保条件

は，一見妥当性が高いように思える。しかし，a）福祉の現状，b）増税分を適用する福祉の範囲，c）福祉が必要とされる人々が受ける増税の影響，d）福祉以外の財政上の課題，について検討した上での留保条件でなければ，「はじめに結論ありき」の非論理的な意志（思）決定になる。留保条件があるから論理的な意志（思）決定ではなく，論理的な思考をもとにした留保条件であるかどうかで妥当性の有無が決定することを忘れてはならない。

　社会的論争問題をとおして社会について深く学ぶとは，批判的思考をはたらかせ，自身の決定を「本当にそれでよいのか」と問い直すことである。自身の決定を問い直すことで，自身の決定が絶対解でないことを自覚できる。その自覚によって，他者との論理的な対話も生まれる。よりよい社会を一人で形成することはできない。批判的思考をはたらかせる学習をとおして，子どもが自身の価値を再編集し，社会をみるフィルターを更新できたならば，他者との論理的な対話による社会的論争問題の解決にむけたアプローチができる。これが，よりよい社会の形成をめざす姿勢を自ら高めることである。

　比較吟味自己内討論法[5]には，自身の決定を「本当にそれでよいのか」と問い直す過程がある。この学習法は，子どもの意志決定が確証バイアス[6]の影響を受け，「はじめに結論ありき」になっているという課題の克服を意図して開発された。特に，直感的に結論を出してから適合するもっともらしい理由を後付けすること（以後，「理由の後付け」）と自身の選択肢のメリットと他の選択肢のデメリットを比較する不公平な比較をすること（以後，「不公平な比較」）の二つの課題の克服を意図している。

　比較吟味自己内討論法による学習では，賛否ではなく，現実社会で起こっており，かつ絶対解がない意志（思）決定が必要な社会的論争問題を取り上げる。例えば，後に取り上げる「電源構成を考える」や「地方自治体の予算を考える」など，何かを増やせば，何かを減らすというトレードオフの関係にあるものが望ましい。これらは，正解の定まっていない課題に対して，解を自らつくりだす学習であり，主体的で深い学びといえる。

　次に，公民的分野の授業実践「電源構成を考えよう」をもとに，子どもが批

110　第Ⅱ章　社会系教科における資質・能力（コンピテンシー）育成の理論と実践

判的思考をはたらかせ，価値の再編集を図る学習の具体について論じる。

○単元の指導計画（全4時間）

　①日本の発電をめぐる現状を知ろう　②各発電方法の特徴をまとめよう

　③電源構成のあり方を考えよう…2時間【本時】

○本時の目標と評価基準

　　各発電方法の特徴を比較，吟味し，これからの電源構成のあり方について

　合理的な意志（思）決定をすることができる。

表2-4-1　「電源構成のあり方を考えよう」の評価基準

評価	基準
A	自身が優先すべきと考えること（環境，コスト，安全性，安定性，持続性など）を明確に示した上で，その場合に受容すべきデメリットも示した論理的な意志決定ができる。
B	自身が優先すべきと考えること（環境，コスト，安全性，安定性，持続性など）を明確に示した論理的な意志決定ができる。
C	意志決定の過程と結果が論理的でない。

○「電源構成のあり方を考えよう」（学習指導案）

段階	学習活動	○主な発問，指示　・予想される学習者の反応	資料
学習の準備	1　わが国の電源構成の現状を確認する。（5分間）	○前の時間にグループで作成した各発電方法の特徴と電源構成の変化を思い出してみよう。 ・福島第一原発の事故以来，原子力発電の割合が低下している。 ・CO_2の削減を国レベルで検討している。	［自作資料］ ・資料A「発電方法の特徴」1資料 ・資料B「再生可能エネルギー関連」3資料 ・資料C「太陽光発電関連」5資料
比較段階	2　各発電方法を比較する。（15分間）	○これからの電源構成をどのようにすべきかについて資料をもとに個人で考えよう。前の時間に作成した資料をもとに各発電方法のメリットとデメリットをまとめよう。 ・前の時間に火力，原子力，水力，太陽光，風力，その他再生可能エネルギーについてまとめたものを見直そう。 ・温室効果ガス，コスト，安全性，安定性などで考えられそうだ。	

吟味段階	3 一覧表をもとに各発電方法を吟味, 仮の意志決定をする(25分間)	○各発電方法のメリットを規準に一覧表を作成し, 吟味して仮の意志決定をしよう。 ・何かを減らせば, 何かを増やさないといけない。	・資料D「日本の電源構成」2資料 ・資料E「エネルギーの現状」4資料 ・資料F「発電効率」5資料 (計20資料)
自己内討論段階	4 仮の意志決定を自己内討論する。(25分間)	○仮の意志決定をもとに, 自己内討論をしてみよう。検討すべきことが出てきたら資料で確認しよう。 ・自分の意見と異なる人はどのような考えだろうか。	
まとめ	5 最終の意志決定と振り返りをする。(20分間)	○最終の意志決定とその決定までに考えたことを振り返ろう。 ・最終の意志決定をしてもまだ課題は残る。 ・提示資料だけではわからないこともある。	

　資料の出所については, 次の文献に詳しい。王子明紀「直感のバイアスの制御に着目した社会科意志決定学習法の開発」『社会科研究』第89号, 2018年, pp.13-24

　比較吟味自己内討論法は, 次の三つの段階で構成される。

①複数の選択肢それぞれのメリットとデメリットを比較する段階。

②①をもとに作成した規準によって複数の選択肢を吟味し, 仮の意志決定をする段階。

③自己内討論をとおして仮の意志決定を再吟味し, 最終的な意志決定をする段階。

　学習が①から③の段階を順に進むことで, 選択肢の比較, 吟味を行ってから判断や意志決定をするため「理由の後付け」は起こらない。さらに, ①と②の段階で論理的に比較してから選択肢の優位性や妥当性を吟味するので「不公平な比較」にならない。特に③では,「本当にそれでよいのか」という問い直しによる自己との対話がなされる。次に示す生徒のワークシート記述から, 比較・吟味段階, 自己内討論段階と子ども自身が学びを深める中で,「それでよいのか」という批判的思考をはたらかせ, 自身の決定が絶対解でないことを自覚できていることがわかる。

112 第Ⅱ章 社会系教科における資質・能力（コンピテンシー）育成の理論と実践

〇比較吟味自己内討論法による生徒のワークシート記述

【比較段階】省略

【自己内討論段階】

(4) 仮の意志決定　CO_2排出量と安定・安全性を重視

火 60%　水 16%　原 4%　太 13%　風 4.3%　他 2.7%

(5) どのような反論がでるだろうか。（反駁は省略）

・火力が一番多かったらCO_2は増えるのでは。

・もう少し，環境に優しい再生可能エネルギーを増やせば。

・原子力を 2016 年度の 1.7％より約 3 倍上げていますが。安全性を重視してるのであれば危険ではないのですか。

・風力の割合を上げすぎじゃないんですか。

・水力を増やしてもダムをつくる場所がないのでは。

(6) 最終決定をしよう。

私は（CO_2排出量と安定・安全性）を優先した結果，それに伴う（コストの高さ）のデメリットは受け入れて，（環境に優しいエネルギー（原子力も））重視の方針を考えました。私の考えるベストミックスは

火 60%　水 10%　原 5%　太 18%　風 4.3%　他 2.7%

・火力が 60％と一番高いが，2016 年度に比べて 20％近く低くしたのでCO_2排出量は少しましになると思われる。

・原子力については高くしたが，安定性を優先し，効率よく発電できると思ったから上げた。たが，事故時の危険，安全性は低い。

[B] 自由記述欄

最初，私は再生可能エネルギーを増やせば終わるんじゃない？と思っていたけど資料を読んでいくうちに，コストの高さや，土地問題，安定性を重視したとこと再エネの他の原子力や水力のほうが良い条件がそろっているのではないかと考えました。火力発電は大量生産できる。だけどCO_2が排出されるというメリットにはデメリットが必ずついてくるというのがとても難しく，それぞれの良いところを生かせるように組み合わせていった結果，上のような％になりました。ですが，太陽光発電や風力発電を増やすための土地問題や原子力の危険性という問題は残っています。　　（下線部：筆者）

3　今後の課題

　本節では，二つの授業実践をもとに，中学校社会科の授業でどのように批判的思考力を育成するかについて論じた。今後の課題は，次の2点である。

　①子どもの「問い直し」を習慣化するための手立ての検討と授業開発

　②「問い直し」の授業実践が，単発的なものにならないように，批判的思考

力の育成を意図した効果的なカリキュラム構成

特に②については，授業者が何のためにその授業実践をカリキュラムに組み込んでいるのかを明確にすることが必要である。また，「資質・能力」の向上を学習方法の視点のみではなく，社会科の教科としての内容理解の視点とあわせて検討する必要がある。

（王子　明紀）

註及び参考文献

（1）国立教育政策研究所編『資質・能力［理論編］』東洋館出版社，2016年，pp.190-221

（2）石井英真『今求められる学力と学びとは』日本標準，2015年，p.24

（3）石井前掲書2），pp.20-23

（4）原田智仁『中学校新学習指導要領社会の授業づくり』明治図書，2018年，p.27

（5）自身の決定を問い直す学習方法の一つである比較吟味自己内討論法については，次の論文に詳しい。王子明紀「直感のバイアスの制御に着目した社会科意志決定学習法の開発」『社会科研究』第89号，2018年，pp.13-24

（6）確証バイアスとは，人が仮説をテストする時に，仮説に反する証拠を探そうとせずに，仮説を支持する証拠だけを探す傾向がある認知的なバイアスである。確証バイアスによって，人は限られた情報で思い込みの判断をしやすいことが明らかになっている。次の文献に詳しい。

都築誉史「問題解決と推論」箱田裕司・都築誉史・川端秀明・萩原滋『認知心理学』有斐閣，2010年，p.267

都築幸恵・新垣紀子「賛否の分かれる身近な社会問題に対する大学生のプロセス思考」『認知科学』第19巻第1号，2012年，pp.39-55

114　第Ⅱ章　社会系教科における資質・能力（コンピテンシー）育成の理論と実践

第5節　持続可能な地域社会づくりのための
空間デザイン能力

　本節では，持続可能な地域社会づくりのための空間デザインができることを社会系教科で育成する資質・能力の一つと位置付け，その意義と育成方略について述べる。持続可能な地域社会づくりのためには，地域の人々の多様性を尊重しなければならない。一方，まちづくりの基本は，ユニバーサルデザイン化や，事後的に行われるバリアフリー化に留まるケースが多く，多様性を尊重しなければならないにもかかわらず，個別化ではなく標準化を目指している。そこで本節では，ユニバーサルデザインに加え，ダイバーシティデザインによる空間デザイン能力を社会系教科で育成する資質・能力であると捉える。

1　持続可能な地域社会づくり

　平成29，30年告示の学習指導要領では，持続可能がキーワードの一つである。小学校社会科では第4学年の内容（4）県内の伝統文化，先人の働きについて，「歴史的背景や現在に至る経過，保存や継承のための取組などに着目して，県内の文化財や年中行事の様子を捉え，人々の願いや努力を考え，表現させる際に，学習したことを基に，地域の伝統や文化を保護したり継承したりするために自分たちが協力できることを考えたり選択・判断したりして，地域に対する誇りや持続可能な社会を担おうとする態度を養うよう配慮する」ことが大切だとされている（文部科学省，2018a）。

　中学校社会科地理的分野では，「地域の在り方」という中項目が設けられ，空間的相互依存作用や地域などに着目して，課題を追究したり解決したりする活動を通して，「地域の実態や課題解決のための取組」，「地域的な課題の解決に向けて考察，構想したことを適切に説明，議論しまとめる手法」についての

知識を習得すること，そして，「地域の在り方を，地域の結び付きや地域の変容，持続可能性などに着目し，そこで見られる地理的な課題について多面的・多角的に考察，構想し，表現すること」，という思考力・判断力・表現力の育成が想定されている（文部科学省，2018b）。

高等学校で新設される必履修科目「地理総合」では，空間的相互依存作用や地域などに着目して，課題を探究する活動を通して，「生活圏の調査を基に，地理的な課題の解決に向けた取組や探究する手法」などの知識を習得すること，そして，「生活圏の地理的な課題について，生活圏内や生活圏外との結び付き，地域の成り立ちや変容，持続可能な地域づくりなどに着目して，主題を設定し，課題解決に求められる取組などを多面的・多角的に考察，構想し，表現する」思考力・判断力・表現力の育成が想定されている。さらに，「地理探究」では，「我が国が抱える地理的な諸課題の解決の方向性や将来の国土の在り方を構想する」学習などを通して，持続可能な国土像を探究することとなっている。空間的相互依存作用や地域などに着目して，課題を探究する活動を通して，「現代世界におけるこれからの日本の国土像の探究を基に，我が国が抱える地理的な諸課題の解決の方向性や将来の国土の在り方などを構想することの重要性や，探究する手法などについて」の知識を習得すること，そして，「現代世界におけるこれからの日本の国土像について，地域の結び付き，構造や変容，持続可能な社会づくりなどに着目して，主題を設定し，我が国が抱える地理的な諸課題の解決の方向性や将来の国土の在り方などを多面的・多角的に探究し，表現する」思考力・判断力・表現力を育成することが想定されている（文部科学省，2019）。特に，中学校，高等学校では，「構想」という言葉が学習指導要領本則に入っており，地域や我が国が抱える諸課題の解決に向けた取組が期待されている。

空間のデザインは，小学校社会科ではまちづくり学習として実践されてきた。また，新学習指導要領では，中学校地理的分野や高等学校地理総合では身近な地域の課題を探究し，それを解決する学習を，さらに高等学校地理探究では，現代世界におけるこれからの日本の持続可能な国土像を探究することになって

いる。まちづくり学習が，強化されたと捉えてもよいのではないか。

2 まちづくり学習の課題

学習指導要領の改訂から，まちづくり学習への期待が高まっていることが読み取れた。それでは，これまでのまちづくり学習の先行研究は，どのような内容で，その課題はどのようなことであろうか。

小学校におけるまちづくり学習は，「子どもが，自分たちのまちをどう知覚するのかという視点に立って『まちづくりや町並み』に関する学習プランを作り，実際に市街地を児童が散策する試みを行うことが必要」だと述べる寺本（1998）に代表されるように，盛んに行われてきた。吉田（2001）は，小学校平成元年版から平成10年版への改訂の中で，人々がまちづくりに工夫や努力している姿が描けなくなり，「まちづくり学習は姿を消した」と指摘するとともに，まちづくり学習こそ「社会認識を通して市民的資質を育成する」と述べ，当時の学習指導要領の改訂を批判的に捉えた。そのような状況の下でも，まちづくりに関する実践は，モビリティ・マネジメント（市川，2011），地場産業（田村，2017），国際交流（吉川ほか，2018），人口減少社会（太田，2018）などのテーマに関するものが見られる。ただし，小学校社会科におけるまちづくり学習実践では，これまでのまちや今のまちの認識が強調されており，これからのまちという「構想」の視点が弱い傾向がある。これからのまちづくりよりも，まちの認識に重きが置かれている（吉水ほか，2019）。

中学校社会科におけるまちづくり学習では，環境評価能力（加藤，2002），地域問題の一般化相対化（竹内，2004），地域交通政策（松岡・佐藤，2014）など，身近な地域の学習としての実践が見られる。これらの実践に大きな問題があるわけではない。一方で，持続可能な地域づくりのために，担保しておかなければならない概念や価値を明確にしているわけでもなく，不十分な点もある。例えば，松岡・佐藤（2012）は，唐木（2006）の社会参加学習論における問題解決プロセスに基づいて，まちづくりの視点を組み込んだ単元「身近な地域の調

査─仙台の交通問題」を開発，実践している。仙台市の主要な道路網や交通渋滞の現状を把握させた上で，慢性的な交通渋滞が発生する原因を追求したり，行政が取り組もうとしている施策についての効果や課題を検証したり，交通渋滞を解消するための方策について検討・提案したりする学習が開発されている。まちづくりでは，このように人々の生活に共通に関連する社会の問題を扱うことになる。これは社会科実践として一つのモデルとなる妥当な取組だと考えられる。一方で，交通政策は，社会の問題であるが故，一人一人の暮らしやすさのためにカスタマイズできる問題ではない。顔の見えない市民全体のため，又は誰にとっても良いと考えられる一つの枠組みを提案することが暗黙の前提とされている可能性がある。持続可能にするためには，ダイバーシティ（多様性）が尊重されるべきだとも言われる。一方では，社会のルールが機能することによって持続可能を実現することもあるだろう。交通政策を考えたり，批判的に検討したりする際の規準となる概念や価値をどこに求めるのか，難しい問題である。

3　ユニバーサルデザインでよいか

　まちづくり学習では，鈴木（2004）がユニバーサルデザインのまちづくり実践を報告している。浜松まちづくりセンターの協力を得て，小学生が，センターの中でユニバーサルデザインを探すところから授業が始まる。さらに，ユニバーサルデザインか否か，これはユニバーサルデザインか，こんなユニバーサルデザインが必要，という視点を持ってまち探検を行い，その後，ユニバーサルデザインの提案を，専門家の目で費用面などから評価をしてもらっている。この実践では，こんなユニバーサルデザインが必要だという提案に意義がある。そして，その一部は改善が約束されたそうである。一人でも多くの人に使いやすいまちづくりが目指されていることを児童が認識することには大きな意義がある。

　一方で，一人でも多くの人がということを，「誰にでも」と解釈させてしま

えば，落とし穴が生じる。本当に誰にでも使いやすいものなどあるのか。公共空間におけるユニバーサルデザインはこれまでも議論されてきた。しかし，事前に多くの人に使いやすいように配慮するものの，ユニバーサルデザインは標準化が基本の方向である（似内，2009）。例えば，ユニバーサルデザインとしてよく知られているシャンプーのボトルは，確かにリンスのボトルとの見分けはつきやすい。但し，それは基本的に触覚に頼るものであるため，触覚で区別ができない場合には機能しない。標準化を志向するユニバーサルデザイン，つまりデザインフォーオールには残念ながら限界がある。もちろん，ユニバーサルデザイン化は妥当な概念であるし，それ自体を否定するわけではない。ただし，今後 Society5.0 の時代を迎えれば，一層個別化が進むと考えられる。そのような時代に，デザインフォーオールだけでよいのか。デザインフォーオールに加えて，個別化を志向するデザインフォーイーチに目標を拡張する必要があるのではないか。似内（2009）は，オフィスのユニバーサルデザイン化を目指して，公共空間のユニバーサルデザイン化とオフィスのユニバーサルデザイン化の手立てが異なることを示している。例えば，公共空間の場合，標準化を基本としたユニバーサルデザイン化が行われる。これに事後的対応としての「バリアフリー化などのハード的な対策」が行われる。一方，特定可能な個々のワーカーに最適化すべきオフィスでは，それらに加えて「状況を最適化させるソフト的解決」や「個人に最適化するカスタマイズ」による解決が可能であり，標準化に個別化が加わる。まちづくりでは，共助可能にする住宅配置など，ユニバーサルデザイン化を拡張するソフト的解決をしやすい環境づくりも重要である。このような考え方をまちづくりにも活かすことができるのではないか。

4　多様性の担保と持続可能性

　ダイバーシティは一般に多様性と訳されている。多様性は持続可能性とも密接に関わっている。

　高等学校地理 A 教科書（金田章裕ほか（2013）『地理 A』東京書籍）では，地域

調査の事例としてニュータウンのオールドタウン化を取り上げていた。そこでは，多摩ニュータウンにおける 1971 年以降の人口構成と住宅供給戸数の変化を示したグラフが示され，次に，多摩，千里，高蔵寺，港北という入居開始年度の異なるニュータウンの人口ピラミッドを比較する構成になっていた。

ニュータウンのオールドタウン化は，ニュータウンの開設時に大量の住宅が集中的に供給されたこと，当初の入居者は比較的若年の夫婦を中心とした核家族が多かったこと，入居者の住み替えはあまり進まなかった（子供が高校生や大学生になる頃には，いわゆるバブル期を迎えて地価が高騰した）ことが影響したことの読み取りを通して学習する構成になっていた。

ニュータウンが多数建設された時期には，一定の年齢層を対象に，大量の住宅を供給する必要があったため，同じような年齢層の入居者が集中することになった。当初は，一定期間が経てば住み替えが進むだろうと予測されていたが，景気の変動などの影響もあり，そのとおりにはならなかった。これらの知識は，「なぜニュータウンがオールドタウン化したのか」という問いに対応した説明的知識と考えられる。しかし，これらの知識は，なぜ大量の同質の住宅を供給したのかという問いには答えていない。つまり，現象的因果関係の域にとどまっていると考えられる。もちろん，現象的因果関係にも様々な深さのものがある。

大﨑・三宅（2015）は，思考の深さを測る手立てとして，機能機構階層図を用いて，冷房が部屋を冷やし続ける仕組みの学習評価を試みている。「なぜクーラーが部屋を冷やし続けるのか」という問いに対しての答えを，「室内機から出る冷たい空気が温度を下げる」（Lv.1）からという表層的で現象的なものから，「室内の熱を室外に運ぶ」（Lv.3）からというやや深い現象的因果関係，さらに「冷媒と空気の熱交換に，状態変化が利用される」（Lv.6）からという本質的因果関係までを分析する基準を設定することにより，生徒の発話を分析している。オールドタウン化の問題に話を戻すと，「建物が老朽化し，住民も高齢化したから」という答えも説明的知識だが，地域の実情や時代背景を知らずとも答えられる浅い現象的因果関係である。教科書に掲載されている資料から直

接読み取って，それらを組み合わせた「ニュータウンの開設時に大量の住宅が集中的に供給され，当初の入居者が比較的若年の夫婦を中心とした核家族が多く，その後入居者の住み替えがあまり進まなかったから」という答えならば，説明的知識としての質が深まる。しかし，これでも現象的因果関係であろう。そこには，その現象が起こった理由が含まれていない。ニュータウンの建設は，住宅供給に関する政策の一環である。政策であれば，当然優先された価値と，軽視された価値があるはずだ。「同じ年齢層の，よく似た家族構成の人たちに同質の住宅を効率優先で供給したために，多様性を担保することが軽視されたから」という原因があるのではないか。この関係を本質的因果関係と捉えたい。もちろんニュータウンの場合は，将来的には住み替えが進むはずだという仮説のもと，住宅供給がなされたのだが，残念ながらそうはならなかった。現象が起こる理由を資料から読み取り，さらにその背後にある価値を読み取ってこそ，本質的な因果関係が見えることがある。さらに言うと，この場合は，人間集団多様性が失われることによって，持続可能性が担保できなくなる可能性が高まるということである。

　このように，持続可能に寄与しうる価値を学習することは重要である。その時に，公民分野で想定されている「効率と公正」のような見方・考え方が，地理的な見方・考え方と関係づけられていることがわかる。

5　ダイバーシティデザインへ

　多様性，つまりダイバーシティの中でも，年齢や家族構成などの人間集団多様性を担保することと，持続可能性との間には一定の関係があることを述べた。それは共助可能な集団になるかどうかという点が大きい。高等学校地理Ａの教科書に掲載されていたニュータウンのオールドタウン化問題は，住民の人間集団多様性を担保できなかったことと関係しているということである。まちづくりに，共助可能な空間デザインをすることは，ダイバーシティデザインの一つである。

第5節　持続可能な地域社会づくりのための空間デザイン能力　　121

　この課題を災害時の仮設住宅レイアウトの問題に応用したい。仮設住宅は，大きな災害後数日から数か月で入居が可能になる。いわゆる復旧期から復興期にかけての約2年間に限定されるものであるが，実際には延長され，東日本大震災被災者では2019年1月現在，仮設住宅で暮らしている方々が岩手，宮城，福島の3県で3000人以上いる。阪神・淡路大震災時に神戸市が設置した仮設住宅では，入居が抽選で決められた。かつ優先順位の1位は，高齢者だけの世帯（60歳以上），障がい者のいる世帯（身体障害者手帳1・2級，療育手帳Aランク），母子家庭（子どもが18歳未満）であった（神戸市民生局，1996）。優先順位として妥当であったろう。入居の優先順位を決めることは妥当だが，人間集団多様性を担保して共助可能にする工夫までできなかったのだろう。仮設住宅入居後に発生する課題について予測し切れていなかったのかもしれない。

　一方，東日本大震災後の，宮古市の仮設住宅の入居者選定については，大水（2017）が以下のように整理している。

　　高齢者，障がい者等の優先入居を5割程度とするなど，コミュニティ形成に対して一定の配慮がなされた。これは，阪神・淡路大震災において全面的に高齢者・障がい者の入居を優先させたため，高齢者ばかりの団地が発生するなど地域コミュニティづくりに課題を残したことを踏まえてのものである。さらに，宮古市においては，入居者選定を無抽選で決定し，従前の地域コミュニティの維持に配慮した。これは，地域一括，被災地近接，世代間融合，通学への配慮を原則に掲げ，被災者が孤独を感じることなく安心で快適に暮らしてもらうための取組で，可能な限り被災者の住居近くで生活できるよう，地区ごとに抽選なしで被災者の入居を市において割り振ったものである。

　吉水（2018a，2018b）は，震災時の仮設住宅のレイアウトをパフォーマンス課題と設定し，共助可能とするために人間集団多様性を担保することができるような配置の図面とその説明を描かせている。ただし，これらの実践は入居者

の顔が見えないレベルでの資料に基づいてレイアウトするレベルに留まっている。共助可能にするためには，仮設住宅に住む人をできるだけ具体的に想定したい。想定できなければ，ユニバーサルデザインであるデザインフォーオールのレベルに留まってしまう。仮設住宅の配置は，人間集団多様性を担保して，ソフト的な解決を可能にする。それに加えて，個々の家庭のためにカスタマイズする発想が不足している。でなければ，デザインフォーイーチとしては不十分である。

　地域の在り方を学習する際，そこに誰が住むのかまで想定しないと，根拠のない地域の在り方を提案してしまう。そうならないようにするためには，ユニバーサルデザインの基本であるデザインフォーオールに，デザインフォーイーチを加えなければならない。

　デザインフォーイーチを加えることを前提に，空間デザインを行うことができる資質・能力を社会系教科で身につけたい。それが持続可能な地域社会づくりのための空間デザインに必要な考え方の一つになるだろう。

　本節では，空間デザイン能力，特にデザインフォーイーチによってユニバーサルデザインを拡張するダイバーシティデザイン能力を社会系教科で育成する資質・能力の一つと位置付け，その意義と育成方略について述べた。

（吉水　裕也）

引用文献

市川武史　小学校社会科におけるモビリティ・マネジメント教育の可能性—交通渋滞を考える実践を通して—，社会科教育研究114，2011年，pp.64-76

大﨑理乃・三宅なほみ　機能機構階層図を用いた知識構成型ジグソー法による学習の分析，日本認知心理学会第32回研究大会発表論文集，2015年，pp.544-551

太田　満　小学校社会科まちづくり学習の授業開発—人口減少社会を生き抜く資質・能力の育成に着目して—，共栄大学教育学部研究紀要2，2018年，pp.83-94

大水敏弘　東日本大震災における応急仮設住宅の特徴〜国及び地方公共団体の役割と対策〜，都市住宅学98，2017年，pp.10-15

加藤俊樹　中学校事例　人に優しい環境を志向する生徒の育成—環境評価能力を高めるまちづくり学習を通して—，地理47-9，2002年，pp.66-69

唐木清志　社会科における社会参加学習の展開，日本社会科教育学会編『新時代を拓く社会科の挑戦』第一学習社，2016 年，pp.178-189

神戸市民生局『平成 7 年兵庫県南部地震神戸市災害対策本部民生部の記録』神戸市，1996 年，pp.20-25

鈴木滋雄　地域を学ぶ町づくりの感動ネタ（8）まちづくりセンターと協力した授業：ユニバーサルデザインのまちづくり，社会科教育 545，2004 年，pp.130-131

竹内裕一　まちづくり学習において地域問題を教材化することの意義，千葉大学教育学部研究紀要 52，2004 年，pp.57-67

田村　均　小学校社会科における地域素材の教材化について―行田足袋と地域学習―，埼玉大学紀要 教育学部 66（2），2017 年，pp.549-557

寺本　潔　「まちづくり」総合学習の構想―参加する生活科・社会科―，愛知教育大学研究報告 47（教育科学編），1998 年，pp.11-19

似内志朗　ユニバーサルデザイン研究部会の活動（第 1 回），JFMA Current 147，2009 年，pp.1-4

松岡尚敏・佐藤誠希　中学校社会科地理的分野における「身近な地域」の学習―まちづくりの視点からみた社会参加型学習の試み―，宮城教育大学紀要 47，2014 年，pp.11-25

文部科学省　『小学校学習指導要領解説社会編』日本文教出版，2018 年 a，217p.

文部科学省　『中学校学習指導要領解説社会編』東洋館出版社，2018 年 b，237p.

文部科学省　『高等学校学習指導要領解説地理歴史編』東洋館出版社，2019 年，450p.

吉川幸男・才宮大明・関本努・岩本正信　授業実践から探る社会科で育てる資質能力，山口大学教育学部附属教育実践総合センター研究紀要 45，2018 年，pp.65-74

吉田正生　中学年社会科「まちづくり学習」の教科書記述について―都市社会学の視点よりみたときに―，社会系教科教育学研究 13，2001 年，pp.51-59

吉水裕也　コメント：イスラーム世界を扱う地誌学習の論理（日本地理学会第 29 回地理教育公開講座報告），新地理 64-2，2016 年，pp.55-56

吉水裕也　「地理総合」の評価方法，碓井照子編『「地理総合」ではじまる地理教育 持続可能な社会づくりをめざして』古今書院，2018 年 a，pp.67-75

吉水裕也　『本当は地理が苦手は先生のための中学社会地理的分野の授業デザイン＆実践モデル』明治図書，2018 年 b，149p.

吉水裕也・佐藤克士・澁谷友和・曽川剛志　社会科におけるまちづくり学習の研究動向と展望，兵庫教育大学研究紀要 55，2019 年，pp.1-10

124　第Ⅱ章　社会系教科における資質・能力（コンピテンシー）育成の理論と実践

第6節　批判的思考力の発達を促進する社会科単元構成
―中学校歴史的分野の場合―

1　研究の目的と方法

　本研究の目的は，社会科歴史的分野を対象とする中学生の社会的思考力・判断力の発達に関する調査研究から明らかになった能力の構成要素間の階層的連関構造を前提に，批判的思考力の発達を促すための教育的な働きかけとなる歴史単元構成のモデルを示すことにある。

　本研究は，主に次の2つの問題意識を背景に遂行された。第1は，社会科授業実践の側面からの問題意識である。新学習指導要領において，学校教育を通じて児童生徒が身に付けるべき資質・能力が「3つの柱」として整理された[1]。すなわち，①生きて働く知識・技能の習得，②未知の状況にも対応できる思考力・判断力・表現力等，③学びを人生や社会に生かそうとする学びに向かう力・人間性の涵養，の3つである。新学習指導要領が示唆する「資質・能力ベースの授業」への改善を実践レベルで具体化していこうとする場合に，社会的思考力・判断力の要素とその連関を授業構成に活用できるように規定し，例えば中学校3カ年の歴史的分野の学習において，それらの能力の育成をめざす適切な単元を，いかに適時に，生徒の学習の連続性を保証するように配列するのかという実践的な問いに示唆を与えるような授業研究が必要であると考えた。第2は，社会科授業開発研究の方法論の側面からの問題意識である。従来，授業開発研究のパラダイムを形成してきた方法論は，目標・内容・方法・評価を貫く授業理論を明示し，理論と授業計画及び実践とを結びつけて論理整合的に説明することで「あるべき社会科授業」を示す「規範的授業開発研究」であった。しかし，こうした研究方法は，学会において新規の授業理論を提案することを

主な目的として用いられることが多く，授業の理論と実践・評価が，単発の単元の開発と実践を通じて予定調和的に論じられやすい。そのために能力を効果的に育成するための単元を適時に配列する根拠となる知見を提供し得ないことである[2]。これらの課題を克服する「実証的授業開発研究」の方法論が求められていると思われた。

　本稿は，研究目的と問題意識をふまえ，次の順序で論述していく。第1に，筆者らの継続研究である中学生の社会的思考力・判断力の発達に関する調査の方法と結果を概括し，能力の構成要素間の階層的連関構造を発達特性として示す。第2に，社会的思考力・判断力の構成要素のうち，最も高次の能力である批判的思考力の発達を促進する教育的働きかけについての授業仮説を導く。第3に，授業仮説に基づく歴史単元構成のモデルを開発する。

2　中学生の社会的思考力・判断力の発達にみる階層的連関構造
―調査研究の成果から―

　社会的思考力・判断力を措定するにあたり，実際の授業において，生徒は，学習問題（問い）に対する資料活用をふまえた思考・判断の結果として知識を習得していることから，問いと社会的思考力・判断力及び知識を相互の結びつきとして捉えた。そして，表2-6-1に示すように社会的思考力・判断力は，事実判断力，帰納的推論能力，演繹的推論能力，社会的判断力（価値判断・意思決定力），批判的思考力の5つの構成要素からなると規定した。

(1) 横断的・縦断的調査の結果

　横断的調査では[3]，中学生の社会的思考力・判断力を測るための調査問題を作成し，回答内容を分析することによって能力発達の様相を明らかにした。調査問題（鎌倉時代を内容とした質問紙法による選択肢と自由記述問題からなる歴史問題）[4]は，社会的思考力・判断力の質・内容を視点に5つの問題（「事実判断」問題，「帰納的推論」問題，「演繹的推論」問題，「価値判断・意思決定」問題，「批判的

126 第Ⅱ章 社会系教科における資質・能力（コンピテンシー）育成の理論と実践

表 2-6-1 授業における「社会的思考力・判断力」と「問い」・「知識」の関わり

問　い	社会的思考力・判断力の構成要素		知　識
いつ，どこで，誰が，なにを，どのように	事実判断力	資（史）料をもとに，事実を確定し記述できる。	事象記述（事実の記述）
なぜか，（その結果）どうなるか，（時代の社会の）本質はなにか	帰納的推論能力	事象に関わる事実をもとに事象の原因，結果，意味や時代の社会の意義・特質などを解釈し説明できる。	事象解釈 時代解釈 社会の一般理論
	演繹的推論能力	時代の解釈や一般理論により，個別の事象の関係や意味，意義などを解釈し説明できる。	
～よいか（悪いか），望ましいか（望ましくないか）いかに～すべきか，なにを選択すべきか。	社会的判断力	（価値判断）事象を評価的に判断できる。	価値的知識（評価的知識）
		（意思決定）論争問題や論争場面において望ましい行為や政策を根拠にもとづいて選択できる。	価値的知識（規範的知識）
その知識（情報・解釈・議論・言説）を背後で支えるどのような価値観や基準，立場性があるのか。その知識（情報・解釈・議論・言説）は，どのような組み立てになっているか，どのような提示の方法をとっているか。	批判的思考力	・知識に内在する価値観・基準・立場を吟味できる。・知識の組み立ての論理や提示の方法を吟味できる。	メタ知識（知識を解釈するための知識）

思考」問題）からなる。横断的調査は，2009 年から 2010 年にかけて島根県下の 2 校の中学生（1 年生：292 名，2 年生：284 名，3 年生：316 名）を対象に行った。続いて，縦断的調査を同様の問題を用いて実施した[5]。2009 年から 2011 年に島根県下の 2 校の中学生（1 年生と 2 年生の 2 時点で調査を受けた移行集団：296 名，2 年生と 3 年生の 2 時点で調査を受けた移行集団：293 名）を対象に行われた。調査の結論は，以下の通りである。

①社会的事象に関する事実を資（史）料に基づいて確定する事実判断力について，その能力が高ければ他の能力も高いという関係性が見出され，生徒にとって他の能力形成の基盤となる能力である。
②中学生の社会的思考力・判断力は，学年進行に伴って高くなり，特に2年生後半から3年生にかけて伸長する傾向が見られる。
③社会的思考力・判断力を構成する諸能力は互いに独立する能力ではなく，相互に関連しあう能力である。

(2) 教育的働きかけの適時性・適切性に係る実験的調査の結果

　中学生の社会的思考力・判断力の質的転換期と想定される「中学校2年生後半から3年生」に対して，その能力の育成をめざした授業を行い，どのような授業がこの時期の生徒の能力育成に最も効果があるのかを実験的調査を通して検討した。

　実験的調査[6]は，2014年3月（鎌倉時代を内容とするプレテスト）から同年6月（実験的授業とポストテスト）にかけて実施した。島根県下の中学校1校の第3学年4クラスの中学生（実験クラス：34名，比較クラス1：35名，比較クラス2：35名，比較クラス3：35名）を対象とした。実験的授業のための教授書（試案）と評価テストの開発は，発達の伸長期に合致することと，授業実施校の年間計画・授業進度等にできるだけ無理が生じないことを観点に，第3学年1学期中に実践する歴史的分野の「太平洋戦争」を対象に定めた。実験的授業は，太平洋戦争の政治史・戦局史を内容として，「帰納的推論能力育成授業」（2単位時間）・「演繹的推論能力育成授業」（2単位時間）・「社会的判断力育成授業」（2単位時間）・「批判的思考力育成授業」（1単位時間）で構成した。ポストテストは太平洋戦争の社会史・生活史を内容として，質問紙法による選択肢と自由記述問題からなる。調査の結論は，以下の通りである。

> ①中学校2年生後半から3年生の時期に，社会的判断や批判的思考を実際に経験することによって社会的判断力や批判的思考力を育成することができる。
> ②社会的判断力の育成には演繹的推論能力の育成が，批判的思考力の育成には演繹的推論能力や社会的判断力の育成がその基盤となる。

　さらに，社会的思考力・判断力の発達において，5つの構成要素は並列的に関連するのではなく，階層的な連関構造があるとの仮定から，中学生にとって最も抽象度が高く高次の能力と言える批判的思考力を育成するために，帰納的推論能力，演繹的推論能力，社会的判断力のどの能力に焦点化しながら授業構成することが効果的なのかを，実験的調査を通じて検討した[7]。

　実験的調査は，2017年6月から同年7月にかけて，徳島県下の中学校1校の第3学年4クラスの中学生（実験クラス：37名，比較クラス1：38名，比較クラス2：34〜36名，比較クラス3：35〜37名）を対象として実施した。社会的思考力・判断力（帰納的推論能力，演繹的推論能力，社会的判断力，批判的思考力）を育成する7単位時間の実験的授業（島根県で実施した授業と同じ）を4つの異なる展開で実践した。すなわち，4群（クラス）間の比較を通して，①「演繹的推論授業→社会的判断授業」の実施が批判的思考力を促進するか（実験群），②「社会的判断授業のみ」の実施が批判的思考力を促進するか（比較群1），③「社会的判断授業→演繹的推論授業」の実施が批判的思考力を促進するか（比較群2），④「演繹的推論授業のみ」の実施が批判的思考力を促進するか（比較群3），を明らかにしようとした。そして，授業終了後に授業内容に合わせた諸能力を測る評価テストを行った（島根県で実施したテストと同じ）。調査の結論は，以下の通りである。

> 　社会的判断力が，批判的思考力の発達の主要な促進要因である。また，演繹的推論能力も，批判的思考力の発達に影響を与える傾向が見出された。

3 批判的思考力の発達を促進する歴史単元構成モデル

(1) 授業仮説

継続的な調査の結果より，中学生の社会的思考力・判断力の発達に係る階層的連関構造に基づき，批判的思考力の発達を促す教育的働きかけとしての単元構成について，次のような授業仮説を導くことができよう。

中学生に対して，平生から資（史）料に基づき事実判断力や帰納的推論能力を活用させる実践を展開しつつ，2年生後半から3年生の時期に，①「演繹的推論能力育成授業」，②「社会的判断力育成授業」を①→②の順序で展開するひとまとまりの単元を組み込み実践することにより，批判的思考力の発達を効果的に促進することができるのではないか。

(2) 歴史単元の構成

上記の授業仮説を踏まえた歴史単元構成のモデルとして，1931年〜1945年（満州事変から太平洋戦争）の総力戦の時代を時間軸にして，単元「女性と戦争」（5単位時間）を開発した。単元設定の理由は，総力戦のもとでの女性（あるいはその対照としての男性）の行為や意識を，時代の社会制度や社会構造との関係から考察・説明したり，被害と加害の観点から判断・吟味・議論したりすることを通じて，生徒に演繹的推論・社会的判断・批判的思考をひとまとまりとして経験させることができると考えたことにある。

1) 演繹的推論能力育成の単元構成モデル

①単元名「女性と戦争〜女性の動員について考える〜」（2単位時間）

②単元の目標

ア　知識目標　次の知識を習得し活用できる。

a.総力戦を遂行するための日本の戦略は，武力戦略，経済財政政策，人的及び物質的資源の統制・動員策，国民精神動員策を柱に構築された。

130　第Ⅱ章　社会系教科における資質・能力（コンピテンシー）育成の理論と実践

　b.総力戦における女性の動員は，「守る者＝前線の男性兵士」と「守られる
　　者であり，兵士を生む性＝銃後の女性」という性別役割分業を枠組みに遂
　　行された。こうした性別役割分業には，しばしば「男性＝熟練」「女性＝
　　非熟練」という偏向した見方が内在していた。

イ　能力目標

　a.「総力戦における日本の戦略」についての解釈を活用して，戦時下の「女
　　性の動員」に関する図版や人々の語りがもつ意味を説明することを通して，
　　演繹的推論能力を育成する。

　b.「女性の動員」に関する図版や人々の語りに内在する性別役割分業の規範
　　と分業に対する熟練・非熟練の偏向した見方を読み解くことを通して，批
　　判的思考力を育成する。

③単元の展開　「教授書」（試案）により示す。（表2-6-2を参照）

表2-6-2　小単元「女性の動員について考える」の教授書（試案）

授業類型	教師の指示・発問・説明	教授・学習活動	資料	生徒の応答・学習内容
演繹的推論能力育成授業　配当2単位時間	◎歴史家たちによって示された「総力戦における日本の戦略」についての解釈を活用して，戦時下の「女性の動員」に関する図版や人々の語りがもつ意味を説明してみよう。	Ｔ．小単元の学習問題の提示		
	○「総力戦における日本の戦略」とは，どのようなものか。①武力戦略　②経済財政策③人的及び物的資源の統制・動員策　④国民精神動員策	Ｔ．「総力戦における日本の戦略」の一覧を黒板に貼る	1	・総力戦とは，「国家・国民の物質的精神的全能力を動員結集して，これを国家の総力として戦争に臨むこと」である。・（①武力戦略）短期決戦を想定し，開戦時に総力を結集させる戦略。・（②経済財政策）平時から国家の総力をあげて軍事工場を整備し，戦争に必要な物資を大量に蓄え，戦争開始とともにその蓄積してきたものを

				集中的に使用する。 ・（③人的及び物的資源の統制・動員策）国民の労働や社会生活のあらゆる側面について，統制・運用を及ぼすことができる。 ・（④国民精神動員策）国家のために自己を犠牲にして尽くす国民の精神を推進する。
	○「総力戦における日本の戦略」の解釈を活用して，戦時下の「女性の動員」に関する図版や人々の語りの持つ意味を説明してみよう。 【地域性を観点に】	T．発問する		
	・資料2の雑誌のさし絵は，女性の役割について，何をメッセージしているか。背景は，都市か農山漁村か。一覧表①〜④のどれと関わるか。	T．発問する P．資料をもとに答える	2	・生産の視点から，戦時の女性の務めは，子供（男子）を産み，自然に働きかけて資源の確保に努めるべきとのメッセージ。背景は農山漁村。③④と関連。
	・資料3のポスターは，女性の役割について，何をメッセージしているか。背景は，都市か農山漁村か。一覧表①〜④のどれと関わるか。 【地位を観点に】	T．発問する P．資料をもとに答える	3	・消費の視点から，主婦は，質素倹約に務めながら生活の質を保つことが大切とのメッセージ。背景は都市。③④と関連。
	・資料4の「女性の労働力動員」に関する年表を見てみよう。1941年〜1944年に至るまで，挺身隊員としての女子の労働力動員が未婚女性に限られたのはなぜだろうか。年とともに，動員する女性の年齢幅が広がっているのはなぜか。一覧表①〜④の解釈を活用して説明してみよう。	T．発問する P．資料をもとに答える	4	・日本では国策として母性と家庭生活の保護が優先された。そして，戦局の悪化とともに労働力不足が深刻になり，動員する未婚女性の年齢幅が広がった。①〜③と関連。
	・資料5のポスターにある「女などにと笑った人に，今こそ見せんこの腕前」という標語は，何をメッセージしているか。	T．発問する P．資料をもとに答える	5	・本来は男性が務める熟練の機械工を，女性でも立派に務め，軍需品増産に貢献できるとのメッセージ。①〜④と関連。

【身体を観点に】 ・資料6で，戦時下障害を持って生まれた女性は，「世間から見れば何にも役に立たない自分であった」と振り返っている。彼女を苦しめた「世間」とは何だったと考えるか。それは，一覧表①〜④とどのように関わるか。	T．発問する P．資料をもとに答える	6	・女性は，健康で子供を産み育て，働くことのできる身体を持つべきとの規範がつくり出す社会の雰囲気。③④と関連。
【年齢を観点に】 ・資料7「戦地のお兄様への手紙」では，この手紙を書いた少女は，戦地の兵士に何をメッセージしているか。少女が赤の他人である戦地の兵士にむけ「お兄様」と呼んでいるが，それは何を意味しているのか。それは，一覧表①〜④とどのように関わるか。	T．発問する P．資料をもとに答える	7	・戦地の兵士を讃える愛国心と銃後の守りを担う自らの覚悟をメッセージしている。 ・「お兄様」の呼び方は，血のつながった家族・兄妹の立場で兵士を応援し，また心配している気持ちを表している。④と関連。
○学習を振り返って，「日本の総力戦における女性の動員」というテーマで自分なりに考えたことを文章にしてみよう。クラスに発表し，意見を交換しよう。	T．発問する P．個人で文章にまとめる P．クラスに発表し，意見を交換する		クラスでの話し合いを通じて，次の認識を引き出したい。 ・「日本の総力戦における女性の動員」には，性別役割分業の規範と分業に対する熟練・非熟練の偏向した見方を見出すことができる。

〔教授・学習用資料出典〕

1．（表）「総力戦における日本の戦略」，纐纈厚『増補版　総力戦体制研究』社会評論社，2018年，pp.260-268及び佐々木洋子『総力戦と女性兵士』青弓社，2001年，pp.156-157より作成。

2．（さし絵）「産めよふやせよ」，若桑みどり『戦争がつくる女性像』筑摩書房，1997年，p.132

3．（文書）「忙しくなる都市の主婦」，むらき数子「足らぬ足らぬは工夫が足らぬ」岡野幸江他編『女たちの戦争責任』東京堂出版，2004年，pp.67-68より作成。

4．（表）「女性の労働力動員」，佐々木洋子前掲書，p.39

5．（ポスター）「女などにと笑った人に，今こそ見せんこの腕前」（『写真週報』昭和19年5月10日発行），羽島知之編『資料が語る戦時下の暮し』麻布プロデュース，2011年，p.95

6．（文書）「障害を持つ女性の戦時の回想」，朝日新聞社編『女たちの太平洋戦争　第3巻』朝日新聞社，1992年，pp.228-229

7．（文書）「戦地のお兄様への手紙」，重信幸彦『みんなで戦争』青弓社，2019年，pp.321-322

第6節　批判的思考力の発達を促進する社会科単元構成　133

2) 社会的判断力育成の単元構成モデル[8]

①単元名「女性と戦争～女性の戦争協力について考える～」(3単位時間)

②単元の目標

ア　知識目標　次の知識を習得し活用できる。

　a. 戦時の「女性の戦争協力・責任」の評価は，対象としての生活と運動，評価・判断としての告発と許容の組み合わせにより相違を生み出す。

　b. 歴史的事象に対する評価・判断は，常に事後的なものになるので，そのような評価を下している自他の判断基準の吟味が必要となる。

イ　能力目標

　a. 総力戦における「女性の戦争協力・責任」の問題を，「生活」と「運動」を視点に評価・判断する能力（社会的判断力）を育成する。

　b. 総力戦における「女性の戦争協力・責任」の問題を，評価・判断する自己の基準を対象化し吟味する能力（批判的思考力）を育成する。

③単元の展開

　戦時下における女性の戦争協力と戦争責任について生徒が評価・判断できるように，「対象」としての軸に「生活」と「運動」を，「評価・判断」としての軸に「戦争協力に対する告発」と「戦争協力に対する許容」を設定する。「生活」の軸から①戦時の市井の女性たちの日常生活を，また「運動」の軸から②国家体制（政府・軍部）と結びついた組織的な女性運動（体制的女性運動団体・大日本国防婦人会），③市民的な女性解放運動の指導者による国策遂行活動（市民的女性運動指導者・市川房枝），④連合国（戦勝国）側の米国大統領夫人エリノア・ルーズベルトによる戦争遂行のための活動を取り上げる。単元は，次のように展開する。導入部で，戦時の日常生活の視点から，市井の女性たちの戦争協力・責任に対する評価・判断を実践するとともに，単元全体の学習問題を提示する。パートⅠでは，大日本国防婦人会の戦争協力・責任に対する評価・判断を実践する。パートⅡでは，市川房枝の戦争協力・責任に対する評価・判断を実践する。パートⅢでは，エリノア・ルーズベルトによる戦時国策遂行活動の

戦争協力・責任に対する評価・判断を実践する。そして，最後のパートⅣで，「専制と全体主義のための戦争（日本・同盟国側）＝許せない戦争」，「自由と民主主義のための戦争（米国・連合国側）＝許せる戦争」という自己の暗黙の価値判断の基準を対象化し吟味する。

（梅津　正美）

註

（1）文部科学省編『中学校学習指導要領（平成29年告示）解説　社会編』東洋館出版社，2017年，p.3.

（2）規範的授業開発研究の方法・特質・課題については，以下の論稿を参照されたい。梅津正美「教育実践学としての社会科授業研究—視点と方法—」梅津正美・原田智仁編『教育実践学としての社会科授業研究の探求』風間書房，2015年，pp.1-14.

（3）横断的調査については，以下の論稿を参照されたい。加藤寿朗他「中学生の社会的思考力・判断力の発達に関する横断的調査研究—歴史的分野の調査を中心として—」全国社会科教育学会編『社会科教育論叢』第49集，2015年，pp.75-84.

（4）調査問題は，以下の論稿に全部を掲載している。梅津正美他「中学生の社会認識の発達に関する研究（1）—歴史的分野を事例とした調査を通して—」『鳴門教育大学研究紀要』第28巻，2013年，pp.76-78.

（5）縦断的調査については，加藤寿朗他「中学生の社会的思考力・判断力の発達に関する縦断的調査研究—歴史的分野の調査を中心として—」日本教科教育学会編『日本教科教育学会誌』第38巻3号，2015年，pp.35-47で詳述している。

（6）実験的調査の方法・教授書（試案）・評価テストについては，梅津正美「中学生の社会認識発達の特性をふまえた社会科授業仮説—実験的授業の計画と実践における方法論—」梅津正美・原田智仁編，前掲書，pp.254-272で詳述している。

（7）実験的調査の方法及びデータの分析・評価については，以下の論稿を参照されたい。梅津正美他「批判的思考力の発達を促す教育的働きかけとしての社会的判断力の育成—中学校歴史的分野の実験的授業を通して導く授業デザイン—」全国社会科教育学会編『社会科研究』第90号，2019年，pp.1-7.

（8）社会的判断力育成の単元構成モデルとしての「教授書」（試案）は，梅津正美他，同上論文，pp.10-12に掲載しているので，参照願いたい。

※本継続研究は，加藤寿朗（島根大学），前田健一（岡山商科大学），新見直子（広島文教大学）との共同研究として遂行してきている。本稿の文責は，梅津にある。

第Ⅲ章

社会系教科における授業デザインの理論と実践

第1節　危機対応マネジメント育成に関わる
社会科授業デザイン
―第6学年単元「鎌倉の武士」の場合―

1　危機対応マネジメント育成の意義

　危機の概念は，危機が生ずる次元や危機自体の内容，さらには危機が人災であるか天災であるかなどによって，極めて多岐にわたる。個人の次元から国内及び国際社会へと諸々の組織の次元において生ずる不測の緊急事態を事前に予防し，発生後の対応措置を可及的速やかに講ずることが必要とされている。日本における危機対応への意識は，決して高いものとは言えない。これまで，石油危機や湾岸戦争などの国際的相互依存の深化の中で起こる危機を始めとして，震災や風水害などの大規模自然災害，船舶・飛行機事故や原子力発電所事故などの重大事故などの緊急事態に対して明らかに計画性のない，その場しのぎの対応になっている。特に，1995年の阪神・淡路大震災と2011年の東日本大震災の発生後の対応には数々の課題が浮き彫りになり，危機対応は，政府や自治体レベルだけでなく，各個人に今後ますます求められている。この危機対応に必要な視点がマネジメントであり，図3-1-1のフローでそれぞれに対応した方策を探っていく[1]。「災害大国」日本にいる限り，災害を防ぐことはできない。国や自治体の対策（公助）に依存しきるのではなく，「自助」，「共助」の意識と行動が大切であり，子どもの危険予測・回避能力の伸長につなげる危機対応マネジメントの育成が求められている。その教育の中心に位置づくのが，社会系教科教育である。

2　社会科授業デザイン開発の視点

　危機対応マネジメント育成に関わる実践は，総合的な学習の時間や社会系教科

図3-1-1　危機対応マネジメントのフロー

教育を中心にした防災・減災教育が中心である。小学校社会科歴史学習では，人物の働きや代表的な文化遺産を中心にして，時系列的に知識を蓄積していくことで，歴史的事象や時代の特色を理解させることが中心であり，危機対応マネジメント育成の視点での授業開発は意識されていない。それを「歴史から学ぶ」歴史学習にすることで，様々な事件や災害，困難などの危機を克服し，新しい未来を創造することができる。そこで，本稿では，子どもが，他者との協働で，自立した学習者を育成する構成主義的な学習論を組み込んで，危機対応マネジメント育成を図る社会科授業デザイン開発を行う[2]。構成主義的な学習論を組み込むのは，社会では人と人，人と物，物と物との関わりなど，事象相互の関係性が重要だからである。子どもは，社会的事象を客観的な存在として，そのまま受け止めているのではなく，自分の知識，経験，イメージなど先行するものに基づいて，学習を対象化している。子どもが，先の学習で習得した知識や日常身につけた経験，イメージが働くという個人の能動的構成，つまり個人の内的問題として捉える初期レベルの段階があって，分散している既有の知識や経験を関連づけて考えていくアドバンスレベルの過程が必要である。これは，既有の見方・考え方を新たな見方・考え方に組み換える，アドバンスレベルとエキスパートレベルは，学校内外での現実社会の中で培われた経験と，教室での理論化を図る学習の往還によってつなげていくことができる[3]。基礎的な知識・技能の習得で終わることで満足するのではなく，実生活や実社会の中で適用しながら解釈や価値判断過程を位置づけることで，汎用性のある知識や技能を定着させ，さらに，新しいものを生み出していく授業構成のあり方を提案する（表3-1-1参照）。

第 1 節　危機対応マネジメント育成に関わる社会科授業デザイン　139

表 3-1-1　構成主義的な学習論に基づく社会科授業構成

授業構成の過程		授業構成の目的
	現状分析と問題の発見＝エンカウンターする場	
Ⅰ	記述的読解 （初期レベル） preliminary level	予備的知識習得の段階 ○正確な情報収集（６Ｗ３Ｈ）。→インプット input の重視。 ・What（何）　・where（どこで）　・when（いつ） ・Who（誰が，誰に）　・why（なぜ） ・which（どちらを，どれを）　・How（どのように） ・How many（いくつ，何回）　・How much（いくら，予算） ○基礎的，基本的な知識・技能の習得。 　→コンテンツ contents の把握 ○正確な「記述」が重視される。
	問題の分析・追究＝社会システムを把握する場	
Ⅱ	文脈的読解 （アドバンスレベル） advance level	目標に向かって前進する段階 ○つながりや関係性の重視。 　→脈絡（コンテクスト）context の把握。 ○既有の知識や経験を相互に関係づけて，社会との関係性や社会的背景の読解。 　・関係づける力の必要性。 　→比較，分類，順序，推理，原因や理由づけ，定義づけ等 ○論理（logical）的なアプローチと＆ナラティブ（narrative）的なアプローチを使い分ける。 ○「解釈」・「説明」が重視される。 　→「論述」が求められる。
	価値判断・未来予測＝現状の課題と展望をする場（実生活や実社会で適用する）	
Ⅲ	適用的読解 （エキスパートレベル） expert level	知識を適用する段階 ○社会生活や現代社会での適用。→個々に統合化の段階 ○一般化・適用化。→アウトプット output の重視。 ・具体的な問題に適用して解決ができる。 ・物事の根拠を示して説明ができる。 ・現実の社会・文化とつなげて考えることができる。 ・関連する世界を広げることができる。 ○プラス from の学習 ○新たな体験・社会的交流の必要性。 ○アイデアを形にする力（Ability to create ideas）を重視する。 ○「価値判断」が重視される。

140 第Ⅲ章　社会系教科における授業デザインの理論と実践

3　社会科授業デザイン開発の概要

(1) 単元「鎌倉の武士」の設定

　鎌倉時代は，古代的なものが崩れ出す一大価値転換の始まる時代である。その中心となったのが武士である。都の華やかな貴族に対して，地方の反乱を制圧するために地方出身の農民による武士団が形成され，その長になったのが，源氏と平氏である。赤旗の平氏と白旗の源氏は，運命的とも言える戦いを繰り返し，平治の乱に勝利した平氏が，政権を確立する。しかし，源頼朝が平氏を打倒し，鎌倉幕府を開く。当初，鎌倉幕府は，東国の支配にとどまり，幕府と朝廷の二元的支配構造であったが，承久の乱を契機として，幕府の勢力を西国に拡げることに成功する。さらに，元の襲来を切り抜け，全国支配を確立していくが，元寇での功績に対して，幕府の恩賞が不十分なことで，武士の不満が高まり，鎌倉幕府を滅亡に導いていく。危機対応マネジメント育成に関わっては，元寇に対するマネジメントが中心となる。

(2) 単元「鎌倉の武士」の学習計画（全 7 時間）

　　第一次　鎌倉幕府のしくみ ・・・・・・・・・・・・・・・・・・・・・・・・・・・・2
　　第二次　元寇と鎌倉幕府 ・・・・・・・・・・・・・・・・・・・・・・・・・・・・・3
　　第三次　鎌倉時代から何を学ぶか ・・・・・・・・・・・・・・・・・・・・・2

(3) 単元「鎌倉の武士」の授業デザイン開発の概要（表 3-1-2 参照）

(4) 授業デザインにおける危機対応マネジメント育成の視点

　鎌倉時代の武士は，半農半武で有事の際（いざ鎌倉＝危機）に備えている。
　武士の本分は，戦うことにあり，御家人は，常に幕府のために武芸（騎射三物や巻狩など）を磨き，敵襲に備えて，館や堀，板塀をめぐらし櫓を設けた実

第1節　危機対応マネジメント育成に関わる社会科授業デザイン　141

表 3-1-2　単元「鎌倉の武士」の授業デザイン開発の概要（全7時間：一部抜粋）

段階	○教師の主な発問 ・子どもの問い ●資料	○授業デザインの意図 ◎危機対応マネジメント育成の視点 ・子どもが獲得可能な知識内容
記述的読解の段階 鎌倉幕府のしくみ（2）	○武士は, どんなくらしをしているのだろう。 ・貴族のくらしと比べてどこに違いがあるの？ ・武士の館は, 寝殿造と比べてどんな違いがあるの？ ・どんな場所に館はあるの？山？平地？ ・武士は, どこで寝ている？ ・何に備えているの？ ・敵は誰なの？ ・武士の訓練とは？ ・田んぼで働いているのは農民？それとも武士なの？ ○「一所懸命」から, 武士の道徳について考えてみよう。 ・土地を命がけで守るとは？ ・武家のならいとは？ ・お寺の前で何を話しているの？ ●武士の館（イラスト） ●騎射三物（笠懸・流鏑馬・犬追物）	○武士は, 武家造に住み, 武士道を確立すること。 ◎武士の館は, いざ鎌倉（危機）に備えるため（リスク・マネジメント）の日常の武士のくらしを読解する。 ・武士は, 一門・一家の結束を誓う武士団を形成している。 ・武士は, 有力農民として田畑を切り開いて荘園をつくり, 貴族に土地を寄進して一般農民から年貢を集めて払う代わりに, 荘園領主から地頭職に任じられることで先祖伝来の土地を保障されている。 ・武士は, 半農半武である（中世封建制度の特徴）。 ・武士は, 自分の土地を命がけで守る（一所懸命）。普段は, 農業と武芸に励み, いざ鎌倉に備えている。 ・武士は, 名誉を尊び, 勇気を重んじ, 恥を知り, 死をもいとわず主人に忠誠を尽くす, 潔さを特徴とする道徳（武士道＝武家のならい・兵の道・弓矢の道）が生まれる。 ・簡素な武士の住宅（武家造：母屋・厨・馬小屋・厩・遠侍・馬場・物見櫓・櫓門・堀・板塀・土塁）に住み, 武士団の拠点となっている。 ・櫓や物見櫓, 塀などの防備施設を備え, 主人の住む母屋, 遠侍の他, 厩, 馬場などが設けられている。 ・騎射三物（流鏑馬・笠懸・犬追物）や鷹狩, 巻狩などの武芸の訓練を行い, いざ鎌倉に備えている。 ◎危機管理の「タイムライン」の考え方を適宜, 組み込む。 ◎危機事態の発生を予防するためにはリスクを特定し, リスク分析をして対応しなければならない。いざ鎌倉＝外敵が襲ってくることを想定して, どのような対応をしているのかという視点で読解する。
文脈的読解の段階	○なぜ, 元は, 日本に攻めてきたのだろう。 ・フビライは, 日本のことをどうして知っていたの？ ・元軍と日本軍の戦力の差は？ ・元の勢力は？ ・なぜ使者を斬り殺したの？	○モンゴル帝国が元と改め, 日本に攻めてくる（元寇）戦いで, 鎌倉幕府の動揺に結びついたこと。 ◎元寇を鎌倉幕府の危機（リスク②・③）と捉え, 執権北条時宗の危機対応を読解する。 ・フビライは, マルコ＝ポーロ『東方見聞録』で黄金の国ジパングの存在を知っており, 高麗を征服して, さらに日本に攻めてくる。 ・1274年10月に, 2～4万人, 726～900艘の軍船で襲来する（文永の役）。 ・幕府の執権北条時宗は, 西国に所領を持つ東国御家人の

142　第Ⅲ章　社会系教科における授業デザインの理論と実践

元寇と鎌倉幕府（3）	○なぜ，大帝国である元に勝つことができたのか。 ・一度目の元寇の後，日本は，どのような備えをしたの？ ・二度目の元寇の時の元軍と日本軍の戦力の差は縮まったの？ ・なぜ元に勝つことができたの？ ・神風は吹いたの？ ○元寇の後，日本は，どのように変わったのだろう。 ・元寇で勝利したことで，何が良くなったの？ ・庶民には，安心したの？ ・戦った武士は，楽になったの？	西国移住を命じる。 ・異国警固番役（筑前・肥前の要害の警護及び博多津の沿岸の警固する番役）を設置する。 ・蒙古軍の銅鑼と太鼓を用いた集団戦法やてつはうの武器に日本軍は，苦戦をする。 ・元は，日本側の徹底抗戦（四方より攻撃を仕掛ける）に「官軍整わず，又矢尽し」撤退をする。 ・元は，撤退中に暴風雨に遭遇して壊滅状態に陥る。 ・元の襲来に備えるために高さ2～3m，約20kmの石の防塁を築造し，異国警固番役を九州の御家人を3か月交代制にして強化をする。 ・元は，再び二度の使者を送るが，日本は，使者を惨殺する。 ・元は，再び1281年5月に，世界史最大規模の約15万人，4,400艘の軍船で襲来する（弘安の役）。弘安の役は，約2か月間にも及ぶ戦いである。 ・元の江南軍は，農具・種・家畜まで乗せて占領覚悟で来襲している。 ◎危機対応のサイクルを意識して，幕府が二度の元寇に，いかに対応したのか。危機の特定・分析・評価という流れで学習過程を構成する。

●モンゴル帝国の勢力図（地図）　●フビライの手紙　●フビライ・北条時宗（肖像画）　●竹崎季長（肖像画）　●元軍襲来の経路（地図）　●元軍の武器（てつはう）の写真　●元軍の弓矢　●元軍の軽装備　●元軍の兜と武士の鎧・冑　●防塁の写真・断面図（イラスト）　●蒙古襲来絵詞（竹崎季長先駆け・防塁）　●石築地での攻防（村上水軍博物館蔵）

適用的読解の段階	○元に勝利したのに，なぜ，幕府は滅びたのだろう。 ・日本は，どうして勝つことができたの？ ・元寇によって，日本は，何か得たものがあるの？ ・御家人は，十分な恩賞はもらえたの？ ・どうして，徳政令を出したの？ ・徳政令が出されて武士は喜んだの？ ・徳政令が出て，みんなが喜んだの？ ・お金を貸した人は，怒	○元寇の後，鎌倉幕府は衰退をしていく。日本国内では，滅ぼした相手の領土を奪って新しい土地として，分け与える対応ができるが，元は外国なので，新しい土地を御家人に分け与えることはできないことで，土地を仲立ちとして成り立っていたシステムが崩れる原因となる。 ◎危機対応のマネジメントにおけるナレッジ・マネジメントに着目する。元寇という最大の危機には対応するが，社会システムに欠陥があったことが次のリスクになる。一時的なその場しのぎの危機対応は必ず破綻する。 ・御家人は，九州に赴くための交通費や鎧・馬・槍・刀などの武具代，食料費などを自腹あるいは借金をして出かけて行くために，困窮する結果になる。 ・幕府財政は悪化し，御家人に十分な恩賞を与えることができない。 ・元寇の後，御家人を救うための徳政令が出される。 ・商人は，徳政令を出されるのを警戒し御家人との取引・融資を極端に渋るようになり，御家人階層の没落傾向に

鎌倉時代から何を学ぶか（2）	ったんじゃないの？	・なり，幕府への不満が高まる。
		・元寇の後，御家人は，困窮し，その結果，幕府に対する不信感を高める。
		・北条時宗は，1284年に，34歳の若さで亡くなっている。
		・歌詠みや諸社による折伏・祈祷は日本の神の力を強める（神力・神風）とされる天人相関思想が生まれる。
	●海上の戦いの場面（イラスト）	・元寇で戦死した人を弔うために円覚寺が建てられる。
	●蒙古襲来絵詞（竹崎季長・先駆け）	・貨幣経済の浸透，百姓階層の分化で，村落社会が形成される。
	●蒙古襲来絵詞（鎌倉・安達泰盛邸）	○圧倒的な不利な戦力で，大国元を退けることができたのは，暴風が吹いた＝神が吹かせてくれた風＝神風という考え（信仰）が日本に出現する。
	●永仁の徳政令（部分要約）	○鎌倉時代は，小さな池・水路などの開発や肥料の改良，牛耕や二毛作などが広まり，産業が発達する。
	●蒙古襲来絵詞	○鎌倉時代は，土壌に肥料を施す施肥が一般的になり，地力の維持や生産力が飛躍的に増加する。
	○武士が，台頭してきた鎌倉時代とは，どんな時代だったのだろう。	・本格的に牛馬耕（人力よりも深耕が可能で土中の根粒細菌が空気中の窒素を取り込む）が開始されている。
	・鎌倉時代の文化には，どんな特色があるの？	・田には，肥料として草木灰（草や木を燃焼させた後の灰＝カリウムと石灰分を含む肥料）がまかれたり，入会地（村落民共有の山野地）から刈った枝や草を地中に埋め（刈敷），人肥（人糞尿）をまいて，収穫量が増加する。
	・この時代にできたものには，現代にもつながるルーツがあるの？	・畿内や西日本で，施肥により，二毛作（麦）が広がる。
	○鎌倉時代からから学べることは，どんなこと？	・一日三食の風習が始まり，室町期に確立する。
		・座や問丸，車借や馬借などができ，物資輸送体制ができ，遠隔地取引が始まっている（商圏の拡大）。
		・交通の要地や寺社の門前では，月3回の定期市（三斎市）が開かれ，中国貨幣の宋銭が導入され，京都や鎌倉では，常設の小売店（見世棚）ができている。
	●東大寺南大門（写真）	○元寇や鎌倉大地震などの危機に対して，金剛力士像や千手観音像に代表される彫刻や仏像などは，不安定な社会を表しているシンボルである。
	●金剛力士像（写真）	
	●円覚寺舎利殿（写真）	
	●蒙古襲来絵詞	◎不安に対して宗教に依存するが，集団的な共通価値観の保持によって安心感を得ている（集団同調性バイアス）。
	●法然・親鸞・一遍・日蓮・栄西・道元（肖像画）	◎社会システムの崩壊が次の時代を生むきっかけになる。

用的な武家造と呼ばれる武士の館に住み防衛の拠点としている。武家社会では，勇気を重んじ，恥を知り，主人に忠誠を尽くす独特の道徳（兵の道，武家のならい）が形成されている。武士は，生死をともにする武士団をつくり，危機に備える体制は万全であったと言える。

144　第Ⅲ章　社会系教科における授業デザインの理論と実践

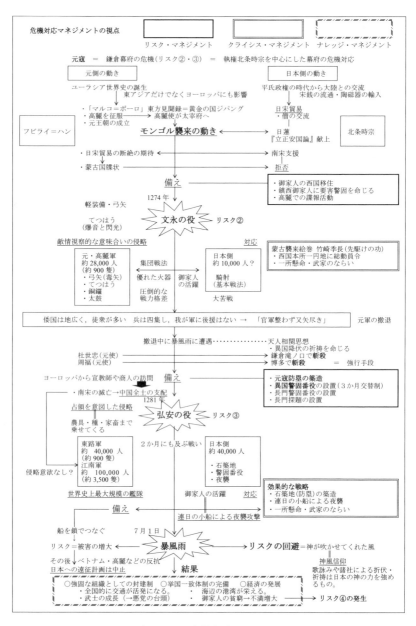

図 3-1-2　元寇における危機対応マネジメントのプロセス

しかし，三代将軍実朝の殺害によって，源氏が三代で途絶える時が，鎌倉幕府最初の危機（リスク①）承久の乱である。この承久の乱の後，幕府は，危機を乗り越えただけでなく，名実ともに朝廷を制圧する。危機を見事勢力拡大につなげる。次の危機は，元寇である。戦況は，日本側に圧倒的不利な状況で，日本史上最大の危機に遭遇する（リスク②）。元軍の集団戦法や弓矢の射程距離の長さ，猛毒が塗られた矢尻の使用，てつはうに悩まされるが，元軍は撤退（リスク②の回避）する。幕府は，次の来襲（リスク③）の備えとして，元寇防塁（元の襲来に備えるための石築地）の築造と九州の御家人に対して異国警固番役の強化（3か月交替制）をする。特に元寇防塁は，8年後の再来襲（リスク③）の際に，水際で防ぎ，元軍の船が，自由に動けず，上陸中も元の大軍の展開は自由にできない状況に陥れ，効果を上げる。その後，暴風雨が吹いて元軍は壊滅状態となる（リスク③の回避）。元寇（リスク②・③）を回避できたのは，元寇防塁の築造という的確な危機対応や暴風雨による運があるが，元軍に，武士が勇敢に戦った（一所懸命）凄さは見逃せない。しかし，御家人の献身的な働きに対して，幕府は十分な恩賞を与えることができない。御家人の貧困化という危機（リスク④）に対して，幕府は，御家人の借金を帳消しにする徳政令で対応する。一時的なその場しのぎの危機対応は，必ず行き詰まる。危機管理の鉄則は，「危機を乗り越えるには，危機が始まる前から準備をしなければならない」ことである。幕府が想定外の外敵からの危機には対応できたが，その後起こる新たな危機（リスク④）の対応ができる社会システムでなかったことが，鎌倉幕府滅亡につながる。元寇の結果，貨幣経済の浸透と百姓階層の分化が進み，村落社会の形成とともに，土地を仲立ちとして将軍と御家人の関係で結ばれていた中世封建社会である鎌倉時代の終焉を迎えることになる（図3-1-2参照）。

4 社会科授業デザイン開発の意義

鎌倉時代は，「サムライ」や「武士道」など，今に続く日本人の精神的支柱が出来上がる時代である。彼らが世の中を支配しようとした時代は，殺伐とし

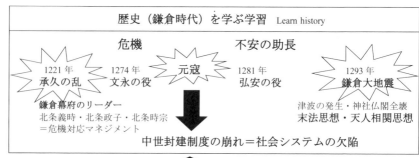

図 3-1-3　プラス from の歴史学習

た時代で，家の名を存続するため，兄弟が敵味方に分かれ殺し合う。常に緊張感が求められ，人々の精神状態も不安定な時代であったと予想される。

　さらに，鎌倉時代には，55回を数える地震があり，マグニチュード7以上の巨大地震に3回も襲われている[4]。これらの鎌倉大地震では，津波で由比ヶ浜八幡宮の拝殿が壊れたり，鎌倉の神社仏閣全壊，家屋転倒，建長寺炎上，寿福寺本殿転倒，大慈寺埋没などの記録がある。大地震が続き，さらに大きな不安が世の中に拡がったと推測される。それに加えて，二度の元寇である。見知らぬ外敵に対応が迫られる時代である。こうした状況から人々の不安定な心を救うべく，多くの宗教家が「末法」という言葉を使い，様々な活動をする。この時代がいかに不安定であったのか。裏を返せば，現代と同じような悩みを有する人々が，多く生まれ，現代人と同じように「いかに生きるべきなのか。なぜこのような運命を受けるのか」というような悩みを抱え，悩みが生まれる社会に変化したのではないか。鎌倉時代以前は，親の仕事を継ぎ，他の地域の人とはあまり接触せずに生きているが，鎌倉時代になると，日本各地に都市ができ始め，定期市や交易などで他の地域の人々と出会う。他の地域の人と出会

うと他の地域の人は，言葉も通じない場合もあり，同じ人間には思えず，混乱
してしまう。これらの混乱は，現代社会でも同様である。また，現代社会は，
有毒物質に囲まれて生活をしている。鎌倉時代の津波でも同じような被害が出
たことが予想されるが，建物の崩壊一つとっても現代との大きな違いがある。
それは，鎌倉時代には，再利用・再資源化が可能な原材料でつくられているが，
現代では，燃やすと有害物質が発生し，処分するにも詳細な分別処理が必要で
ある。今ライフスタイルや産業構造，社会構造の根本的な見直しまで踏み込ん
で考える必要性を教えてくれている。危機対応マネジメントの視点での実践は，
防災・減災教育的な実践が主流である。本稿では，それを歴史学習に広げて，
ナレッジ・マネジメントの視点を組み込んだ**プラス from の歴史学習**を提案
している（図3-1-3参照）。鎌倉時代は，あまりにも現代社会とシンクロしている。
歴史の一時代を時系列的に学んで完結するのではなく，現代の諸課題につなげ
て考える社会科授業デザインにしなければならない。

（關　浩和）

註

（1）マネジメントとは，様々な資源・資産・リスクを管理して効果を最大化する手
法のことである。主に次の文献に詳しい。筧正治『人と組織のマネジメント』創
成社，2008年。

（2）構成主義に関しては，次の文献を参照されたい。ヴィゴツキー，L. S. 柴田義松
訳『思考と言語』明治図書，1962年。K. J. ガーゲン著・東村知子訳『あなたへの
社会構成主義』ナカニシヤ出版，2004年。K. J. ガーゲン著,永田素彦・深尾誠訳『社
会構成主義の理論と実践―関係主義が現実をつくる―』ナカニシヤ出版，2007年。

（3）ジョナセン（David. H. Jonassen）は，知識習得の三段階モデルを提示してい
る。次の文献に詳しい。David. H. Jonassen. Theoretical Foundations of Learning
Environments, Lawrence Erlbaum.

（4）鎌倉時代にはマグニチュード7以上の巨大地震が3回起きたと推測されている。
次の文献に詳しい。国立天文台編『理科年表2019』丸善出版，2018年。

（5）現代の諸課題のフレームワークを考える際には，持続可能な開発のための教育
（ESD）や持続可能な開発目標（SDGs）で示されたコンテンツが参考になる。

148 第Ⅲ章 社会系教科における授業デザインの理論と実践

第2節 社会科教科書のデジタル化と授業デザイン

1 社会科の課題と教科書のデジタル化

　情報化，グローバル化が進展し，第4次産業革命，AIの発達と社会の変化が予測不可能な時代が訪れようとしている。未来に向けて政府は，我が国が目指すべき姿を，「AIが人をつなげ様々な問題を解決していく社会」として描いたsociety5.0（超スマート社会）を提唱している。このような社会の変化を踏まえるなら，文部科学省が学校Ver3.0に示すように分析的，批判的な思考や探究，問題解決，見方や考え方の深化が一層求められていることは明らかである。このことを考えれば，社会事象や歴史事象を探究する教科として，社会科の果たすこれからの役割は大きいといえよう。

　しかし，ベネッセの調査（2015）によれば，社会科は子供の好きな教科では最下位だし[1]，総合学習と共に教師が最も指導を苦手としている教科の一つでもある[2]。しかも，これらは探究的学習に最適な教科なのに，社会科や総合学習を研究テーマとして選択する学校は非常に少なく，さらに，これまで社会科の教育実践を支えてきたベテラン教師の多くが退職し，若手に切り替わっている全国の状況を踏まえれば，学校現場では，社会科をどのように指導していけばよいのか悩む教員が増え，これまで蓄積してきた実践や指導方法の継承が困難となり大きな空洞化が起こっているといっても過言ではない。

　この状況に対し考えられる方策は，研修を充実させ教師の指導力の向上を図ることだが，新たな教科書の開発と活用の改善を図ることでも，この問題に対応できるのではないか。つまり，主たる教材で学習指導の標準である教科書をデジタル化することで，またデジタル化しないまでも，教科書分析から得られ

た設計理論を授業デザインに組み込めば，資料を分析したり関連付けたり問題解決のために思考したりして，社会科の指導がより質の高い探究的な学習指導へと改善が可能になるのではないか，というのが本稿のテーマである。

2　社会科教科書のデジタル化に関する課題

　教科書のデジタル化に関して積極的な議論が始まったのは，2011年の学びのイノベーション事業からだが，その背景にはタブレット型端末の登場が挙げられる。適度な重さと画面の大きさで直感的で簡単に操作できネットに繋がるデバイスの登場は，教科書やノートとは違う新たな教授メディアとして教育の可能性を広げることが期待された。主たる教材である教科書にもデジタル化への議論が高まり，教科書会社も，紙媒体の教科書の紙面をそのまま電子化し，動画や音声資料と拡大提示やマスキング等の機能を付加した教師の提示用教科書教材を開発した。現在の各社のデジタル教科書も基本的には同じ考え方で設計されている。

　しかし，そもそも紙媒体とは異なる長所があるからこそ，教科書をデジタル化する意義が見出せるのだが，紙媒体の構成そのままに動画や音声を配置し，写真などの資料を拡大提示するだけで，電子媒体の特長を活かした新しい教科書であるといってよいのだろうか。電子媒体は，テキストや資料をリンクできるし，インターネットでの情報獲得やネットワーク機能による共有も可能である。事象の分析や関連付けた思考，見方・考え方の育成がこれから求められているが，このような将来必要とされる資質・能力の育成について，電子媒体の特性は活かせないのだろうか。とすると電子媒体の特性を活かした教科書のデジタル化には，まず，前提となる紙媒体の教科書はどのような構成で，どんな課題があるのか，事象の関連付けや説明，思考の根拠となる資料と本文の関係に着目し，明らかにしなければならない。

3 紙媒体の教科書の限界と抽出された本文と資料の関係

　では，どのように紙媒体の教科書を分析すればよいのだろうか。教科書は本文と写真，絵，図，統計グラフ，表等の形態の資料で構成されているから，本文の記述内容を知識の質の段階毎に分類し，写真や図等の資料との関連の分析が必要となる。具体的には次のような方法で，4社の社会科教科書第5学年の産業学習の全単元276ページを対象として分析を行った。

　まず，本文の記述内容を内容知と方法知に分け，内容知は①興味・関心，②事実，③事実関連，④行為（努力や工夫），⑤価値，⑥判断の6つに，方法知は⑦学習問題と⑧学習指示の2つの合計8つの分類基準を定めた。次に，教科書の見開きページに構成される本文と関連する資料のまとまりを構成ユニットとして，社会科教科書を構成する最小単位として位置付ける。そして，本文の意味内容に対して関連する複数の形態の資料が2～3点以上ある構成ユニットを

図3-2-1　教科書の分析事例「人にやさしい自動車づくり」（東京書籍）

優位，関連する資料が1〜2点で資料を追加しなくてもよい構成ユニットを均衡，関連する資料が1点で資料を追加する必要がある構成ユニットを不足として，全ての本文と資料の関係を特定していく[3]。

図3-2-1は実際の分析シートである[4]。この見開きページは，これからの自動車づくりで環境以外に大切なことはないかという問いを示し，そのための工夫を述べ，社会や消費者のニーズを考えたこれからの自動車づくりを判断させるという構成となっている。具体的な構成ユニットは，例えば事②の本文「グラフを見ると自動車に関係する事故がたくさん起きています。」という事実に，写真「信号機にぶつかってしまった自動車」とグラフ「自動車が主な原因となった事故の数のうつりかわり」の資料が関連している。この本文と写真，グラフのまとまりが構成ユニットである。この構成ユニットを社会科教科書を構成する最小単位とし，本文と資料の関係が優位か均衡かを特定していく。

例えば，事②の構成ユニットは，本文の意味内容の理解にグラフと写真の2つの資料があり均衡の状態にあると判断できる。また，努④「シートベルトやエアバッグなど，事故がおきても大きなけがにつながらないようなくふうがあります。」の本文には「エアバッグ」の写真が関連づくが，この構成ユニットの場合，シートベルトの効果に関する資料が必要なので，不足の状態にあると判断できる。教科書の最後に記述される判断の本文である判⑩「こうたさんたちは，これからの自動車づくりをはじめとする工業生産では，社会や消費者のニーズを考えた開発が大切であることがわかりました。」の内容は，判⑩に示すエアバッグ，衝突実験，衝撃をやわらげる部品の使用，ナイトビュー，足の不自由な人でも運転できる自動車の5点の写真資料と社会や消費者のニーズの文字資料の合計6点の資料が関連している。この構成ユニットの場合，本文の理解のため，それまでの学習で活用した写真資料や文字資料を考察し，これからの工業製品の開発の方向について判断する構成となっており，本文に対して多くの資料が関連していることから，優位な状態と判断できる。

以上のように，小学校社会科教科書の4社の産業学習の見開き276ページ1393の本文について，本文の質と関連する資料の構成ユニットを抽出，分析

152　第Ⅲ章　社会系教科における授業デザインの理論と実践

表3-2-1　構成ユニットの類型と事例数

本文の質＼構成ユニット	内容知							方法知		合計
	興味・関心	事実	事実関連	行為	価値	判断	計	学習問題	学習指示	
本文	57	562	208	201	43	26	1097	117	179	1393
（本文のみ）	24	213	89	116	27	12	481	52	57	590
構成ユニット数	33	349	119	85	16	14	616	65	122	803
資料優位	9	27	24	6	4	4	74	16	31	121
資料均衡	18	130	16	16	6	2	188	30	70	288
資料不足	6	192	79	63	6	8	354	18	22	394

したところ，次の結果が得られた（表3-2-1）[5]。

　第5学年の社会科教科書の産業学習における本文は，内容知の記述が1393の本文中1097文あり全体の約80％を占める。その1097文から資料が本文に対し優位若しくは均衡にある状態の構成ユニット262事例を抽出できたが，逆にいえば資料不足の構成ユニットが354事例と関連資料のない481の本文を加え，内容知に関わる835事例76％が資料不足の状態にあることを意味する。さらに，構成ユニット内の本文と資料の位置関係を分析すれば，例えば，努⑤「足の不自由な人でも運転できるくふうをした自動車があると聞きました。」に関連する資料は次頁右端に配置されているように，本文と資料相互の距離が遠く関連が理解されにくくなっている。

　以上の結果から，紙媒体の教科書の構成上の限界として次の2点が指摘できよう。第1は，紙媒体で提供される社会科教科書は，紙幅という媒体の限界により，多くの本文において関連資料の不足の状態が生じている。第2は，紙媒体の教科書は10～16程度の本文と関連する資料6～10点程度が見開きページに巧みにレイアウトされているが，これはあくまで紙面という物理的制約の前提に基づいており，必ずしも学習者の理解を前提にしてはいない。

　さらにいえば，本文は内容知と方法知が3：1程度にバランスよく且つ事実

や事実関連から行為，価値，判断へと段階的で発展的に記述されているが，記述量は制限され順に記述しなければならないという制約がある。そして以上の課題は，現行のデジタル教科書が紙媒体の構成をそのまま電子化して提示しているので，同様の問題を抱え紙媒体の枠組みを超えることができないまま教科書のデジタル化が進んでいる。

4 現行のデジタル教科書構成と課題

現行の社会科デジタル教科書はどのようになっているのだろうか。図3-2-2と図3-2-3は，現在市販されている教師用のデジタル教科書である。図3-2-2のデジタル教科書は，紙面のデザインをそのままデジタル化し，周辺に拡大縮小や書き込みの機能を配置し，自動車生産の動画を順に見られるようになっている[6]。また図3-2-3の教科書は，教科書の本文や写真を拡大提示したり，グラフの変化に動きをつけ可視化したりできる[7]。しかし，拡大縮小の操作がサイドメニューに配置され直感的，直接的に操作できず，スマホの操作に慣れている現在では非常に使いにくい。また，本文を拡

図3-2-2 動画を配置したデジタル教科書

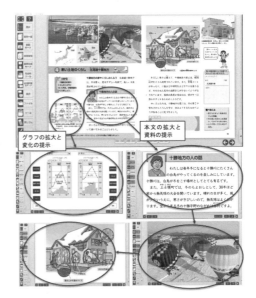

図3-2-3 本文や資料を拡大提示できるデジタル教科書

154 第Ⅲ章 社会系教科における授業デザインの理論と実践

大提示し，画像や動画を提示する構成になっているが，関連が不十分である。例えば，十勝地方の人の話をひとまとまりのブロックとして提示し，その下部に白鳥飛来の動画やバルーンの写真が小さく配置されている。写真をクリックすると拡大提示されるが，本文と関連する十勝地方の気温のグラフは同時に提示されない。また，ブロック毎の本文を読み画像や動画を確認するという順に構成されており，資料も教科書に掲載しているものに限定され追加資料はない。つまり，現行の教師用デジタル教科書は，電子媒体の特性を活かす試みが多く為されているものの，本文に記述される知識の段階毎に資料や本文を関連付けたり比較したりして思考するなどの学習活動が保障された構成ではない。このことは，紙媒体の教科書レイアウトを前提にデジタル化していることが原因である。紙媒体の教科書構成を本文の質と資料の関係性（構成ユニット）から捉えていないから，内容理解をベースに教科書を構成できないのである。

5 説明型と考察型の構成ユニットを活用した授業デザインの方法

　以上のような現行のデジタル教科書が有する問題について，内容の理解を基本にする教科書構成の手がかりが，先の教科書の分析での資料優位の構成ユニット 121 事例から抽出できる。特に，学習問題と学習指示の 47 事例を除く内容知の資料優位の関係にある 74 事例の構成ユニットは，内容の理解を前提にして複数の資料が関連付けられているので，その状態を本文の意味内容との関連で分析すると，説明型と考察型の 2 つの類型が抽出できた。それらは説明型では事実との関係が，考察型では事実関連や

表 3-2-2　資料優位にある構成ユニットの説明型と考察型の関係

本文の質 構成 ユニット	興味・関心	事実	事実関連	行為	価値	判断	合計
構成ユニット	33	349	119	85	16	14	616
資料優位の場合	9	27	24	6	4	4	74
説明型	2	16	8	0	0	0	26
考察型	7	11	16	6	4	4	48

行為，価値と関連がより多いことが明らかになった（表3-2-2）。

　説明型とは，本文の内容の具体的説明として資料を参照し理解を図る構成ユニットの構造である。例えば図3-2-1では，努⑤の構成ユニットの本文「足の不自由な人でも運転できるくふうをした自動車があると聞きました。」と努⑤の写真「足の不自由な人でも運転できる自動車」が関連付き，本文の自動車の説明を写真で確認する順序で，事実の理解を図る構造となっている。さらに運転の様子などの動画を加えれば，より理解が深まることになる。

　考察型とは，資料を考察し本文の内容の理解を図る構成ユニットの構造である。例えば，図3-2-1の事②の構成ユニットの本文「グラフを見ると，自動車に関係する事故がたくさん起きています。」と事②の写真「信号機にぶつかってしまった自動車」と事②のグラフ「自動車が主な原因となった事故の数」が関連付いており，まず写真とグラフを考察し，本文の意味を考えさせ理解する学習の順序となっている。以上の説明型と考察型の資料との関係は次のようにまとめられる（図3-2-4）。この説明型と考察型の構造に基づき，教科書の内容理解が深まる授業をデザインするには，教科書の本文と関連する資料から構成ユニットを特定し，説明型か考察型かを考え不足する写真等の資料を補い，説明したり考察したりする学習活動を展開すればよい。具体的に図3-2-1で示した教科書の見開きページでの授業であれば，次のようなデザインが考えられる。

　最初に「人にやさしい自動車づくりには，どんな工夫が必要か」の問いを示す。そして，事②は事実の考察型の構成ユニットだから，自動車事故の多さを写真や統計から考察させる。続いて知③も考察型の構成ユニットだから，便利だけれども事故を減らす必要があることを，便利さを表す写真資料と事②で示した統計や写真と比較し，事故を減らす必要があることを導けばよい。

　努④から努⑨までは，

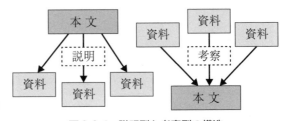

図 3-2-4　説明型と考察型の構造

人にやさしい様々な自動車作りの工夫について述べている説明型の構成ユニットだから，努⑦では衝突実験やナイトビューの写真に加えて，不足している衝突実験や雪道で滑らない技術の動画を加えて説明すればよいし，さらに開発が進む自動運転技術も写真資料とともに追加して示せばよい。こういった説明型が主体となる学習の場合，教師の説明が多くならないよう適宜グループ学習を組み込むとよいだろう。

最後に，判⑩でこれからの自動車生産や工業生産はどうあるべきか判断させるために，これまで活用した人にやさしい自動車づくりの写真を示し，総合的に捉えて書かせるなどして本文の意味の理解を図り，本時の学習をまとめればよい。

6　社会科デジタル教科書の開発と課題

本稿で示した授業デザインは，教科書の本文と資料の関連の分析方法を活用したオーソドックスな授業だけれども，指導力のある教師でも毎回優れた実践ができるわけでもないし，社会科指導が不得手な教師も多い。教科書の活用が子供の調べ学習という主体的学習に委ねられることで，分析や関連，比較，照合といった本来社会科で育成しなければならない資質や能力が十分に育成できないのであれば，説明型や考察型の資料提示により理解と思考が可能な機能を組み込んだデジタル教科書を開発すれば，紙媒体の教科書では不足している資料を補い音声や動画も活用し，より質

図 3-2-5　考察型のデジタル教科書のプロトタイプ
（①〜⑦は写真・図表・本文の提示順）

の高い学習指導が特定の単元だけでなく，全単元にわたって可能になるのではないか。図3-2-5は，開発中のデジタル教科書のプロトタイプの一画面である[8]。この教科書は，教師や学習者が教科書に順に示されるアイコンをタップして提示される焼津港の写真や動画，統計資料を関連付けながら，かつおの水あげが盛んであることを考える考察型の構成ユニットである。このような機能を一部でもデジタル教科書に搭載できれば，教科書を使う誰もが資料を考察し比較・照合したり本文と関連付け思考したりする学習が可能になる。つまり，社会科における教科書のデジタル化についての考え方としては，資料の拡大提示や書き込み，保存などの機能に加えて，①紙媒体ではできない動画等あらゆる形態の資料を掲載すること，②リンクを埋め込み関連付けや比較，照合など資料の動的な提示機能を実装すること，③説明型と考察型の提示順を埋め込むことの3点の構造を付加することで，紙媒体の教科書以上の深い思考と理解が可能になる。そのことで，電子媒体の特性を活かし，社会科特有の深い学びを教科書で保障し，社会科指導を苦手とする教師も含め誰もが質の高い学習指導へ改善することができる。ところが，平成30年12月に教科書のデジタル化に関する法整備がなされ，文部科学省は学習者用デジタル教科書を紙媒体と同じと定義し，その機能を拡大，保存，書き込み等に限定してしまった[9]。その結果，従来の教師用デジタル教科書に搭載されていた動画は扱えず，資料追加もできなくなっている。この程度の機能ならわざわざコストをかけてデジタル教科書を開発しなくても，紙の教科書をスキャンし取り込めば十分可能である。現在の学習者用デジタル教科書は，従来の教師用デジタル教科書よりも性能を退化させた枠組みだから，紙の教科書活用の範囲は超えられず電子媒体の特性を活かすことなく，社会科に必要な資質や能力育成がこれまでと同様に個々の教師に委ねられる。今後，このような問題を意図して提言と改善を促しながら，教科書や教材開発と実践を蓄積させていくことがこれからの重要な課題である。

(岡崎　均)

註

（1）ベネッセ教育総合研究所，第5回学習基本調査報告書，2015年 p.15
　　本報告によれば社会科が好きな児童は全10教科の中で55.6％と最下位となってい
　　る。　http://berd.benesse.jp/up_images/research/1_chp1.pdf

（2）ベネッセ教育総合研究所，第4回学習指導基本調査，2007年 pp.122-125　http://
　　berd.benesse.jp/berd/center/open/report/shidou_kihon/hon/hon_9_1_1.html

（3）岡崎均，社会科デジタル教科書設計論，日本教科教育学会誌，第41巻第4号，
　　2019年3月，pp.2-4

（4）北俊夫，佐藤学，吉田伸之ほか38名，新しい社会5年下，東京書籍2011年，
　　pp.18-19

（5）上掲（3）　p.4

（6）教育出版，小学校デジタル教科書　サンプル版　社会，2016年　p.116

（7）東京書籍，新編新しい社会　デジタル教科書　5年上　わたしたちの国土，
　　2019年 pp.52-53

（8）上掲（3）　p.10

（9）文部科学省，学習者用デジタル教科書の効果的な活用の在り方に関するガイド
　　ライン，2018年12月　http://www.mext.go.jp/b_menu/shingi/chousa/shotou/139/
　　houkoku/__icsFiles/afieldfile/2018/12/27/1412207_001.pdf

第3節　構築主義的社会科の授業デザイン

　本稿では，社会科授業が構築主義的授業へ転換することの必要性について主張した上で，構築主義的社会科の授業デザインと授業例について提案する。

1　社会科授業の現代的課題

　知識基盤社会といった様々な知識を活用し，新たな知識を自力で生み出すことを求める現代社会では，知識習得のみが目的化されず，知識活用による新たな知識・概念を形成できる資質・能力を求めている[1]。これまでの静的知識の習得を主眼とした授業から知識活用，概念構築を求める授業への変化は，これまでの社会科授業の在り方の本質的変容が求められる。

　しかし，現実の社会科授業では，教科書内容記述を単になぞるだけの知識習得のみを主眼とした授業が，いまだに散見する。このような授業では，学習者は，教科書に示されている社会の事柄を覚え，記述された知識を集積することが目的化され，学習者にとって社会科授業で学ぶことの現実的意義を見出せない状況に陥ることも少なくない。そして，最終的には，学習者が意図的に授業参加を拒否し，授業が学習者の学習等の態度面の悪化を助長する場合もあるのである。

　本稿では，知識・概念活用の授業構成論理として，構築主義に着目し，知識が社会的に構築される過程と構築された知識が活用される過程を学ぶ授業デザインと授業例について提案する。そして，それらのことに基づき，学習者が社会科を学ぶ意義を実感することの大切さについて論じていきたい。

160 第Ⅲ章 社会系教科における授業デザインの理論と実践

2 構築主義的社会科授業の意義と課題

　構築主義[2]（社会構成主義）とは，現実に存在していると考えられる対象や現象は，客観的もしくは物理的に存在しているのではなく，人々の認識によって社会的に構築されていると考える立場である。また，その認識は，人々の言語活動により社会的に構築されるとする。つまり，われわれの認識は，客観的な実存ではなく，言語によって構築されたものであり，当然，言語によって認識は再構築することも可能にする。上野が「社会の構築は言語を通じてのみ行われ，そして言語こそがつねに・すでに社会的な存在だからである」と指摘[3]したように，構築主義では，社会構築の言語の役割について重視している。

　構築主義に関する代表的な研究として，社会問題の構築主義的研究がある[4]。社会問題には実体があるのではなく，それを問題とするクレームが表出することによって，社会問題は構築される。例えば，現在，社会問題化している尖閣諸島，竹島等の領土問題や従軍慰安婦，徴用工といった戦後処理の問題も，問題が実存しているわけではなく，それを問題視する人や団体がクレームを申し立て，そのクレームによって人々が「問題だ」と認識することで社会問題として構築されるのである。つまり，社会問題は実存している問題ではなく，問題として成立させる人々の言語行為によって成立する問題である。そして，そのクレームといった行為を導く，歴史的・経済的・社会的背景等の要因が必然的に存在するのである。

　このような立場に基づく授業では，学習者が客観的と見なされる知識を習得することが目的化されない。社会問題等は，客観的に実存する問題ではなく，言語を媒介として社会的に構築されたことを前提とする。即ち，言語によって，どのように社会が構築されたのか，そして，今後，どのように構築されるべきかといった，言語による構築過程をいかに位置づけるのかが，授業構成上の課題となる。

これまで，構築主義に基づく社会科授業研究として，社会問題に関する論考が複数示されてきている[5]。そして，いずれの研究も社会問題が社会的に構築されたものであることを前提に，問題そのものを捉え直させたり，対応策について検討させたりする授業開発内容となっている。

しかし，構築主義の立場から社会問題が実存しない，社会的に構築された問題と捉えたとしても，社会問題を分析する枠組みは，何らかの実在すると規定された背景知識に依存しているのである。構築主義の立場では，知識は人々の相互作用で構築され続けていくものであり，分析するには知識が言語によって構築される過程を追うことを必要とする。そのため，構築主義研究の分析方法は，言語による社会問題の構築過程に焦点づけた，問題を成立させる語りの会話分析や参与観察，フィールドワーク等の言説分析が主流とされている[6]。しかし，社会的実践である授業の枠組みの中では，規定された知識に依存せざるを得ないことに，授業開発の限界性があることが指摘できるであろう。

本稿においては，構築主義の授業応用への限界性を踏まえた上で，言語による知識の社会的構築と再構築といった授業構成における言語の役割に焦点づけ，構築主義的社会科の授業デザインを示していきたい。最初に，社会科教育における言語について検討しておこう。

3 社会科授業における言語の役割と授業構成

(1) 社会科授業における言語の役割

社会科授業と言語の関係について明確な指針を示したのは，池野の社会科授業の記号論的定義である[7]。池野は「社会科授業は，子どもが［子どもとは直接関係をもたない］社会事象間の関係をことば（言語）によって認識することをある一定の時間内で促進すること，である。」と定義し，社会事象，言語，子どもの認識といった三者の記号論的関係を示し，教師意図に応じた三様の授業レベルを明らかにしている。

162 第Ⅲ章 社会系教科における授業デザインの理論と実践

　第一は，意味論的レベルの授業であり，総括的な社会事象と関連づけて他の
ことばを構造的に結合させるといった知識の構造化を目指す授業であるとする。
第二は，構文論的レベルの授業であり，総括的な社会事象についてその因果関
係を他のことばと関係づけて説明することを目指す授業であるとする。第三は，
語用論的レベルの授業であり，総括的な社会事象に対応することばと人との関
係を子どもたちに反省させ，子どもたち自身が持っていた価値観や観念を反省
させることを目指す授業であるとする。これらの授業では，言語活用は，教師
意図に応じてレベルが異なることを示し，特に語用論的レベルの授業が，社会
認識の成長の点から社会科授業のねらいとなるべきことを主張している。確か
に，第一，第二レベルの授業は，存在する社会事象の構造と因果関係を言語を
介して認識し，説明することを主眼としているのに対し，第三のレベルの授業
は，学習者が言語として把握している社会事象を人と言語の関係性や価値観か
ら問い直し，反省的に捉えることが中心となる。社会科授業が認識の成長を課
題とするとき，静的な社会事象に関する言語を外側から与えるのではなく，学
習者自身が認識している言語を自らの価値観や他者との関係性から問い直し，
他者との相互作用の中で既有知識である言語を検討することで，認識の成長を
図ることである。このことは，学習者自身が把握している言語に基づき学習を
構成したり，反省的に新たな言語を構築したりする授業の可能性を示している。
　また，松岡は，社会科授業と言語の関係性について，言語を言説と捉えるこ
との必要性を次のように指摘している[8]。

　「社会科授業における言語の特有性は，言語そのものの捉え方にあると考え
る。一つ一つの言葉を文字通り理解させることを求めるのではなく，社会的背
景が付加された言葉として捉えさせることである。言い換えれば，「言語表現
の総体」として，言語を言説（ディスクール）として捉えることである。」

　つまり，言語は，様々な要因により社会的に構築されたものであり，多様な
社会的意味が付加された言語である。社会事象を表す言語は，様々な社会的背
景と結びついた言語であり，表面的に言葉を理解させるのではなく，その背景
を多面的に追究し解釈させ，自らが持っている価値観を問い直す授業を構成す

ることが求められる。

　実際，現代社会において示されている社会事象（言語）は，日々変動する不確定な言語である。また，社会科学の研究成果としての言語は，その時点の到達点に過ぎず，学習者は多様な視点から言語を自分なりに解釈することが必要である。

　社会事象を表す言語を言説として捉え，社会的に構築された言語を検討する授業では，言語理解ではなく言語解釈が中心とならなければならない。

　学習者は，言語を通して，その言説を解釈することになる。つまり，言語に付加されている社会的意味（文脈，状況）とその背景を追究するのである（図3-3-1）[9]。そして，言説の意味を多面的に理解した上で，その価値を多様な立場から解釈することになる。

　多様な観点から社会事象（言語）を解釈する学習では自律した価値判断，自律した価値解釈を可能にする学習構成が求められるのである。

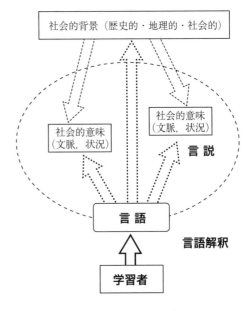

図 3-3-1　言語解釈の仕組み

(2) 社会科授業における構築主義的授業構成

　構築主義的授業構成として，言語によって知識が社会的に構築される過程と再構築される過程について検討しよう。

　知識が社会的に構築される過程とは，社会問題等の言語が社会的に構築されていることを他者との協同の言語活動により学ぶことを通して，学習者が言語についての知識・概念を構造的に理解することである。構築主義的授業では，前提として，社会問題等の言語は，社会的に構築された立場をとる。言語を言

説として捉え，言語の背景を解釈させることを通して，より深い概念理解につなげることを必要とする。昨今，「個々の事実に関する知識を習得するだけでなく，新たに獲得した知識が既存の知識と関連付けられたり組合されたりしていく過程で，様々な場面で活用される体系的な概念等として身に付いていくことが重要」[10] と指摘されるように，既有知識に基づくより深い概念構築の必要性は，現代の教育の重要事項となっている。

　そのためには，学習者のこれまでの学習経験，メディア経験によるレディネスとしての既有知識を言語により表出させ，学習の中で獲得された個別的知識と関連づけ，概念としての知識に深化させる場を構成することが求められる。また，概念としての知識は，学習対象となる学習問題等の背景的要因を構造的に示すことが望ましい。社会問題等が構築されるのは，それを形成する様々な要因に問題が生じているからである。問題構造をその形成要因から批判的に分析し，多面的・多角的に理解を図ることが深い概念理解につながるのである。

　また，知識が社会的に再構築される過程とは，深い概念理解に基づき，認識している知識・概念を活用し，他者との言語活動により問題構造の改善を図る対案を形成することである。構築主義的授業では，言語によって構築された社会問題等は，言語によって再構築できる立場をとる。

　そのためには，問題の形成要因を批判的に分析させ，要因を特定した上で，どのような点を改善すれば，より良くなるのか，単に批判に終わらない対案を構想させることが責任ある民主社会の担い手育成の点から欠かせない学習活動であると言える。また，授業が社会的実践であることを前提にすれば，グループ活動等で他者との相互作用による対案を検討し合うことで，より妥当性の高い改善案が形成されることが期待できる。

4　社会科授業における構築主義的授業デザイン

　これまでの検討に基づき，構築主義的社会科の授業を構成する視点は，次の通りになる。

第3節　構築主義的社会科の授業デザイン

①学習者自身が把握している言語に基づき，省察させる場を設け，反省的な学習を構成すること。
②言語に付加された社会的意味と背景を追究し，言説の意味を多面的に理解した上で，その価値を多様な立場から解釈させること。
③既有知識と学習の中で獲得された個別的知識と関連づけ，概念としての知識に深化させること。
④問題構造をその形成要因から批判的に分析させ，多面的・多角的に理解を図ること。
⑤問題を形成する要因の改善を図る案を学習者なりに検討させ，グループごとに検討した対案を形成すること。

以上の視点に基づき，構築主義的社会科の学習展開を，問題設定場面，構造分析場面，解釈構築場面，解釈吟味場面に分け，次のように構成した。

目標

> 社会的に構築された言語の背景を追究し，社会問題等の問題構造を多面的・多角的に認識した上で，問題構造の改善を図る対案を構築する。

学習展開

学習展開	学習活動
問題設定場面	・学習対象に関して，学習者の把握している既有知識（言語）を表出させ，言語の意味とその背景について交流する。 ・既有知識と社会問題等（言語）との差異から，学習問題を設定する。
構造分析場面	・学習問題に関する予想や仮説の検証のために，社会問題等（言語）を言説として，その背景を多様な資料から調べ，言語と人との関係性から追究する。 ・学級，グループ内で，追究したことを交流し，関連づけることで，社会問題等（言語）の問題構造を多面的・多角的に認識する。
解釈構築場面	・認識している問題構造の形成要因について価値判断させ，要因を改善する手立てを言語で表現させる。 ・要因の改善を図る案（対案）をグループごとに構想する。

解釈吟味場面	・グループごとに構想した対案を交流し，その妥当性と価値について議論する。 ・学習問題について振り返り，社会問題等（言語）について再解釈し，学習者なりの解釈を形成する。

5　構築主義的社会科の授業開発事例

　構築主義的社会科の授業デザインに基づき，第4学年単元「ゴミ分別と環境問題」に関する授業を次の通り構想した。

（1）構築主義的社会科の目標

　○ゴミ分別を推進する常識的な知識とTV番組が伝えるゴミ分別反対の知識の背景について批判的に追究し，ゴミ分別賛成の背景には，行政と市民，環境産業による循環型社会を目指す取り組みがあること，TV番組の背景にはゴミ分別をする市民の意向を受けた番組制作等が関係していることについて構造的に理解する。

　○ゴミ分別に対する二つの立場の是非について解釈した上で，自らの価値観から判断し，ゴミ問題に対する改善策（対案）を構築する。

　○各々の改善策（対案）について議論を行った上で，ゴミ問題に関して各自が再解釈を行い，自分なりの意見を形成する。

（2）単元の展開

＊全12時間（ ）の数字は時間数

次	場　面	学　習　内　容	認　識　内　容	教材・教具
1 (2)	問題設定場面	1．ゴミ問題について知っていることを学級内で交流し，ゴミ分別の問題状況とその背景について話し合う。 2．ゴミ分別は必要といった意見に対して，ゴミ分別反対のTV番	○交流による既有知識の確認 ○常識的知識と対立する知識からなる認知的不協	・ゴミ分別の問題性を示すTV番組

		組を視聴し，対立点から，学習問題を設定する。 ┌─────────────────┐ │ ゴミ分別は無駄なことは，本 │ 当ですか。予想しましょう。 └─────────────────┘ 3. 学習問題に関する予想を交流する。	和による学習問題の認識	
2 (4)	構造分析場面	1. 市町村のゴミ分別と循環型社会のリサイクル等の仕組み（リサイクル率・リサイクル商品・ゴミの廃棄量など）を追究する。 2. 市民のゴミ分別に対する意識を知り，TV 番組について評価する。 3. ゴミ分別の問題構造を，市民，行政，社会の 3 点から，まとめる。	○ゴミ分別とリサイクルの仕組みの多面的認識 ○市民の意識とゴミ分別の価値対立の認識 ○ゴミ分別の問題構造の認識	・市町村のリサイクル率，ペットボトル回収量，再生商品の種類等の資料 ・市民の意識のビデオ
3 (3)	解釈構築場面	1. 市町村の循環型社会への取り組みと市民の意識，社会的コンセンサスについて評価させ，問題を改善するために必要な手立てを考える。 2. 手立てに応じてグループを形成し，対策を構想する。	○問題構造について価値判断された要因の認識 ○協同的学習の表現による認識内容の強化	・ゴミ分別に関する写真データ
4 (3)	解釈吟味場面	1. グループごとに制作した対案を発表する。 2. 各々の対案について評価し，議論する。（市民の立場，行政の立場等の多角的な評価観点の提示） 3. 対案に対する行政の方の意見を紹介する。 4. ゴミ分別問題について自分の判断について振り返る。	○対案発表による多様な対策の認識 ○ゴミ問題の構造の多面性の再認識 ○自らの認識内容の修正と認識の再構成	・プロジェクターとパーソナルコンピュータ ・行政の方のインタビュービデオ ・振り返りシート

6 構築主義的社会科の意義

　本稿では，知識・概念活用の授業構成論理として構築主義について検討し，知識が社会的に構築される過程と構築された知識が活用される過程を位置づけ

た授業デザインと授業例を提案した。

　本研究の意義は，社会的に構築された社会問題等の言語を言説と捉え，学習者の既有知識に基づき言語解釈する構築主義的授業デザインを構想し，知識・概念といった認識内容を活用する授業の在り方を示したことにある。

　実際，学習者は日々の生活の中で，社会科授業で扱う事項に関して表面的・断片的に知り，わかったつもりになっていることが多い。教科書内容などの常識的な内容をなぞるだけの授業では，学習者に社会科を学ぶ意義を実感させることは難しいと言えるであろう。学習者の既有の知識を表出させ，そのことに基づき，学んだ知識を繋ぎ，社会問題等の構造を把握させることは，社会科授業で学ぶことの意義をより実感させる。また，より良い社会構築に向けて，自分自身の価値観を問い直し，対案を構想することは，社会問題は絶対的な問題ではなく，相対的に改善できる問題であるといった学習者の意識を高める。そして，ひいては，民主社会の一員としての資質・能力を高めることに繋がると考える。

（松岡　靖）

　　註

（1）知識基盤社会は，平成17年度中央教育審議会答申「我が国の高等教育の将来像」で示された文言であり，後の学習指導要領改訂の基本的な考え方の一つとなっている。

（2）構成主義は大きく二つの立場，心理構成主義と社会構成主義に分かれる。双方とも知識が人々の頭の中で構成されるといった立場は変わらないが，心理構成主義では認知の構成は人間の内面に存在する考え方であり，社会構成主義は，認知は社会的に構成される考え方である。したがって，構築主義は，社会構成主義と同義とされる。

（3）上野千鶴子『構築主義とは何か』勁草書房，2001年，ⅱ-ⅲ.

（4）同上，p.16.

（5）社会問題を対象にした構築主義に基づく社会科授業として主に次の論文がある。

　　　・藤瀬泰司「構築主義に基づく社会科歴史学習の授業開発―単元『アイヌ問題を考える』―」社会系教科教育学会『社会系教科教育学研究』第19号，2007年，pp.55-64.

第3節　構築主義的社会科の授業デザイン　169

・田本嘉昭，佐長健司「構成主義アプローチによる社会科授業開発―小学校第
6学年単元「少子化問題から日本の未来を考えよう―」『佐賀大学文化教育学
部論文集』20（1），2015年，pp.47-61.

（6）前掲（3），p.79.

（7）池野範男「第一章　社会科授業と言語活用」『現代民主主義社会の市民を育成す
る歴史授業の開発研究』平成13年度～平成15年度科学研究費補助金　研究成果
報告書，2004年.

（8）「言語解釈に基づく社会科授業」『学校教育』（広島大学附属小学校学校研究会）
第1139号，2012年，pp.18-23.

（9）「言語解釈の仕組み」については，次の文献を参考にした。
ノーマン・フェアクラフ／日本メディア英語学会メディア英語談話分析研究分科
会訳『ディスコースを分析する／社会研究のためのテクスト分析』くろしお出版，
2012年.

（10）教育課程企画特別部会「論点整理」（2015年8月）により概念構築の必要性が
示されている。

170　第Ⅲ章　社会系教科における授業デザインの理論と実践

第４節　中学校の経済学習授業開発
—「男女賃金格差から見えてくるもの，格差をなくすために」—

1　教科書に掲載されている２つのグラフ

　少子高齢化社会に伴い人手不足が深刻化している。その中にあってかつてないほど注目されているのが，女性，高齢者，外国人の労働力である。特に男性壮年層よりも労働力率が低い女性への期待は大きい[1]。統計的に見ると，女性の既婚女性の雇用就業率（15歳以上の人口に占める雇用就業者として働いている人の割合）は，この30年増加している。1985年29.9％であったのが，2016年には45.5％にもなっている。この背景には，晩婚化や非婚化，就業行動の変化があるとされている[2]。教科書によく掲載される「日本の年齢別女性労働力率の推移」のグラフでも，日本の特徴であったM字型も台形型（まだへこみはあるにしても）に変化していることを授業で取り扱うこともあるだろう。一方，そのグラフの横に教科書では，「男女別の雇用形態割合と賃金格差」のグラフが載っていることもある。2018年での男女賃金格差は73.3％である[3]。この数字を世界的に見てみると，OECDの加盟国36か国の男女賃金格差（2015年）では，韓国，エストニアに次いで３位で，最も格差の大きな国としてランクインしている[4]。

2　問題意識として

　公民的分野の教科書７社を調べると，３社が「女性労働率の推移」と「男女の賃金格差」の２つのグラフを掲載している。そのうち１社は「基本的人権の尊重」の単元で，あとの２社は「経済」単元での取り扱いである[5]。高校入試問題にも登場することもあり，授業では日本に特徴的なM字型カーブの背景を

探究することは多い。しかし，「日本ではなぜ男女の賃金格差が大きいのか」についての探究をする授業は少ないのではないだろうか。それは，格差の要因・背景にせまれるだけの授業時間がないこと（時間制約面）や「男女賃金格差」の問題を，「人権」学習と捉えるか「経済」学習と捉えるかがはっきりしないこと（単元配列面）また，学習のねらいとしても，どのように「現代の雇用」問題と繋げていくかの見通しを立てにくい面（内容構成面）があると思われる。時間制約面では，経済分野の学習は，せいぜいとれて 25 ～ 28 時間であることから，「人権」単元とリンクすることや，終章で「よりよい社会を築くために解決すべき課題」として探究するのも一つの工夫である。配列面では，経済分野（特に労働学習）で学習する内容として捉えたい。また，男女賃金格差が生まれてくる背景には現代の雇用問題が見えてくる。それを乗り越える方向性・政策を検討していく授業提案をすることは，「男女賃金格差がなぜ生じるのか」に関心を持つ生徒は少なくはない現状を見ると，意味のあることだと考える。

3　先行実践研究の検討

　「男女の賃金格差」を授業実践としたものは少ない。先行研究として次の 3 つの実践を検討する。(1)「家庭科の学習を通じて学ぶ安心な暮らしの営み」[6]，(2)「女性差別撤廃委員会（CEDAW）勧告を高校生へ」[7]，(3)「男女の賃金格差はなぜ生じるか」[8] である。(1) は，高校家庭科でのカリキュラム開発をまとめたものである。家庭科での研究をあえて検討したのは，今後，さらに教科をこえてのカリキュラムマネジメントがもとめられているからである。提案されているカリキュラム案は，「生きる」「働く」「学ぶ」という 3 つの構成になっており，「ゲーム」「シミュレーション」「ロールプレイ」や自作の 4 コマ漫画などを活用し，実践的・体験的な活動の中で，生徒にとって切実感のある問題を学べるような案になっている。仕組みを知るだけでなく，実生活でどう生かせるかを考えさせていることが生徒の感想からもうかがわれる。ただ，家庭科という教科としての目標や内容面の固有性があることもあり，社

172 第Ⅲ章 社会系教科における授業デザインの理論と実践

会認識を深める学習（例えば，非正規社員が増える背景や年金保険の未加入問題の要因など）には展開されていない。しかし，社会科と家庭科とをリンクさせようとする教材へのアプローチは参考になる。

（2）は，高校現代社会での実践記録である。女性差別撤廃委員会（CEDAW）勧告を読み，なぜそうした勧告が出されたのかを，さまざまな資料（管理的職業従事者・専門的職業従事者の国際比較，女性の首長等の推移，ジェンダー・ギャップ指数など）から現状をつかみ，感想を紙上討論するものである。しかし，授業者も課題としていることであるが，女性差別の解決を阻む壁となっている要因・背景を探究できるものにはなっていない。

（3）は単元名「雇用問題と労働条件の向上」の中学校社会科実践（全5時間）である。男女賃金格差がなぜ生じるのかを探究させるのに3時間（①導入［新聞記事，ジェンダー・ギャップ指数］と男女の賃金分布の特徴の理解　②賃金格差の原因と改善策について資料を用いて考察　③回遊方式での説明）を使っている。ここで教師側が提示しているのが「賃金階級　性　年齢階級別労働者数割合」（厚生労働省：平成27年賃金構造基本統計調査の概況より）という資料である。この資料で「女性の賃金が男性よりも低い」ことを確認し，その理由をまず個人で次に4人班でコンセプトマップにあらわし探究していく。さらに対策までも考えさせている。教科書や資料集からの資料を探す形式をとっているとのことであるが，配偶者控除について言及している班もあった。ただ，こういった学習では個人の学力差が出やすいものになるきらいがあったり，既知の現状分析にとどまることもあったりする。教師側からも深めるための資料提示も必要とされるのではないか。

4　男女賃金格差が生じる要因とは

（1）「雇用形態から男女賃金格差を考える」

授業をつくる際，男女賃金格差が生じる要因を整理しておく必要がある。厚生労働省は，賃金格差の要因として，男女の平均勤続年数や管理職比率に差異

があることが主な要因となっているとする。さらに原因を分析していて○制度設計の面で，採用・配置等の面で男女差が生まれること，○賃金・雇用管理の運用の面で，男女間に経験や能力差が生まれ，管理職比率の男女差につながることをあげている[9]。しかし，山口は厚生労働省が使用している「男女賃金格差の要因」分析結果は，雇用者全体を対象としているので非正規雇用者も含まれてしまい，雇用形態を制御した上での差を見ないと正しくは説明できないとする。男女賃金格差は，正規や非正規，フルタイムやパートタイムといった雇用形態の違いにより生じる格差が36-37％，フルタイム正規雇用内の格差が51-52％あるとする[10]。まず賃金格差の要因を探究する際，2つの雇用形態を分けて見ていく必要がある。女性の非正規雇用者は全体のそれの68.4％を占めている[11]。雇用形態間賃金格差（正規雇用を100とすると）が女性間でみると72.0[12]あることから，一つの要因であることは明らかである。ここから一つの問い「なぜ，非正規雇用者が女性に多く，そのことはどのように賃金格差につながっているのか」が生まれる。授業ではまずこの問いから探究したい。

(2) 女性に非正規雇用が多いことと賃金格差の関係

　大沢は，非正規雇用という雇用形態は，「男性は仕事，女性は家庭」という性別役割分業，伝統的な「女性の家族依存モデル」が前提となって，女性の働き方の受け皿として整備されてきた。さらに，パート主婦は家庭責任を担うが，主な生計維持者ではないという前提のもと，パートであれば働き方に拘束が弱いことの理由によって，勤続年数に伴う賃金格差が広がるメカニズムが合理化され，温存されることになったとする[13]。また，所得税制や社会保障制度においても，既婚女性は夫の被扶養者であることが前提とされた制度設計がされており，それによってパート賃金がさらに低くなるメカニズムが制度に内包されている。

(3) フルタイム正規雇用内での男女賃金格差が生まれる理由

　いくつかの要因があるが，先の厚生労働省の分析，大沢[14]，山口[15]，石塚[16]の研究をもとに，次の4つを考える。

174 第Ⅲ章 社会系教科における授業デザインの理論と実践

①女性の管理職割合が低いことからおこる。背景には，女性に対してほぼ一律に，コース別雇用管理制度をとり，管理職昇進トラックから外すというような慣行がある。

②男女の職業分離からおきる。つまり，職業内男女賃金格差の少ない職では女性割合がきわめて少なく，女性割合の大きい職で格差が大きい[17]。

③採用，昇進，配置，育成方法などで男女労働者間に偏りがあることからおこる。女性は結婚や出産などで離職をしてしまうので，男性と同じように仕事を教えて経験を積んでもらっても長く勤めてもらえず，投資の元が取れないと企業が判断する。（労働経済学では「統計的差別」と言う）

④アンコンシャス・バイアス（無意識の偏見）からおきる。これは本人に差別する意識がないものの，長い社会生活で思考に刻まれた固定観念が差別につながる言動を無意識に誘発する現象を指している。例・子育て中の女性に時短勤務を認めるのは，子どものいない女性に対して不公平・男性は上昇志向が強く，女性は安定志向など，時事問題としては，医学部入試で女子受験生を不利に扱ったことも，そのバイアスと深く関わっている。

(4) 4つの理由以外にもいろんな要因が絡み合っている。

男女賃金格差がなぜおきるかは，上の4つだけではない。さまざまな要因が絡み合っているからこそ，解決ができていない課題である。賃金だけでなく雇用という面から見ると，日本的雇用制度（企業内人材育成制度・内部昇進制度・年功賃金制度）と性別役割分業の相互依存関係があることだ。企業は男性に企業の都合に応じた働き方（残業・休日出勤，出張，転勤）をもとめ，その見返りとして家族賃金と安定的雇用を与える。男性労働者にとって，企業の都合に応じた柔軟な働き方ができるのは，女性から男性への家事の提供があるからである。女性は家事の提供をするために男性のように企業の要求に応じて柔軟に働くことができない。退職やパート労働を余儀なくされる[18]。また，(3)①では女性の管理職割合が低い一因として，長時間労働ができるか否かも関係しているという研究結果もある。格差をなくしていくことを考えることは，「働き方」

改革にも通じる問題であるのだ。

5 単元「男女賃金格差が見えてくるもの，格差をなくすために」の開発

(1) 授業の概要とねらい

　医学部入試で女性を不利に扱った不正入試問題や世界経済ファーラムで公表された 2018 年ジェンダー・ギャップ指数ランキングで，149 か国中 110 位と低迷している現状で，男女平等への視点を育てる教材はある。この単元では，まず，身近な問題や時事問題から差別について知り，探究課題を見つけることから始める。次に，「なぜ男女の賃金格差が生じるのか」をジグソー法から認識を深める。また，その背景には，日本的雇用問題と性別役割分業があることをはじめ，さまざまな要因が絡んでいることを気づかせる。最後に格差をなくすためにどんな政策や方向性が必要かを考察していく。

(2) ジクソー法を取り入れる意味について

　現在の学校現場で取り入れられているジグソー法は「知識構成ジグソー法」と呼ばれるもので，大学発教育支援コンソーシアムにより 2011 年に提唱された手法である。「知識構成」「理解深化」に有効だとされている。本授業でも，ジグソー法を取り入れるが，1971 年，アメリカでエリオット・アロンソンにより考案されたジグソー法が目指していたものも念頭に入れている。アロンソンはこのグループ活動を考案する時に，生徒間の競争を和らげるとともに，自尊感情を高め学級内の対人関係を好意的にすることを目標にしていた。認知能力以外に他人の情動を理解する力，共感する力の育成を目指したのだった[19]。差別問題の解決には，差別される側への共感的理解が問われる。認知面では，ジグソー法は問題解決学習の一つでもある。問題解決学習ステップをこの学習ではとり入れている。

176　第Ⅲ章　社会系教科における授業デザインの理論と実践

（3）指導案

①単元名：女性と労働〜男女賃金格差から見えてくるもの，格差をなくすために

②単元構成：第1次　時事問題から考える男女平等

　　　　　　第2, 3次　男女賃金格差はなぜ生まれるのか

　　　　　　第4次　格差をなくすために

③指導案

	学習ステップ	主な発問・説明・指示／予想される反応	資料や指導上の留意点
第1次	問題と出会う	○リカちゃんシリーズのピエール（写真でも可）を持ち込む。 発問：2014年にピエールはあることを宣言した。それは何だろうか。 （1年間の育休取得を宣言） 発問：資料1から，気づいたことを発表しよう。その際，まず「イクメン」「女子力」でどんなことを言おうとしているかも考えられるようにしよう。 ・女子力のある人ってどんな人なんだろう ・家事・育児はまだまだ女性の仕事になっている ○資料2「サザエさん4コマ漫画」を使い，4コマ目のカツオのセリフを考えさせる。 発問：このマンガの意味しているものは何だろうか？今はどうなのだろうか。 ○資料3, 4を使って，世界の中の日本の現状を知る。感想・意見を発表しあう。	資料1 ・イクメンとは子育てする男性　子育てする女性は何と言う？ ・女子力の反対の言葉？は男子力？そんな言葉あるのだろうか。 ・保育園に落ちて仕事を辞めるのは，夫それとも妻？ ［年表］ 1986年男女雇用機会均等法施行 1992年育児休業法（今は育児介護休業法）で男性の育休も可能になる。 2010年「イクメン」は新語・流行大賞トップ10入り ［現実の格差］ 共働き世帯（6歳未満の子どもがいる）の家事・育児関連時間1日　夫84分　妻6時間10分 平成29年　内閣府 ※「サザエさん」連載は今から40年以上に終わっていることを考えれば当時の日本社会を批判的に描いている。では，現状はどうだろうかと問うようにする。 資料3「ジェンダー・ギャップ指数2018年」をもとに教師作成 資料4　新聞記事

第2次	事実の特定	○資料5を使い，男女所得格差の国際比較から世界・日本の現状を知る。発問：日本はどのくらいのところに位置しているのか予想してみよう	資料5男女所得格差の国際比較 日本は OECD 加盟国36か国中格差が大きい国として3番目にランクインしている。
	仮説を立てる	○資料6を使い，日本での金額的な差を知るとともに，なぜ，こんな差が生まれるのか仮説を立てる。	資料6「性，年齢階級別賃金の推移」のグラフ 教科書や資料集の資料も積極的に参照することを促す。
	問題に関連性のある知識を活性化させる。	○知っていること，思いついたことを概念図にまとめていく。（個人） ○グループで持ち寄り，不足する知識を見定めていく。 ○グループで話されたことを発表し共有する。 ・差別がある　・男女の分業がある ・女性は出産育児後非正規になるのが多い 発問：なぜ，女性は非正規雇用が多くなるのだろうか。	賃金格差が生まれる要因を関連づけられるようにする。
	問題の明確化	○賃金格差は，2つの形態でおきていることを説明する。	非正規雇用につく女性が多いこととフルタイム正規社員の中でも格差があることに触れ，問題を明確にする。
第3次	前回の確認と補足	○女性に非正規雇用が多い理由を補足説明する。今回はさらにフルタイム正規雇用についての格差要因を考えていく。	前回の概念図の中で，日本的雇用慣行と性別分業との相互関係にまとめているグループの図を使う。
	新しい知識に出会う	○4つのエキスパート班で，男女賃金格差の要因を探究する。〈4つの班での資料〉	

Aグループ：	Bグループ：	Cグループ：	Dグループ：
グラフ　管理職に占める女性の割合と労働力に占める女性の割合の国際比較　[資料7] [読み物資料8] 仕事の割り振りに男女差	グラフ：職業，性別相対賃金の対数 [資料9] [資料10] としてアメリカ女性の就業と教育の変化	グラフ：大学卒業女性の離職理由の日米比較　[資料11] [読み物資料12]	無意識の偏見とは何だろうか。[資料13] 履歴書の面では，男性的な名前だと雇われる確率が79%なのに女性的な名前だとそれが49%に下がる。（アメリカ）

第3次	知識の再構成	○ホーム班に戻って，エキスパート班で学んだことを共有し，「男女賃金格差がなぜ生まれるのか」その背景をつかむ。

第4次	実施可能な解決策の作成	○第3次で学んだことをもとに，個々で解決策を考える。次にグループで指摘や討論を通して，最適な解決策を決定する ○グループ発表を行う。 ・まずは女性が働きやすい環境づくり ・残業して当たり前という基準をなくすなど	教師として，この段階で学習者への必要に応じてメンタリングを行う。 学習者の話し合いで出てきたものから選択肢をつくり，それを討論材料とするケースも考えられる。
	解決策を選択する	○選択肢から考察する。 発問：男女の賃金格差をなくすため，どんな方向性や政策があるだろうか？次の中で取り急ぎやっていくものを3つ選び，理由も考えよう。	

(1) 医学部入試にもみられたように，無意識の差別に気付かない現状があるので，自分なりに持っている思い込みを見つめ直す研修を進めたり，受けたりする。（個人）

(2) 共稼ぎ世帯での，男性の家事労働は年々増えてはきているが，まだまだ少ない。もっと男性が家事をしていくことが女性の社会進出をうながす。男性の意識変革をすすめていく。（個人）

(3) 学校現場の隠れたカリキュラム（男性優位）を見直す。例，スポーツテスト男子1500 m　女子1000 m。（教育）

(4) 女性が適しているとされてきた職業がはたしてどうなのかを振り返り，進路指導の在り方を変えていく。（教育）

(5) 多様性のある人材育成のためにも，企業の思い込みや差別的な雇用慣行を見直すようにする。（企業）

(6) 性別にかかわりなく，社員が能力を発揮できるようにする。（企業）

(7) 残業ができることが管理職になる要件になることや，残業することでメンバーとして認められるような日本の仕事のやり方，働き方を見直していく。（企業）

(8) 企業の管理職に女性の占める割合を高く決め，達成できない場合は改善計画を出させるようにする。（政府）

(9) 非課税限度額（2018年から103万円⇒150万円）と130万円の社会保障の壁を見直す。（政府）

(10) 目標達成できていない企業に行政指導をしていく。その際，女性だけに限らず，正社員の一人あたりの総労働時間や年休の取得率なども見える化するようにしていく。（政府）

(11) 2018年5月には「政治分野における男女共同参画推進法」が全会一致で成立して，基本原則として政党は候補者の男女均等をめざすことになったが，このようなポジティブ・アクションを日本も多くとり入れる。例：韓国のように「女性公務員採用目標性」や公務員の管理職の女性比率を増加させる措置など。（政府）

第4節　中学校の経済学習授業開発　　179

資料2　「サザエさん 25」朝日文庫より：女子を仲間に入れないでカツオ達が遊んでいる。
　　　それを先生にたしなめられると、「大臣ごっこ」をしていると答える。
資料4　朝日新聞記事 2018 年 12 月 19 日付「男女格差改善遅れ」
資料5　「フルタイム就業者の月収中央値の男女差」OECD 編著　濱田久美子訳『図表でみる
　　　男女格差 OECD ジェンダー白書 2』明石書店　2018 年　p.177
資料6　厚生労働省平成 30 年賃金構造基本統計調査結果の概況「性別」より
資料7　「全年齢，2015 年またはデータのある最新年」OECD 編著，前掲書，p.167
資料8　　日本の大企業で導入されているコース別人事管理制度によって，男性は企業内部で
　　　昇格・昇進をくりかえすキャリアを築く総合職，女性は総合職をサポートする補助的な
　　　業務に就くことが多い。総合職として採用されても昇進の速度は女性が遅い。また仕事
　　　の割り当てに男女差がある。大沢真知子『21 世紀の女性と仕事』左右社，2018 年，p.80
　　　より参照・筆者作成
資料9　　山口一男『働き方の男女不平等理論と実証分析』日本経済新聞社，2017 年，p.100
　　　のグラフ，ただしグラフの見方を足場かけとして補足する必要がある。特に，タイプⅠ
　　　型とタイプⅡ型専門職のちがいをはっきりさせておく。
資料10　「アメリカでは 1940 年〜 70 年まで，小学校の教員，看護師，図書館の司書，秘書
　　　などの事務職従事者が全体の 6 割を占めていたが，70 年以降はその割合は急減し，医師，
　　　弁護士，大学教員，管理職といった職業につく女性の割合が半数以上になっている。大
　　　学でも，生物や化学を専攻する学生が，28.2％（1965 年）⇒ 59％（2010 年）へ商学部
　　　専攻女子学生も 8.5％⇒ 48.8％へと大きく上昇した。」大沢，前掲書，p.105 より参照・筆
　　　者作成
資料11　大沢，前掲書，pp.62-63 掲載のグラフ
資料12　「女性は結婚や出産などで離職をしてしまうので，男性と同じように仕事を教えて
　　　経験を積んでもらっても長く勤めてもらえず。お金をかけて育てても元が取れないと企
　　　業が判断している傾向がある。統計的にみて離職率に男女差があることから，女性を昇
　　　進から排除し，男女間賃金格差を生み出している。難しい言葉で『統計的差別』と言う。」
　　　大沢，前掲書，p.66 を参照・筆者作成
資料13　読み物資料「無意識の偏見とは何か」石塚由起夫『働く女性のほんとの格差』日経
　　　プレミアシリーズ，2018 年，pp.225-232 などを参照・筆者作成

6　まとめと今後の課題

　この授業案では，資料読解と多面的・多角的に問題を捉えることを学習の目
標にしている。中学生の場合，グラフを読み取ることに難しさを覚える生徒が
いる。そのこともあってエキスパート班での資料には，読み物資料も入れて
「足場かけ」をしている。この授業案で，高校生，大学生，教職員，女性部の
方々とも模擬授業をしたが，いろんな気付き（例えば，「この問題はまさに働き方

改革でもあるんですね」）があり，指導案にある政策例にも疑問を投げかけ，新たな提案をするグループもあった。課題としては，中学生は「所得」「労働」のイメージが持ちにくく実感がもう一つないことだ。「労働問題」は「権利」学習と取り扱われることが多いが，経済学習の視点としての学習も望まれる。内容面では，法学的な視点「契約」についても労働の学習で深めていくことが肝要だ。学習課題は，子ども達が疑問に思っていることで，解決していきたいというテーマを探究させたい。

人口減少社会の日本にあって，高齢者や外国人の労働問題も喫緊の課題である。また，働き方改革に向けて，議論されてきた長時間労働や正社員と非正社員間の待遇格差の問題もある。これらの問題にアプローチする授業案を今後開発していく。

（奥田　修一郎）

註・引用文献

（1）だが，日本的雇用慣行（正社員には，長時間労働，転勤，配置転換といった仕事優先で，メンバーシップ型の働き方がもとめられる）のある日本企業がもとめる働き方と女性が希望するそれとは，必ずしも一致しない。そのため，出産・育児や介護などで一度仕事を離れた女性には，雇用の門は狭くなっている。この背景を授業として探究していく。

（2）大沢真知子『21 世紀の女性と仕事』左右社，2018 年，p.19.

（3）厚生労働省　平成 30 年賃金構造基本統計調査　結果の概況「性別」

（4）OECD 編著　濱田久美子訳『図表でみる男女格差　OECD ジェンダー白書 2』明石書店，2018 年，pp.176-177.

（5）女性・ジェンダーに関したグラフとしては，他社では，1 社が「女性の労働力率」の国際比較グラフを「経済」単元で，また，ある 1 社「経済」単元で「女性の労働力率」を，「人権」単元で「就業者および管理的職業従事者における女性の割合」（国際比較）を扱っている。もう 1 社は，「人権」単元で「ジェンダー・ギャップ指数」（国際比較）のグラフを掲載している。

（6）中山節子・藤田昌子「家庭科の学習を通じて学ぶ安心な暮らしの営み—生活，労働，学びの保障と子どもの自立を支える家庭科教育—」日本家政学会誌 Vol.64，No.11，2013 年，pp.743-748.

（7）山田真理「女性差別撤廃委員会（CEDAW）勧告を高校生へ」歴史地理教育 No.766，2010 年，pp.36-43.

（8）升野伸子・國分麻里・金玹辰編『女性の視点でつくる社会科授業』学文社，2018 年，pp.25-35.

（9）厚生労働省「男女間の賃金格差解消のためのガイドライン」パンフレット　平成 26 年版

（10）山口一男『働き方の男女不平等　理論と実証分析』日本経済新聞社，2017 年，p.13.

（11）総務省統計局「労働力調査（詳細集計）平成 30 年平均（速報）」2019 年.

（12）厚生労働省「平成 29 年賃金構造基本統計調査の概況」2018 年. ただ，なぜ非正規雇用は賃金が低いかについては一定の説明は必要である。このメカニズムは，金英『主婦パートタイマーの処遇格差はなぜ再生産されるのか』ミネルヴァ書房 2017 年，や有田伸一『就業機会と報酬格差の社会学』東京大学出版会，2016 年. に詳しい。

（13）大沢真知子，前掲書，p.154.

（14）大沢真知子『女性はなぜ活躍できないのか』東洋経済新報社　2015 年.「働き方　人口減少社会における働き方を考える」『東大塾　これからの日本の人口と社会』東京大学出版会，2019 年，pp.124-151.

（15）山口，前掲書.

（16）石塚由起夫『働く女性　ほんとの格差』日経プレミアシリーズ，2018 年.

（17）ちなみに，女性比率の小さい職は，高所得なタイプ 1 型専門職（ヒューマンサービス系以外の専門職と医師，歯科医師，大学教授）であり，比率の大きい職は介護や教育等のヒューマンサービス系専門職（医師，歯科医師，大学教授を除く）や事務職をさす。

（18）川口章『ジェンダー経済格差』勁草書房，2008 年，pp.141-156.

（19）友野清文『ジグソー法を考える』丸善プラネット，2016 年，pp.15-20.

第5節 「社会参画学習論」に拠る歴史授業の革新
―「明治の国民国家形成」を事例として―

　「歴史学習とは歴史学の成果を教えるもの」――これが一般的な常識であろう。だが，これを全面的に肯定すべきではない。社会科が公民的資質を育成すべき教科だからである。社会科では，「歴史学の成果の教授」そして「公民的資質の醸成」，この二つの契機を融合させて単元を構成すべきである。この考えによる実践・プランを「社会科歴史」[1]とする。本論は，小・中の歴史学習はそれをめざすべきだという立場を採る。では如何にして具体化するか。ここでは，「社会参画学習論」[2]に拠る授業モデル及び授業プランによってそれを示す。単元は明治期の国民国家形成，教材は初等音楽教育政策である。

　「社会参画学習論」は，初期社会科「問題解決学習」のねらい（＝社会変革力／社会形成力など）の一部を引き継いだものである。そこでまず，初期社会科「問題解決学習」について論じ，次に両者の異同について論述しよう。そして最後に，授業モデルと授業プラン（略案）を示す。

1 「学知」と「実用・実践知」

　"社会科は，昭和20年代には問題解決学習，昭和30年代以降は系統学習という推移を辿った"――これがオーソドックスな教育史的言説である。

　だが，"昭和20年代の初期社会科実践は，本当に「問題解決」をめざして行われたのか"，"子どもたちは自分や社会が直面する「問題」を本当に「解決」できたのか"。四半世紀も前に提起された伊東亮三のこの問いかけを真摯に受け止めるなら，我々は初期社会科「問題解決学習」を見直さざるを得なくなる。伊東は，世に「問題解決学習」と言われているものも，その実践記録を読み直すと「問題解決学習」というより「児童・生徒の自発活動を基盤とした

調べ学習としての性格の方が強かった」(3) と述べた。そしていくつかの初期社会科「問題解決学習」の分析結果を示し，これを論証しようとした。その一つ，無着成恭『山びこ学校』所収の「母の死とその後」（江口江一の作文）については，次のように論述している(4)。

　　江口君の（自分の家の所有する農地面積では家族全員が力を合わせて一生懸命働いても貧乏から抜け出すことは不可能だという）このような作文を読みながら，私は，『山びこ学校』の実践を問題解決学習という枠組みに入れて評価するのは間違っているのではないかと考える。この生徒たちが見いだし，調べ，作文に綴ったような切実な現実の問題は，中学生などに容易に解決の方向が見出せるものではない。中学生でできる問題解決はせいぜい同級生が江口君の家の仕事を手伝うことくらいであろう。

　こうした伊東の言を受け容れるなら，初期社会科を「問題解決学習」とするのには無理がある。だが「問題解決学習」たり得ているか否かを，伊東とは違った視点からみることも可能である。たとえば“学習活動において子どもたちが習得することになる知識の質”という視点である。

　系統学習がめざしているのは，学問の成果（アカデミックな知識でありスキル）の習得である。それをここでは「学知」の習得と呼ぼう。これに対して，プラグマティズムに立つ「問題解決学習」によって子どもたちが習得することになるのは，「問題」を解決することに資する実用的かつ実践的な知識であり技能である。これを「実用・実践知」と呼ぶことにしよう(5)。

　初期社会科「問題解決学習」は，「封建的残滓」，「貧困」，「自然災害」など，当時の子どもたち及び日本が直面していた「問題」を解決し，豊かで安全な民主社会・国家を具現化するために，それに必要な「実用・実践知」を追求させたのである。その過程で，子どもたちは，たとえば「水害が一番ひどかったのはどの地域だったのか。なぜ其処の被害が大きかったのか」など地理学や歴史学に通じる知識を学んだ。また政治学，経済学につながる知識を学ぶこともあったろう。その場合，「実用・実践知」は「学知（の胚芽）」に重なる。だが「問題解決学習」における学習活動は，「学知」の習得をめざしたものではなか

った。実際には解決できなかったかもしれないが，"「問題解決」に必要な知識の習得をめざして"行われていたのである。つまり「問題解決学習」においては，「学知」に属している知識・技能も「実用・実践知」として学ばれたのである。こうした観点からすれば，子どもたちが実際に「問題」を解決できたかどうかは二次的なことでしかない[6]。

　「問題」を解決するためには「学知」ばかりではなく，「世間知」に由来する知識や技能も必要になる。たとえば，他人に頼み事をするときには"～～の頼み方をしないとなかなか首を縦に振ってもらえない"といった知識とそれに基づいた説得・依頼の技法などが「世間知」に属す。それは，何らかの社会的地位にある者がその社会的役割を果たすために必要なものである。また「問題」を解決するには「実務知」も必要であろう。つまり，「実用・実践知」は社会的役割を遂行するために必要な知識や技能であり，「学知（の胚芽）」，「世間知」，そして「実務知」からなる。したがってここでは，「実用・実践知」を文脈によっては「社会的役割遂行知」と呼ぶことにする。

　筆者が採る「社会参画学習論」は，初期社会科「問題解決学習」と同じく「実用・実践知」（「社会的役割遂行知」）の習得をめざす。だが，「学知」を排さない。子どもたちが生活経験の中から引き出してくる「実用・実践知」を拡大・深化させるものとして「学知」を単元構成のなかに組み込む。

　また「問題」を"今・ここで"解決させることをめざさない。"今・ここで"を超えたパースペクティブのなかで「問題解決力」の育成をめざすのである。

　だが，筆者がめざすところを「問題解決力」の育成とせず，「社会参画力」の育成とする。「問題解決学習」が残した「負の遺産」（「学知」を系統的に学ばせる面が弱く学力低下を招いた；「問題」を"今・ここで"解決させられないケースが多かった；「問題解決」の主体が「私」に限定されている）と訣別するためである[7]。「社会参画学習」がめざすところは，次のとおりである――"子どもや社会が直面している／近未来に直面するであろう"「問題」を解決するに資する「実用・実践知」を，先ず子どもたち自身から引き出し，さらにそれを「学知」などを梃子にして拡大・深化させる。

第5節　「社会参画学習論」に拠る歴史授業の革新　　185

「実用・実践知」は先に述べたように「社会的役割遂行知」である。したがって，自らの「社会的役割」を果たすために創造力を発揮した先人を歴史学習カリキュラムの中に位置づけ，社会参画力を育成することを核にして単元を構成する。授業プランを具体的に示す前に，「社会参画学習」をどのようにして歴史学習において可能にするのか。これについて敷衍しよう。

2　「社会参画学習論」に拠る歴史授業

歴史には先人の「問題解決活動」の跡が刻まれている。「社会参画学習論」による歴史授業では，それを「学知」且つ「実用・実践知」として学習する。すなわち，教材となる時代・社会のパラレルワールド（以下，ＰＷ）を設定し，先ず，そこに生きる人々が「直面している問題」を解決するためにどうしたらよいかを子どもたちに考えさせる（子どもたちからの「実用・実践知」の引き出し）。次に，日本史の場合なら，日本（リアル・ワールド：以下，ＲＷ）ではそれと似た「問題」に「誰」がどのように取り組んだのかを学ばせる（「学知」を「実用・実践知」として学ばせる）。それはＰＷのために自分たちが考えた解決策を見つめ直させ，その「実用・実践知」を拡大・深化させるためである。見つめ直しは，大きく言えば次の二つの視点から行う。一つは「ヒト，コト，モノ」といった兵站的思考視点であり，今一つは「実現可能性（資金・技術・魅力），妥当性（発展可能性・環境保全性），順守性（合法性・道義性）」といった予後判断的視点である。

兵站的思考視点とは，どのようなヒト・モノがどれだけ調達あるいは動員可能か，どのような事業（コト）が考えられるかといった観点からプランを案出するためのものである。予後判断的視点とは，兵站的思考視点を踏まえて子どもたちが考えだした「問題解決策」を「実現可能性」（資金や技術は大丈夫か），「妥当性」（環境破壊につながらないか：将来性があるか），「順守性」といった観点で検討するためのものである。ここに「順守性」を設定したのは兵站的思考視点から実施可能であり，また他の予後判断的視点から見て問題なしとされる場

図表 3-5-1 「実用・実践知」検討視点

			兵站的思考視点		
			ヒ ト	コ ト	モ ノ
予後判断的視点	実現可能性	資 金	② 検討	① 提案 → ③「問題解決のための提案」	④ 再構築
		技 術			
		魅 力			
	妥当性	発展可能性			
		環境保全性			
	順守性	適法性			
		道義性			

凡例：①～④について。先ず子どもたちの持つ「実用・実践知」から「提案」がなされ（①），それが班のなかで検討され（②），班ごとに提案されたものが学級全体で検討され，学級の総意が決定される（③）。それをＲＷの人物の「問題解決行動」を兵站的思考視点と予後判断的視点から検討し（点線矢印で表している），学級の提案を「④再構築」するという流れになる。

合でも，適法性や道義性という観点から見て適切かどうかを判断するためである。したがって「知」の学びと言っているが，単に「知識」の学習にとどまらず「思考力」，「判断力」の育成もめざしている。

　図表 3-5-1 は，上述したことを図式的に示したものである。授業においてこれを子どもたちに示す必要はない。しかし，授業者はこれを念頭において，子どもたちに提案を見直させなくてはならない。また評価の際にも活用する。

　では，「誰の問題」を教材化すべきか。「誰」は，近現代史では「公─共─商─私」[8] いずれかの圏域に属し，社会的役割を果たすため「問題解決」に取り組んだ人物や集団を，「問題」については「学知」のなかから子どもたちの時代認識をゆさぶり常識的な見方を変える可能性の高いものを取り上げる。

　以下，節を改めて実際に授業プランを示そう。

第5節 「社会参画学習論」に拠る歴史授業の革新　187

3　単元プラン「国づくりに音楽？なぜ？」[9]

(1)　単元の目標

○「学知」の習得：明治期に日本が，政治，経済，軍事そして文化の側面から
　"国づくり・国民づくり"にどのように取り組んだのかを理解する。

○社会参画力の育成：また，明治日本のパラレルワールドがあったとすれば，
　その"国づくり・国民づくり"という課題に「公」の圏域にある者はどのよ
　うに取り組むことができるか・取り組むべきかについて検討させる。それに
　より，問題を検討する視点を獲得させ今後の思考・判断の質を高める。

(2)　単元について

　これまで文化史は，政治史・経済史などと切り離されて教えられてきた。つ
まり，ほとんどの場合，単に芸術家とその作品の文化史的意義を学ぶだけであ
った。だが明治期の政治家・官僚からは，文化も西洋列強に負けない"国づく
り・国民づくり"という政治的契機を絡めた観点からみられていた。

　そこで本単元における「学知」の学びとして，"文化政策が国づくり・国民
づくりの一環として行われたのだ"という見方を子どもたちに習得させたい。
ここでは"「唱歌」の創設・普及"という明治政府の文化政策を取り上げる。

　近代日本の学校カリキュラムに「唱歌」という科目が置かれたのは明治5年
10月の学制頒布の時である。学制では，尋常小学に読本，修身など15科目を
置くとし，その15番目に「唱歌」が挙げられた。但し，「当分之を欠く」とさ
れた。教員の力量と教材，いずれから見ても実施は不可能だったからである[10]。
しかし明治12年，文部省は伊澤修二を中心とする音楽取調掛を設け，「唱歌」
を実施するための態勢を徐々に整えていく。伊澤はアメリカから音楽教師ルー
サー・ホワイティング・メーソンを招聘し，唱歌教授法を将来の教師たちに伝
習させた。また，東京師範学校附属小学校の児童等に唱歌を教える一方，教材

188　第Ⅲ章　社会系教科における授業デザインの理論と実践

の開発にも取り組んだ[11]。音楽取調掛は，明治14年に「小学唱歌集初編」を刊行し[12]，明治16年に第2集を，そして明治17年に第3集を刊行した。その中には「仰げば尊し」，「蝶々」，「庭の千草など」今も歌われているものがみられるが，多くが外国の歌の旋律を借用したものであった。そのため，後に「童謡運動」に携わった人々などから批判されることになる[13]。彼らが「唱歌」を批判したのは，輸入物だったからばかりではない。それが，「童心」を育むことよりも国民としての徳性を涵養することに重点をおいていたからである。すなわち，「唱歌」は子どものための芸術教育というよりも国のためのもの，「国民」としての「知と規範」を身に付けさせるためのものだったのである。たとえば「鉄道唱歌」（1900年）である。これは1番から66番までに各地の文物を織り込み，国土についての知識を習得させようとするものであった。節倹の徳を育成しようとしたものには「郵便貯金唱歌」がある[14]。その12番は次のとおりである——「家も衣類も食べ物も　身の分まもりて奢るなく　あまれる金は其土地の　郵便局にあづけおけ」。こうした事例から明らかなように，「明治政府にとって西洋音楽導入の意味は，決して『芸術』などにはなく，近代国家の構成員たる『国民』の身体や精神を作り上げてゆくツールとしての役割にあった」[15]のである。

　唱歌や明治政府の音楽政策について，現在の中学校社会科（歴史）教科書は全く触れていない。滝廉太郎の名前はどの教科書にも見られるが，伊澤修二の名前が見られる教科書はない。つまり教科書に従えば，作者名と作品名，その特徴を憶えるといった文化史学習しか行われないことになるのである。

　本単元では，小学校までの政治史的な知識と結びつけて，政治・経済の領域だけで国づくり・国民づくりが行われたのではなく，文化の領域においてもそれが行われたのだという見方を育成したい（「学知」の育成）。このとき，ＰＷの国づくり・国民づくりについて「公」の視点から考えさせることで，「社会的役割遂行知」を醸成したい（「社会参画力」の育成）。

第5節 「社会参画学習論」に拠る歴史授業の革新　189

(3) 単元の指導計画[(16)]　……全8時間

Ⅰ次　「ウソアニア」を救え！　……（1時間）

　幕末～明治期の日本が置かれたのと似た状況にある「ウソアニア」を救うに
は，「ウソアニア」をどう改造したらよいかを考え，さらに自分たちの改造案
を明治政府が行ったことをもとに改善する。

Ⅱ次　「改造プラン」を見直そう！　……（2時間）

　自分たちの考えた「ウソアニア」改造プランを「予後判断的視点」によって
見直し，最終改造案を創り上げる。

Ⅲ次　「憲法をどうするか」　……（1時間）

　大日本帝国憲法と外見的立憲主義と立憲主義の違いを理解させる。

Ⅳ次　ウソアニア，最後の仕上げ！　……（4時間）

　これについては，項を改め，以下に「授業モデル」のかたちで示す。

4　Ⅳ次の指導計画（授業モデル）

過程 （時数）	教授／学習の内容・活動 （「～～」＝発問，指示など；＜～～＞＝学び）	評　価	配慮事項 （資料）
PWにおける「問題」の把握（0・5）	・「問題」及び「問題」発生理由の提示 「ウェスタン諸国の人々にわが国の伝統音楽は奇妙奇天烈なものと思われている。彼らは，自分たちの芸術や暮らしぶりだけが文明的であると思っていて，それ以外のものはくだらないもの・おかしいものと思っている。そこでわが国はこれまで，いろんなことをウェスタン風に改めて来た。それで良いと言う者もいるし，それではいけないと言う者もいる。音楽については，あくまで伝統音楽を守るべきだという者もいれば，ウェスタン風にせよと言う者もいる。それで，政府はそれぞれの立場から，何ができるかを検討することにした。これから，クラスの中を2つの立場に分けるから，それぞれの立場で何ができるか考えてみよう。」		（読み物資料：ウソアニアにおける問題場面の物語プリント

「問題解決策」の提案（0・5）	・個別学習（思いついたことをノートに書く） ・グループ学習（個別学習で考えたことをグループ内で情報交換し，豊かにした上で整理する） 〈「実用・実践知」〉	・兵站的思考視点からの提案か。	・教師がヒントを出し，学習がスムーズに進むようにする。
歴史学習による「問題解決策」（合意可能な施策の追求）（3）	・生徒の提案・検討（学級全体で）　0.6時間 「伝統音楽固守派」と「ウェスタン音楽輸入派」の提案・その検討・学級全体での「問題解決策」の予後判断的視点からの見直し	・予後判断的視点からの見直しにより，提案を見直せたか。 ・生徒が合意形成の必要性を感じる程に討論が深まったか	（読み物資料：RWにおける問題解決活動についての歴史叙述→本時のためには，伊澤を中心にした音楽取調掛の活動）
	・「合意形成」の可能性探求①　0.3時間 ◆ 問題提示「政府は"伝統音楽固守"の線で行くべきか，それとも"ウェスタン音楽輸入"の線で行くべきか」 ◆「ウソアニア政府内では"伝統音楽固守派"も"ウェスタン音楽輸入派"も自分の路線がいいと言って譲らない。両方を納得させる案を考えよう。」 ・次時予告（次の時間は明治の日本政府がやったことから学びましょう）　0.1時間		
	・「合意形成」の可能性探求②　0.9時間 読み物資料「明治政府の音楽政策―伊沢修二の心と行動―」を読む。 ・次時予告（次の時間は明治の日本政府がやったことから学びましょう）　0.1時間		
	・行為／制度の選択　　　　　　　　1時間 　自分ならどのような行為をするかあるいは制度をつくるかをノートにまとめる。 〈「学知」＆「実用・実践知」〉	・討論を踏まえて考えをまとめたか	

（吉田　正生）

註及び引用文献

（1）「社会科歴史」として，たとえば次のものがある：峯明秀「意思決定力を育成する中学校社会科歴史授業」，全国社会科教育学会『社会科研究』第50号，1999年　pp.271-280。

（2）社会参画学習ないし社会参加学習については，唐木清志や西村公孝などの論もあるが，ここでは次の二つの論文の社会参画学習論に拠っている：

第5節 「社会参画学習論」に拠る歴史授業の革新 191

・吉田正生「小学校社会科『社会参画学習』の授業プラン―ボランティアグループ『なずなの会』を教材として―」，社会系教科教育学会『社会系教科教育学研究』第25号，2013年 pp.11-20。

・吉田正生「主権者教育としての社会科カリキュラムと授業構成―『社会参画学習論』を土台に据えて―」，社会系教科教育学会『社会系教科教育学研究』第29号，2017年 pp.1-10。

　　この立場を採るのは主として次の二つの理由による：学習者が地域社会などのために貢献活動を実際に行うことを求めていない；習得させるべき知識・技能を社会的役割の遂行に必要なものと明確に規定している。しかも"今・ここで"の子どもたちの社会的役割遂行に必要なものという短期的な見方ではなく，将来子どもたちが就くであろう社会的役割に必要なものとしており，長期的なパースペクティブに立っている。

（3）伊東亮三「戦後社会科再考―調べる社会科の復権―」，社会系教科教育学会『社会系教科教育学研究』第6号，1994年 p.3。

（4）同上論文，p.2；但し，括弧内は引用者による。

（5）「道具的知」というタームも考えられるが，「学知」に対応させるため「実用・実践知」とした。「学知」と「実用・実践知」は重なることもある。その場合，「実用・実践知」は「学知」の母であり胚芽である。たとえば古代エジプトの土木技術の「知」は幾何学の母（胚芽）である。

（6）また「問題解決学習」か否かを「子どもたちが主体的に動いているか否か」によって判断すべきではない。これは「児童中心主義」あるいは学習者主体という教育理念に拠っているか否かの判断基準だからである。「問題解決学習」＝「児童中心主義」という見方を筆者はとらない。

（7）伊東の指摘するようにそもそも無理だったのである。

（8）近現代史以前に「公－共－商－私」という枠組みを適用することが可能かつ有意義であるのかは今後の検討課題である。なお「公－共－商－私」の定義と具体例については，註2に掲げた拙論を参照されたい。

（9）紙数の関係上，「本時について」は省略し，代わりにⅣ次を授業モデルの形で示した。

（10）青柳善吾『改訂新版本邦音楽教育史』私家版，1979年 p.71。なお，下等中学に置かれた「奏楽」も「当分欠く」とされていた。

（11）明治15年1月，文部卿に提出された「音楽取調事務大要」には学校唱歌のために取り組むべきこととして「楽譜及び歌詞の撰定，図書の編輯，楽器の練習及び唱歌普及の方法（の検討）」（青柳，同上書 p.95；但し，括弧内は引用者）が列

192 第Ⅲ章　社会系教科における授業デザインの理論と実践

記されている。

(12) 青柳，同上書　p.71。青柳はおそらく表紙見返しの「明治十四年十一月刊行」
　　によってこのように書いた。だが，「実際の発行は明治一五年，つまり一八八二年
　　の四月にずれ込んだ」（井手口彰典『童謡の百年』筑摩書房，2018年　p.31）とい
　　う。

(13) 但し，明治末年から大正の初年にかけて逐次発行された文部省の『尋常小学唱
　　歌』にあるものは，全てわが国の音楽家によって作曲されたものである（上原一
　　馬『日本音楽教育文化史』音楽之友社，1988年　p.234）。

(14) 渡辺裕『歌う国民』中央公論新社（新書），2010年　pp.68-70。

(15) 渡辺，同上書　p.14。

(16) 日清・日露戦争の学習は別単元で行う。

読み物資料：「ウソアニアにおける問題場面の物語プリント」（一部）

　ウェスタン諸国から来た外交官たちが，初めてウソアニア帝王に会うために宮廷で待
っていました。その時，奇妙としか言いようのない音楽が鳴り，それに合わせてウソア
ニア帝王がしずしずと現れました。外交官たちはあまりにも奇妙な音楽を聴いたので笑
いをこらえていたのですが，眉を剃り変な帽子をかぶった帝王の様子があまりにもおか
しく，とうとうこらえきれずにみんなが笑い出してしまいました。お蔭で会見はめちゃ
めちゃになってしまいました。

　その後，帝王はじめ役人たちはみなウェスタン風の格好をするようになり，国民にも
ウェスタン風の服装や食べ物を勧めたりして「文明開化」を進めました。

　さて，ウェスタン諸国の人々が，観光でウソアニアに来るようになりました。観光客
たちは異口同音に「景色はいいけど，文化施設がないね。博物館もないし美術館もない。
そういうものを作っても展示できるものがないんだろうなぁ。まだまだ文明国じゃあな
いね」と言いました。

■　質問：ウソアニアは，ウェスタン諸国に負けない文明国になるためにどんな音楽
　　や絵画をつくり出したらよいのだろう。そのために政府は何をすべきか。

■　選択肢（「予想される反対意見」）

　A派. 徹底的にウェスタン諸国の真似をして音楽も絵画もウェスタン風のものにす
　　る。そのための学校を政府がつくり，そこに外国から教師を招く。美術館など
　　も政府がつくって，そこには当分，ウェスタン諸国から買った名画などを展示
　　する。⇔（それではウソアニアらしさがなくなってしまう）

　　…（以下省略）…

第6節　地域やその諸問題を客観的・主観的に分析する空間概念を用いた社会科地理的分野の授業デザイン

　持続可能な社会の創り手の育成に向けて，地理学習ではどのような授業ができるのか。ESD（持続可能な開発のための教育）が提唱された 2000 年代以降，地理教育はこの課題と向き合ってきた。近年では SDGs（持続可能な開発目標）に対する注目もあり [1]，SDGs に示された地球的諸課題に着目して授業がデザインされることが増えてきた。地球的諸課題といった持続可能な開発に関わる諸問題は，地域によって問題の現れ方や問題構造が異なるものであり，その背景には問題が発生する地域を構成する地理的要素の違いがあったり，その地域の人々の考えや行動が大きく影響したりするものである。しかしながら地理学習においては，地域や地理的問題（地理的事象）の成立の背景にある人間の行動や価値観が捨象されやすい面がある（児玉，1989）。このことから，持続可能な社会の創り手の育成に向けて，生徒が地理的問題やその問題が発生する地域そのものを地理的に考察するだけでなく，その地域や問題に関係する人々（の考え方）も合わせて考えることができる地理学習が必要である。

　本稿ではドイツの地理学習，とりわけ地誌学習で注目されている 4 つの異なる空間概念（Raumkonzept）[2] に着目し，その空間概念を活用した授業の概要と特徴を示しながら，上述の授業の方向性について考えていきたい。

1　地域や諸問題を客観的・主観的に見るためのメガネとしての空間概念

　地理学において空間概念と呼ばれるものは，さまざまに存在する。そのなかで近年のドイツ地理教育の文脈では，ドイツの地理学者 Wardenga（2002）が示した次の 4 つの異なる空間概念を指す。

194 第Ⅲ章 社会系教科における授業デザインの理論と実践

①コンテナとしての空間（Raum als Container）

②空間構造研究の空間（Raum der Raumstrukturforschung）

③認知地理学の空間（Raum der Wahrnehmungsgeographie）

④情報伝達と行動に関する要素としての空間／作られた空間

　（Raum als Element von Kommunikation und Handlung／Gemachter Raum）

　Wardenga（2002）によれば，各空間概念はドイツの地理学領域におけるさまざまな発展段階に由来するものであり，空間概念を用いることで今日的な社会的問題を見つけ出すことができる。またこれらの空間概念は，生徒にとっては学習活動ツール，教師にとっては授業計画の手助けとなるものとして用意されたものである（Hoffmann, 2011）。表3-6-1は，各空間概念がもつ学習上の特徴や視点を整理したものである。

表 3-6-1　Wardenga による 4 つの空間概念

空間概念	地理学史的区分／由来	学習の視点	学習対象
コンテナとしての空間	地誌学・景観論的空間（伝統的地理学）	学習する地域に含まれる地形や気候，工業や農業などの諸分野から網羅的（静態地誌）的に学習する視点	地表面に立ち現れる現実的な事象を対象
空間構造研究の空間	空間構造研究的空間（空間的アプローチ）	学習する地域における具体的な対象物の位置や距離，対象物間の関係性（システム）を学習する視点	
認知地理学の空間	認知・行動地理学（行動科学アプローチ）	学習する地域を誰が，どのように知覚するかによって，地域の認知の仕方や評価が異なることを学習する視点	認識論や構成主義的な観点から空間を対象化
情報伝達と行動に関する要素としての空間／作られた空間	社会地理学	学習する地域を人間や社会によってつくりだされたものととらえ，それが形成されるプロセスに着目し，地域がどのように形成されるかを学習する視点	

（山本，2017および阪上，2018，p.49より筆者作成）

2 ドイツの中等地理教科書における空間概念を用いた学習展開

(1) 単元「空間分析」の概要

　ここでは「空間概念」を用いた学習展開として，3巻1セットで構成される
ラインラント＝プファルツ州（Rheinland-Pfalz）とザールラント州（Saarland）
のギムナジウム用地理教科書 *TERRA Geographie*（以下 *TERRA* とする）を取
り上げる。「空間概念」を扱う学習単元「空間分析—4つの視点からみるニュ
ルブルクリンク（Raumanalyse: Vier Blicke auf den Nürburgring）」は，*TERRA*
の3巻目に設定されており，単元構成は表3-6-2に示すとおりである。

表3-6-2　単元「空間分析」の展開

	小単元名	主な問いと学習課題	主な資料
1	空間分析の実施	空間概念の概要が提示され，各空間概念を活用した空間分析のためのステップが提示される。また「ニュルブルクリンク地域を4つの地理的空間概念に沿って，問題志向的な空間分析を実施しなさい」という本単元の学習課題が提示される。	
2	空間概念「現実空間」	課題：以下に関連して空間の特徴を調査しなさい； ―緯度経度による位置 ―自然条件（気候，地形，土壌，地下資源，植生といったジオファクター） ―経済・就業構造：農業，鉱業，産業，サービス業 ―経済力（国内総生産，失業率） ―人口（分布，密度，年齢構成，発展，出生率と死亡率，移住と定住） ―居住構造と居住プロセス ―歴史的発展 ―現在の計画 この空間特有の特徴を明らかにし，つながりを見いだしなさい。	・ニュルブルクリンクのコースの地図 ・土地利用の種類に関する円グラフ ・統計資料（人口数，失業率，通勤者数） ・雨温図 ・1994-2008年の観光客数の棒グラフなど
3	空間概念「関係空間」	課題：空間を交通の利便性，上位に位置づく関係空間（国家，大陸等），中心性，従属等の点から分析しなさい。	・他地域との関係性（交通，人口等）を示したニュルブ

3		—行きやすさと交通の接続性 —上位の関係空間（連邦，国家，大陸，世界，他の同質の地域）における対象地域の位置 —活力のある地域と活力のない地域の位置 —中心性 —範囲（例，通勤・通学圏，観光客の訪れる範囲） —従属（例，原料輸送の依存，助成金による依存） その際に，さまざまなスケール（身近な，地域の，地球規模のスケール）を考慮に入れ，つながりを見いだしなさい。	ルクリンクを中心に示された地図 ・国内外のF1の開催地を示した表 ・ドイツ国内における主要なロックフェスティバルを示したリスト 　　　　など
4	空間概念 「認知された空間」	課題：さまざまな当事者や関係集団がどのように空間を認知しているかを調査しなさい。その際に，以下を区別しなさい： —世代／年代と性別 —家族関係（例えば，独身） —「よそ者」と地元民 —旅行者／観光客と訪問者 —支持者と反対者 —経済の代表者とさまざまな社会集団の代表者 —政治家と観光保護活動家 —ある問題における被害者／関係者 対立する点と共通する点を明確にしなさい。その際に，主観的な空間分析から君のもつ知識とのつながりを確立させなさい。	・ニュルブルクリンク会社社長の発言（ニュース記事） ・ロックフェスティバル参加者の発言（新聞記事／著者の聞き取りによる） ・欧州観光研究所の教授の発言（雑誌記事） ・ロックフェスティバル後に出たごみの写真 　　　　など
5	空間概念 「作られた空間」	課題：ウェブサイト，パンフレット，映画や映画の予告，フライヤー，ポスター等のような資料を分析・評価しなさい。 —誰，どのような機関あるいは社会集団が書類を作成したのか。 —これらの書類に示された空間や意味のある状況が文章やイラストでどのように表現され，伝達されているのか。 —どのように空間が「作られ」，構築され，そして演出されているのか。 先の3つの空間分析ステップから得た知識を用いて，メディアが伝えるものを批判的に検討しなさい。最後に，このような方法でもってメディアが，空間をどのような意図で伝えているのかを探求しなさい。	・ニュルブルクリンク会社のHPのスクリーンショット ・観光局のHPにおけるニュルブルクリンク地域の説明文 ・ホテルのHPにおけるニュルブルクリンク地域の説明文 　　　　など

（Wilhelmi, 2015, S.52-63; Hoffmann, 2011 より筆者作成）

第6節　地域やその諸問題を客観的・主観的に分析する空間概念を用いた社会科地理的分野の授業デザイン　197

　本単元は，学習方法を学ぶ単元として位置づけられ，合計5つの小単元から構成される[3]。ラインラント＝プファルツ州のニュルブルクリンクを含む周辺地域を空間分析の対象に，学習が展開する。

(2) 各空間概念を用いて空間を分析する過程

　小単元1では4つの空間概念の概要が示され，それらを用いて問題志向的な空間分析を実施するための6つのステップが示されている（表3-6-3）。ステップとして，問題志向的に空間を分析するための問いの設定（ステップ1），資料確認・収集，空間分析の実施（ステップ2~4），問いに対する回答の作成（ステップ5），そして学習活動の省察（ステップ6）が示されている。

　小単元1を踏まえて，小単元2から5にかけては各空間概念に焦点が当てられ，空間を分析するためのさまざまな質・種類の資料，そしてニュルブルクリンクやその周辺地域に関する本文（説明文）が提示されている。

表3-6-3　空間分析の6つのステップ

各ステップの概要	分析過程
【ステップ1：問いを設定する】 空間を調査するために，問いを一つもしくは複数設定しなさい。調査の問いが問題とつながるように，注意しなさい。以下のような問いはやりがいがある： ―ここは「困窮」しているのか，それとも「活力のある」場所なのか。 ―ロックフェスティバルがなければ，ここでは何が起こるのか。 ―ニュルブルクリンクはこの地域をさらに発展させるものか。この地域は持続可能なのか。	問いの設定
【ステップ2：資料を整理し，追加の資料を探す】 自由に使える資料を整理し，追加の資料を探しなさい。	資料確認，収集，空間分析の実施
【ステップ3：資料を分析する】 4つの空間概念に従って，資料を分析しなさい。	
【ステップ4：相互関係を明らかにする】 各空間視点の結果の間にあるつながりを示しなさい。	
【ステップ5：主となる問いに答え，結果を評価する】 主となる問いへの回答を作成しなさい。その際に，どの視点が空間の方向性を最も強く導くものであったのか，そして4つの窓（空間分析）を通じて新しく何が見えてきたのかを示しなさい。	問いへの回答の作成

198　第Ⅲ章　社会系教科における授業デザインの理論と実践

【ステップ6：資料とやり方を省察する】 最後に，活用した資料および空間分析のやり方を評価しなさい。	学習活動の 省察

（Wilhelmi, 2010, S.54 より筆者作成：分析過程は筆者の解釈）

　小単元2では，空間概念「コンテナとしての空間」を用いた静態地誌的なアプローチが主となる。教科書の資料では，ニュルブルクリンクを含む周辺地域の雨温図や失業率などの統計資料が用意されている。これらの読み取りを通じて，ニュルブルクリンクを含む周辺地域あるいはここで生じる問題が地形や人口，経済といった地理的要素からどのように構成されているかについて把握する。

　続く小単元3では，空間概念「空間構造研究の空間」を用いて地域間の相互（依存・従属）関係，スケールの違いといったつながりから地域や地域問題の特徴を学習する。資料として，他地域との位置関係および交通の接続性を示す地図，ニュルブルクリンクがF1のサーキットであり，またロックフェスティバルの開催地となることから，ドイツ国内で開催されるロックフェスティバル名のリストや世界レベルでのF1の開催地の表が示されている。異なる資料の読み取り，比較の結果，ニュルブルクリンクを含めた周辺地域が他地域とどのような要因からつながり，相互に影響・依存しているかを認識する。

　小単元4では「さまざまな当事者や関係集団がどのように空間を認知しているかを調査しなさい」という問いからわかるように，分析対象が地域や問題自体から地域や問題に関与する人々（の考え）へと変化する。資料としてニュルブルクリンク会社社長やロックフェスティバルの参加者の発言といった個人の考えが書かれた記事やロックフェスティバル後に出たごみの写真が提示される。資料の分析を通して，ニュルブルクリンクは，人々によって認知（知覚）されることで地域や問題の特徴が顕在化・明確化され（例えば，ニュルブルクリンクはF1のファンにとっては，世界の中でも伝説のサーキットのある場所），また認知する人々の立場が異なれば地域や問題の特徴や評価そのものの捉えが変わることを認識する。

　小単元5では，現実の地域ではなく，誰かによって描かれた（作られた）地

第6節　地域やその諸問題を客観的・主観的に分析する空間概念を用いた社会科地理的分野の授業デザイン　199

域や問題が分析対象となる。資料として，観光局の HP，近隣のホテルにおけるニュルブルクリンク地域の説明文やニュルブルクリンク会社の HP が示される。分析に際しては，これらの HP は誰によって作られたのか，作り手の意図が HP や文章の中で描かれた地域にどのように反映されているのかに着目する。その結果，ニュルブルクリンクは，特定の集団やメディアのもつ意図によって演出，作り出されていることを認識する。

　分析過程の最後には，小単元 2~5 における空間分析の結果（解釈）を踏まえて，各結果（解釈）の間にあるつながりや関連性を見つけ出し，地域像やその問題の全体像を認識する。

(3) 空間概念を用いた学習の特徴

　空間概念を用いた学習の特徴として，以下の3点が指摘できる。

　1つ目が，客観的なそして主観的な空間分析による結果（解釈）を通して，地域やその問題の全体像や構造を認識する点である。

　2点目が，地域の文脈（実情）を踏まえて，諸問題の背景・構造を認識する点である。分析過程では，地域やその問題の特徴を分析し，把握・認識することから始まり，地域や問題を知覚したり，作り出したりする人々（の考え）やメディア等を通じて表現された地域や問題を分析し，評価するという流れが展開する。これは，○○問題の原因は××であり，解決策は△△という一般論ではなく，その地域の文脈（実情）を踏まえて，問題構造を認識し，地域に必要となる解決策を考えるための基礎を保障するものであろう。

　3点目が，自己の学習活動（空間分析過程）の省察である。空間概念を用いた学習では，問いの設定，分析，問いへの回答に加えて，最後に学習活動の省察の過程が組み込まれている。これは地域や地理的問題を学ぶと同時に，地域やその問題を客観的にそして主観的に分析する手順（手法）もまた学ぶことが意図されているためであり，学習活動の省察を通じて，生徒に地理固有の学び方を習得させ，深めさせている。

3 授業実践へ向けて

4つの異なる空間概念を用いた授業実践に当たっては，分析する資料の種類や質が重要となる。とりわけ人間の価値観や行動，それが反映された地域や地理的問題を分析対象にした「認知された空間」および「作られた空間」で提示される資料は，地域や問題に関わる個人の発言や雑誌の記事，特定の意図のもとで作成されたHPの説明文などであり，これまでの地理学習で活用されることが多かった地図や統計資料といった事実を示す資料とは異なるものである。教師は4つの空間概念で扱われる資料がそれぞれ質の異なるものであることに注意しながら授業準備・実践をする必要がある。

またHoffmann（2011）によれば，この空間概念を用いた学習は，生徒中心の学習であり，また転移可能な学習という側面をもつ。授業デザインに際しては，教師が主導で「現実空間」→「関係空間」→「認知された空間」→「作られた空間」という順番で学習を組織するだけでなく，生徒が上述の空間分析のステップを学んだうえで別の学習単元においてジグソー学習などの手法を使い，生徒が主体となり学習することも可能である。生徒の学習状況に合わせて，教師はこの学習を教師主導で授業をデザイン・実践したり，生徒が課題を追究する活動として位置づけてデザイン・実践したりすることもまた必要である。

（阪上　弘彬）

註

（1）平成29（2017）年告示の『中学校学習指導要領　社会編』の地理的分野「B世界のさまざまな地域」「(2) 世界の諸地域」の解説部では「地球的課題については，グローバル化する国際社会において，人類全体で取り組まなければならない課題，例えば，持続可能な開発目標（SDGs）などに示された課題のうちから，生徒が地理的な事象として捉えやすい地球環境問題や資源・エネルギー問題，人口・食料問題，居住・都市問題などに関わる課題を取り上げることを意味している」と示されている（文部科学省，2018，pp.47-46）。

（2）ドイツの各州中等地理カリキュラムの指針となる『ドイツ地理教育スタンダード』（DGfG，2017，S.6）においても空間概念は示されており，また各州地理カリキュラムおよび地理教科書において示されている。またこの空間概念は，山本（2017）および阪上（2018）によって概要やドイツ地理教育での受容過程が日本に紹介されている。

（3）他の州の TERRA シリーズにおいても空間概念を用いた空間分析は，学習方法に関する単元あるいは小単元として位置づけられている。

文献

兒玉 修「地理学習における「環境」概念の批判的再構成序説」社会認識教育学会編『社会科教育の理論』ぎょうせい，1989 年，pp.373-385.

阪上弘彬『ドイツ地理教育改革と ESD の展開』古今書院，2018 年，139p.

文部科学省『中学校学習指導要領解説 社会編』東洋館出版社，2018 年，237p.

山本隆太「空間コンセプト（Raumkonzepte）を軸としたドイツの新たな地誌学習の展開」新地理，65（3），2017 年，pp.34-50.

DGfG（Deutsche Gesellschaft für Geographie）Hrsg.: *Bildungsstandrds im Fach Geographie für den Mittleren Schulabschluss mit Aufgabenbeispielen.* 2017, S.94. 9. Auflage.

Hoffmann,W. Karl: Raumanalyse: "Vier Blick auf den Nürburgring." *Klett-Magazin Terrasse,* 2011（2），2011, S.3-7.

Wardenga, Ute: Alte und neue Raumkonzepte für den Geographieunterricht. *Geographie Heute,* 2000, 2002, S.8-11.

Wilhelmi, Volker. Hrsg.: *TERRA Geographie Gymnasium Rheinland-Pfalz und Saarland.* Ernst Klett Verlag, 2010, S.195.

第 7 節　主権者を育てる ESD の視点に立った中高の授業デザイン

1　主権者を育てる ESD の視点

（1）社会形成力育成と ESD

　社会科教育の究極の目標は，社会的な問題や課題を解決するために基礎的な社会認識の知識や概念を身に付けることである。それらを活用してグローバル化の進展を意識してよりよい国家・社会の創造に寄与できる社会形成力を育成することである。社会科の創生には，社会的適応能力と共に社会改造能力としての情報収集，調査・分析，議論と意思決定，社会参画など現状に甘んじることなく主権者として，よりよい国家・社会の運営に関わる社会的能力を育成しようとしてきた。

　しかしながら，戦後 70 年以上の実践を積み重ねてきた国家・社会の姿は，民主主義が十分に機能して国家の運営（間接民主制）と地方自治（直接民主制）を発展させてきたとは言い難い現状がある。国民の政治的教養の水準以上の政治はできないと言われているが，資本主義を尊重した戦後の経済発展と比較すると，民主主義社会を創造する政治機能の働きには課題が多い。事例を挙げるならば，世界でいち早く少子高齢社会が進展すると予測された日本の社会は，国家財政の累積債務で行き詰まり，人口動態の変化に政策が追い付かない世代間格差が拡大した危機的な状況にある。少子高齢対策としての子育て・教育支援，社会保障，医療保障の他にも，近年では自然災害の増加により，特別経費も増大している。2011 年の東日本大震災における福島原子力発電所の津波事故は未曽有の災害をもたらし，予期せぬ原子力発電所の停止・廃炉が決定した。

これから生まれてくる世代を含めた未来社会に大きな負の遺産を残すことになった。国と地方の債務残高は 1,100 兆円（2018 年末）近くに積み上げられている。国家・地方の財政は果たして持続可能な社会の基盤を維持できるのであろうか。

また，政治，経済面ばかりでなく社会，文化面においても持続可能な社会づくりの課題が見られるようになった。日本は少子高齢化，未婚化の増加の中で労働力不足に陥り，外国人労働者を 340 万人受け入れようとしている。日本は，難民・移民政策では先進国の中でも消極的な国である。今後，多くの外国人労働者を受け入れることにより，労働者が持ち込む背景としての多文化社会化への対応は，後手になっている。教育面においても日本語指導等の適応教育が十分になされていない。多文化共生社会の入り口にある日本は，社会形成力としてESD が掲げる概念と能力育成をどのように取り入れるのか，課題が先送りされている。そこで，ESD の概要とそこで求められている概念と資質・能力を見ておきたい。

(2) ESD の概要とそこで求められている概念と資質・能力

ESD の概念は，1987 年の国連総会「環境と開発に関する世界委員会」報告書『Our Common Future（我ら共有の未来）』において提起された「持続可能な開発（Sustainable Development）」が出発点である。その後，1992 年のリオデジャネイロ・サミットでの「アジェンダ21」，2000 年の「万人のための教育（Education for All）」の提案後，2002 年のヨハネスブルク・サミットで日本政府が提言した「ESD の 10 年（2005-2014 年）」が第 57 回国連総会で採択され，国連の基幹プログラムが動き出した。提唱者の日本は，推進機関となったユネスコ（国際連合教育科学文化機関）と協働して，国内の内閣府，文部科学省，ユネスコ国内委員会，環境省，国立教育政策研究所，小中高及び大学の教育機関，NGO，企業等が協力して実践（普及活動）に取り組んだ。

① ESD で求められている概念及び資質・能力

ESD で求められている概念及び資質・能力を見ておきたい。国立教育政策研究所教育課程研究センターの「学校における持続可能な発展のための教育

（ESD）に関する研究最終報告書」では，ESD の目標を「持続可能な社会づくりに関わる課題を見いだし，それらを解決するために必要な能力や態度を身に付ける」ことと明記している[1]。そして，持続可能な社会の形成者としてふさわしい資質や価値観を養うために，下記のような 6 つの概念を提案している。

表 3-7-1　ESD の概念構成（人々をとりまく環境及び人の意思や行動に関する 6 つの概念）

人々をとりまく環境	いろいろある（多様性）	人，もの，ことは多様である。この多様性を尊重することは大切である。
	関わりあう（相互性）	人，もの，ことはそれぞれが関わりあい，人はその中でつながり，人と人も関わりあっている。
	限りがある（有限性）	人，もの，ことによって成り立っている環境，社会は有限である。この有限な人，もの，ことを将来の世代に活用することは重要である。
人の意思や行動	一人一人大切に（公平性）	人，もの，ことの繋がりや営みによって成り立っている，環境，社会は世代を超えて公平でなければならない。
	力を合わせて（連携性）	立場，利害を超えて他者と連携，協力することは必要である。
	責任を持って（責任性）	持続可能な社会，環境を実現するために，自分のこととして考え，自分で取り組めることから取り組む。

(山本誠，鳴門教育大学修士論文，p.19 構成概念定義表参照)

また，ESD の視点に立った学習指導で重視する能力・態度としては，次の 7 点が挙げられている。

①批判的に考える力，②未来像を予測して計画を立てる力，③多面的，総合的に考える力，④コミュニケーションを行う力，⑤他者と協力する態度，⑥つながりを尊重する態度，⑦進んで参加する態度である。

（3）ESD 実践の振り返りとしての全国調査結果（山本論文）

ESD の実践は，国際連合決議による「国連 ESD の 10 年」（平成 17-26 年）が採択されて以来，全国でユネスコスクールとして登録された小中高等学校で行われてきた。しかしながら，2014 年の愛知，岡山で最終年に行われた「ESD10 年」（ESD ユネスコ世界会議）及び 2016 年の文部科学省・日本ユネスコ国内委員

会推進手引き「ESD 推進手引き」においての実践報告では「学校現場に ESD が浸透していない」と報告されている。そこで，その実態を全国的に調査し批判的に問題点を明らかにした報告（山本，2017）を見ておきたい[2]。

山本は 2017 年 5 月の予備調査を経て，ESD 実践が多く行われた岡山県，愛知県の小中高 21 校（520 名）の本調査を 2017 年 6-8 月に郵送で行っている。調査項目は下記の 10 項目（13 問）であった。

①ESD 実践の有無，②ESD の必要性，③ESD についてのイメージ，④ESD を実践することになった契機，⑤ESD の実践で困ったこと，⑥ESD の実践で学習者に効果があった内容，⑦ESD カレンダーについて，⑧ESD で重視した内容，⑨実践する際に何から始めるか，⑩ESD に関する意見（自由記述）

山本によれば ESD 実践の必要性を認識している教員が 7 割に達している割には普及していかなかった原因として次のような 3 点を指摘している[3]。

第 1 に，質問紙調査結果から「対象分野が広い」（38.7%），「具体的なイメージがしづらい」（36.2%）のように，環境，国際理解，防災，人権，福祉等の多領域を内容とする ESD 実践の困難性である。第 2 に，文部科学省・日本ユネスコ国内委員会，国立教育政策所教育課程研究センター等で出された「ESD 推進手引き」や情報提供等で実践のための内容，方法が数多く出され教育現場に混乱が生じたためである。質問紙回答では「評価の観点が分からない」（34.7%），「指導案の立て方が分からない」（25.1%），「教科，目標との関わりが分からない」（22.2%）の具体的な回答例から問題点が指摘されている。

山本の調査結果の指摘から見られるように，ESD 実践は，国家主導の教育政策に学校現場の実践者がその重要性を認識していても，教育内容と方法の具体化に戸惑い全国的に広まらなかったと言えよう。近年では，ESD 実践の成果を見ないままに，ESD から SDGs への動きがある。世界的規模に拡大してきた近年のグローバル資本主義経済による弊害から，企業投資の在り方が見直されている。中でも 2000 年に国連サミットで採択された MDGS（ミレニアム開発目標）に代わって，2016 年に採択された SDGs に注目が集まっている。2016 年から 2030 年の間に国際的な目標として次頁の 17 のゴールが設定されている。

> ①貧困をなくそう，②飢餓をゼロに，③すべての人に健康と福祉を，④質の高い教育をみんなに，⑤ジェンダー平等を実現しよう，⑥安全な水とトイレを世界中に，⑦エネルギーをみんなにそしてクリーンに，⑧働きがいも経済も，⑨産業と技術革新の基盤をつくろう，⑩人や国の不平等をなくそう，⑪住み続けられるまちづくりを，⑫つくる責任つかう責任，⑬気候変動に具体的な対策を，⑭海の豊かさを守ろう，⑮陸の豊かさも守ろう，⑯平和と公正をすべての人に，⑰パートナーシップで目標を達成しよう

　ESD は，6 つの概念と育成目標としての資質・能力を具体的に示しているが，SDGs では，2030 年を目指した未来志向の世界観が示され，具体的な 17 項目のゴールが示されている。したがって，授業デザインにおける教材選択や単元構想の中にも ESD を拡大した SDGs は位置付けられていく可能性がある。

　そこで，ESD 実践の反省及び ESD から SDGs への潮流を踏まえ，社会系教科目標原理との共通性が高い「持続可能な社会の開発」や「地球規模での課題解決による国際社会の維持・発展」をどのように社会系教科実践の授業デザインとして構想していけばよいのか考えてみたい。

(4) ESD の視点から主権者教育を考える授業デザイン

　主権者教育を考える際には，18 歳選挙年齢引き下げと 18 歳成人年齢引き下げの法律改正により，小中高一貫のカリキュラム開発と授業デザインが重要となる。国家・社会の形成者としてグローバル化に対応しつつ，過疎・過密が進行する地方創生の担い手としての主権者養成が課題となっている。このままの少子高齢社会の進行は，国土全体の持続可能性を失わせ，首都圏一極集中による生活環境問題は計り知れないものになる。隣国の中国でも長年実施してきた一人っ子政策により人口構成にゆがみが生じ，将来の高齢社会に国として対応できるのか，疑問視され始めている。環境面の持続可能性の探究とともに社会系教科では，地域，国家，地球社会が未来永劫と存続していけるのか，授業課題として取扱うテーマは大きいと言えよう。

特に ESD では，環境倫理や公共意識も重視している。日本人の自然観とキリスト教世界の自然観（宗教観）とは，異同が見られる。持続可能な社会づくりには，自然環境と共に生活環境や社会環境が重要となり，倫理や公共性に関する認識，すなわち公共意識をどのように小中高のカリキュラム開発及び授業デザインに加味していくか，その実践力が問われることになる。そこで，ESD の視点から主権者教育を考える授業デザインとしては，下記の事項に配慮した構想・開発が必要になると考えたい。

①18歳主権者を意識した小中高のカリキュラム及び授業デザインとする。

②空間的な認識の広がりの中で持続可能な社会づくりを授業デザインに取り入れる。

③持続可能性の探究の中で様々な倫理観や公共意識を培う授業デザインに取り組む。

2 ESD の視点に立つ中学校社会科，高等学校公民科の授業デザインの基礎

中学校社会科，高等学校地理歴史科，公民科の基礎が小学校3年生からの社会科にあることは周知のことである。そこで，中高の授業デザインを提案する前に優れた小学校 ESD 授業開発研究を紹介し，そのヒントを得てみたい。

愛知県岡崎市立男川小学校は，平成 27-28 年度文部科学省教育課程研究指定「社会」を受け，研究課題「ESD の視点に立つ教科学習の展開—相手意識をもって関わり合い，思考・判断・表現できる子供の育成—」についての成果を公開している[4]。

授業デザインの特色を挙げると下記の3点に工夫が見られる。

第1に，ESD の視点に立った学習指導のあり方として（国立教育政策所作成の事例を参考に），①学習指導で重視する能力・態度に関して，確かな学力と豊かな人間性について，具体的に目指す子供像を設定している。確かな学力では，「多面的・総合的に考え，本質を見抜く力」「気持ちや考えを表現し，伝え合う

力」などが示されている。そして豊かな人間性では，「つながりや多様な価値観を尊重する態度」「進んで参加する態度」などが示されている。また，②各教科・領域の思考力・判断力・表現力と態度において社会科では，「社会的事象の意味や特色，相互の関連について考える力［思考・判断］→《①批判・建設，②予測・計画，③多面・総合》」，「学んだことを元に，社会との関わり方を見つめ直そうとする子［態度］→《⑤協力，⑥関連・多様，⑦参加，⑧地域・伝統》」など教科の特性等に留意して，確かな学力や豊かな人間性を育む思考力・判断力・表現力と態度を可視化している。

　第2に，男川小 ESD の視点に立つ教科学習の考え方として，持続可能な社会づくりの6つの構成概念について，人を取り巻く環境（多様性，相互性，有限性），人（集団・待機・社会・国など）の意思や行動に関する概念（公平性，連続性，責任性）に分け，授業デザインに活用できるような表現に置き換えている。例えば，相互性では「自然・文化・社会・経済は，互いに働きかけあい，それらの中では物質やエネルギーが移動・循環したり，情報が伝達・流通したりしていること。」，公平性では，「持続可能な社会は，基本的な権利の保障や自然等からの恩恵の享受などが，地域や世代を渡って公平・公正・平等であることを基盤にしていること。」と表現を工夫している。

　第3に，目指す子供像に迫るために3つの「つながり」を授業デザインとして重視していることが挙げられる。具体的には，教材のつながり，人のつながり，能力・態度のつながりである。特に，教科と教材のつながりを明確にするために，社会科 ESD カレンダーを作成し，重点単元指導計画を可視化している。人とのつながりでは，学習過程において自分と他者とが時間と場を共有しながら互いに学び合い，繋がり合うことを大切にした授業デザインを心掛けている。

　以上のように，ESD の視点に立つ社会科授業デザインとして，研究構想図を作成し仮説1～2にそれぞれ4つの手だてを置き，相手意識をもって関わり合い，思考・判断・表現できる子供の育成を実践で展開している。筆者は公開研究会に参加し，社会科授業等で活発な意見交換を行いながら，自分の考えを

つくる「ひとり学習」における個別支援の成果を確認することができた。小学校でこのような優れた ESD 授業デザインによる実践が行われているので，中学校，高等学校でも継続，発展させたい。

3 ESD の視点に立つ中学校社会科の授業デザイン　新香山中学校の実践

(1) 愛知県岡崎市の小中学校における ESD へのアプローチ

　周知のように 2002 年ヨハネスブルク・サミット「持続可能な開発に関する世界首脳会議」において，日本の提案により「国連 ESD10 年」がスタートし，愛知県岡崎は教育委員会主導で市内の 67 校（小学校 47 校，中学校 20 校）が ESD に取り組んできた[5]。教科・領域の学習内容の関連性を重視して，発達段階を意識したそれぞれの学級（学年）で，ESD カレンダーを作成し，総合的な学習の時間や各教科で取り組んだ。また，学校独自の ESD 推進の観点として「持続発展可能な地域」として，①経済的に潤いが有り，安定した生活が保障されること，②環境が保全されており，安心で健康な生活を送ることができること，③社会が平和であり，伝統文化が尊重され，誰もが平等に生活できることの 3 点が満たされていることを探究の目標においている。そして，①～③の経済，環境，社会の各分野において，さらに具体的な観点（キーワード）を示して課題を探究している。例えば，経済分野では，産業・流通・活用，環境分野では環境保全・生態系，社会分野では社会生活・伝統文化・多文化が事例として示されている（常盤南小学校参照）。

　2014 年 11 月には，「ESD に関するユネスコ世界会議」が名古屋市で開催され，市内の小中学校の ESD の成果を発表している。

(2) 新学習指導要領と岡崎市環境学習プログラム

　平成 29（2017）年 3 月に小中学校の学習指導要領が改訂され，翌年の 3 月に

は高等学校の学習指導要領が改訂された。学習指導要領に先立ち中央教育審議会は改訂の方向性を答申（2016年12月）で示した。特に，ESDに関する言及はないが，児童生徒がグローバル化，情報化の予測困難な知識基盤社会に生き，AIなどと共存する時代での新たな教育の在り方を提言している。岡崎市もこれまでの義務教育9か年の学習内容，身に付けたい力の系統性，各教科，総合的学習の時間とのクロスカリキュラムの実践の蓄積を評価したうえで，新たな「岡崎市環境学習プログラム」を作成（平成30年度）し，未来を拓く主体性のある子供の育成を目指すことになった。特に，3つの資質・能力と環境学習プログラムとの関係を下記のように具体化し，新学習指導要領で授業改善の方向として示された「主体的・対話的で深い学び」を展開できる環境学習プログラム開発に取り組みつつある。

表3-7-2　3つの資質・能力と環境学習プログラムとの関係

知識及び技能	思考力・判断力・表現力等	学びに向かう力・人間性等
・環境課題識別能力 ・自他の理解能力 ・活動環境整備能力 ・環境社会設計能力 ・ESD実践能力	・環境課題識別能力 ・コミュニケーション能力 ・自他の理解能力 ・活動環境整備能力 ・環境社会設計能力 ・ESD実践能力	・環境課題識別能力 ・自他の理解能力 ・活動環境整備能力 ・環境社会設計能力 ・ESD実践能力

　上記で示された，3つの柱に対応した資質・能力では，全てが能力として表現され異同が確認できないので，不十分な設定と言わざるを得ないが，能動的な学びのサイクルとして，「課題設定」「情報収集」「整理・分析」「まとめ・表現」のサイクルが示されている点は評価できよう。また，ESDの概念探究と新たな目標としてSDGsとプログラムとの関係も明記されており，環境問題を地域・国家・グローバル社会の観点から自分事として捉え，思考力・判断力を養い身近なところから実践するプログラムに発展させている。

　次に，このプログラムを長年実践し成果を上げている新香山中学校のESDについて，社会科授業デザインとしてどのように構想，実践されているのか見

第 7 節　主権者を育てる ESD の視点に立った中高の授業デザイン　211

てみたい。

(3) 新香山中学校の ESD の視点に立った社会科授業のデザイン

　岡崎市の中学校 20 校の中で中心的に ESD に取り組んだのが，新香山中学校である[6]。岡崎市北部にある小規模校であり豊田市の南部に隣接し，トヨタ関連の職業に従事する人々のベッドタウンとなっている地域であり，自然豊かな山間地でもある。

　新香山中学校の ESD の取組の特色は 3 点ある。第 1 が，ESD 概念を「ESD 新香山プラン」のキーワードアプローチとして置き換え，単元構想に活かしていることである。

表 3-7-3　ESD 新香山プランの概念

S	自分自身と自分の住む地域と自然，社会，未来とのつながりを意識する。	相互性
H	生物の立場で環境の変化を実感し，生物の役割や多様性の大切さを実感する。	多様性
I	身近な地域で発生している環境変化の背景には，地球規模の課題があることに気付き，このままでは地球が維持できないことを実感する。	有限性
N	生物と人間の共生社会の必要性と折り合いをつけ，共生することの難しさを実感する。	公平性
C	身近な自然の変化は，人間の生活が大きく関与しており，その責任を実感する。	責任性
A	人間と自然との共生社会についてみんなで話し合う中で，改善に向けて取り組む必要があることを認識し，行動化の意欲を高める。	連続性

　第 2 に，学習課題の探究過程において，「課題設定」「情報収集」「整理・分析」「まとめ・表現」の段階を繰り返しながら，途中で何度も課題を共有化したり見直したりして，課題探究学習をスパイラルに展開する授業デザインを開発していることである。

　第 3 に，第一の特色として指摘した概念の探究について，つながり（教材，人，資質・態度），活動，手だてを明示した新香山プランを学習指導要領に位置付けていることである。

212 第Ⅲ章 社会系教科における授業デザインの理論と実践

表 3-7-4 概念とつながり，活動，手立てとの関係

視点	つながり			活動	手だて
	教材	人	資質・態度		
C 責任性	◎	◎		5，6	今後の地域について，自分事として深く考えられるよう発問を工夫する。
N 公平性		◎		6	「駆除すること」の切実感を引き出せるよう，考えの違う生徒の意見を対立する場を設定する。

＊本単元は 40 時間扱いの総合的学習「わたしたちがつくる多様な生物と共生するまち」の事例

　では，総合的な学習として実践された「多様な生物と共生するまち」の課題探究学習は，社会科授業デザインとしてどのように改善，活用されるのか試案を示してみたい。

　澤井（2018）は，教師が演出する４つの授業デザインとして①問いのデザイン，②教材化のデザイン，③協働的な学びのデザイン，④学習評価のデザインを挙げている[7]。澤井のデザイン構想を援用して「人間と自然の共存における持続可能な産業とは何かを考えよう」の単元構想案を試案として示すこととする。

○単元の目標，ESD の視点

　持続可能な社会（ESD）のために，人と自然との共生，産業との発展はどのようなバランスを取って行ったらよいか，中核都市の未来を考える。

○単元の計画

	教材化のデザイン・問いのデザイン	協働的な学びのデザイン (知識・概念，思考・判断・表現)	学習評価のデザイン
第1時	多様な生物と共生してきた新香山地区はなぜ，新興住宅地になったのか。	高度経済成長期の前後を比較する都市計画案を検討する。	比較思考，判断力
第2時	豊田市と隣接する岡崎市は，車産業の影響をどのような形で引き受けてきたのであろうか。	岡崎市の産業発展の歴史を豊田市の車産業の発展と関連付けながら，高速道路整備を調べる。	調査，分析力

第3時	持続可能な岡崎市の自然を守り，人と自然が共存することと，産業の発展とはどのようにバランスをとれば良いのか，考えてみよう。	市町村合併後の岡崎市，豊田市の地図を活用して，住宅地の拡大が人と自然との共存になっているか，開発と保全から考える。	資料収集，読解・分析，協同的な討議力
第4時	中核都市として，これからの少子高齢社会でどのように持続可能な社会づくりが行われていけば良いか考えてみよう。	岡崎市の中核都市としての課題は何か，持続可能な社会の維持・発展には何が必要か。	持続可能性の具体的な提案力

○活用する ESD の概念

・相互性→自分自身と自分の住む地域と自然，社会，未来とのつながりを意識する。

・責任性→身近な自然，産業の変化は，人間の生活が大きく関与しており，その責任を実感する。

・連続性→人間と自然との共生社会についてみんなで話し合う中で，中核都市としての取り組む課題を認識し，行動化の意欲を高める。

4 ESD の視点に立つ高等学校公民科の授業デザイン

(1) 高等学校公民科授業の課題

　高等学校公民科の授業課題は，主権者教育の核となる授業を開発し実践することである。

　そのためには，社会的事象の多面的多角的な認識と獲得した知識・概念を活用した社会形成力としての問題解決的学習の実践が肝要となる。

(2) 社会形成と社会参画能力を育てる新科目「公共」の課題

　高等学校の新教育課程は，大幅に改革され新科目が社会系教科として数多く誕生した。その一つが公民科新科目「公共」である。「公共」の柱は，中央教育審議会答申（平成28年12月21日）では，(1)「公共」の扉，(2) 自立した主

214　第Ⅲ章　社会系教科における授業デザインの理論と実践

体として国家・社会の形成に参画し，他者と協働するために，（3）持続可能な
社会づくりの主体となるために，が示されていた。新学習指導要領では，（3）
が構想段階では，ア地域の創造への主体的参画，イよりよい国家・社会の構築
への主体的参画，ウ国際社会への主体的参画が示されていた。解説では，（C）
「持続可能な社会づくりの主体となる私たち」として項目が整理され，「根拠を
基に自分の考えを説明，論述」できる目標に後退している。当初は，持続可能
な地域，国家・社会及び国際社会に向けた役割として「社会参画」が前面に打
ち出され，社会形成に関わる主体的な主権者を育成する内容が構想されていた。
変更の背景は，社会参画の評価や行動等の計画・実行が難しく，認識面に留め
たと考えられる。

（3）ESD の視点に立った公民科授業（新科目「公共」）のデザイン

　徳島県の公立高校で実践されることを想定して地域創生の担い手を育てる
ESD 授業デザインとしての単元「持続可能な地域社会の創生として徳島 VS
東京を考えよう」（5時間）をデザインする。「公共」の（B）の政治主体，（C）
の主体となる私たちから構想する。

　○単元の目標，ESD の視点

　持続可能な社会（ESD）のために，何ができるか徳島 VS 東京を視点に地方
創生を考える。

　○単元の計画

	教材化のデザイン・問いのデザイン	協働的な学びのデザイン（知識・概念，思考・判断・表現）	学習評価のデザイン
第1時	地方財政として徳島，島根，東京を比較して，税の在り方を考えよう。	税金と公共サービスとの関係について，政府の在り方を検討する。	比較の読解
第2時	徳島での街づくり，鳴門市，神山町，上勝町を調べてみよう。	街づくりの成功例を取り上げ，なぜ成功しつつあるか調べる。	情報収集，整理
第3時	持続可能な徳島県にするための少子高齢対策を考えて見よう。	徳島県が全国に誇れる産業育成は，少子高齢化対策の切り札となるのか。	協働的な学びと提案力

| 第4時 | 徳島県議会に提案する地方活性化策をグループで作成してみよう。 | 模擬県議会を開催し徳島の地方活性化策を議論する。 | 政策立案,議論 |
| 第5時 | 未来の徳島 VS 東京はどのようにあるべきか,個人の考えを発信しよう。 | 過疎・過密の問題として徳島の生き残りの突破口は何か。 | 個人の発信力 |

5 授業デザインの実践化の課題

(1) ESD の視点に立った「理論と実践の往還・統合」

ESD については,山本の調査結果のように一部の実践者が理解し実践しているだけである。しかし,「持続可能な社会づくり」のための資質・能力育成であると説明されれば社会系教科では,これまでの目標原理,未来志向の社会創造の理念としても受け入れられる。

そこで,未来志向の持続可能な社会形成が実践者により常に「理論と実践の往還・統合」として積み重ねられ,実践知として評価できるようにならなければならない。

(2) 未来志向の主権者教育と ESD

未来志向の主権者意識の涵養と主権者としての社会参画力の育成が図られれば,ESD が目指す理念の実現が図られることになる。持続可能な社会形成は,世代間の相互性と責任性が課題であり,過去・現在・未来の三世代を繋ぎ,さらに未来志向の持続可能な社会づくりの行動力がカギとなる。すなわち,地球規模の思考と地域に根差した判断,行動が全ての一歩となる。そのための授業デザインの開発でありたい。

(3) 授業デザインと評価

授業評価はこれまでの4観点(関心・意欲・態度,思考・判断・表現,資料活用

技能，知識・理解）から，学びの３つの柱の学力評価に移ることになる。しかし，ESDの視点に立った授業デザインの評価は，活用する６つの概念とESDが目標とする資質・能力を加味した評価となる。

（西村　公孝）

註・引用文献

（１）角屋重樹　他『学校における持続可能な発展のための教育（ESD）に関する研究　最終報告書』国立教育政策研究所，2012年，pp.4-6。

（２）山本誠「ESDに対する批判的考察」鳴門教育大学修士論文，2018年１月。

（３）同上　山本修士論文，pp.44-45。

（４）岡崎市立男川小学校「ESDの視点に立つ教科指導の展開」平成26-27年度文部科学省教育課程研究指定校「ESD」成果発表会研究要項(平成27年10月7日)参照。

（５）岡崎市教育委員会『岡崎市環境学習プログラム』平成22年度。平成25年度改訂(8年間の実践を踏まえて改訂)。最新版は平成30年度。

（６）岡崎市立新香山中学校「校内授業研究会要項」平成30年10月11日参照。

（７）澤井陽介『社会科の授業デザイン』東洋館出版社，2017年参照。

参考文献

佐藤学・木曽功・多田孝志・諏訪哲郎編著『持続可能性の教育』教育出版，2015年。

手島利夫『学校発・ESDの学び』教育出版，2017年。

第8節　メタヒストリー学習に基づく
社会形成教育としての歴史授業

1　新たな歴史授業改革の課題

　歴史授業をよりよいものにしようとする数多の改革論が提起されてきた。その殆どは，より有意味な歴史認識を可能にすること，より主体的な歴史認識を可能にすることを目指すものとなっていた。それらによって確かに，歴史授業はよりよいものとなろう。けれども，過去についての学習，既に在ったことをわかる学習という従来の枠内に留まるのであれば，歴史授業が依然として学習者にとって意義を見出しづらいものであることは否めないであろう。

　そうした限界を乗りこえるために提起されたのが，市民社会科歴史授業[1]である。これは既存の社会を鵜呑みにすることなく望ましい在り方について批判的に意思形成できる社会形成力の育成を目指す。そのために現在の社会の問題を取り上げ，問題をめぐる相異なる考えの各々を歴史上の事例に基づいて吟味検討し，学習者自身が社会の在り方に関する政治的判断をつくりだすことをねらう。そうすることで，歴史授業であっても，現在について直接的に扱い，批判的な政治的判断づくりとしての社会形成の教育を実質化する。こうした社会形成教育としての歴史授業は学習者にとって大きな意義を見出せるものであろう。尤も，これをそのまま年代史的な編成に位置づけることは容易でなく，今すぐには実践しづらい。カリキュラムレベルの組みかえまで待たずとも，社会形成力の育成に向け，歴史授業の改革を現実的に進めていくためには，年代史的編成下でも実践可能な在り方を明らかにすることが急務といえよう。

　この課題の解決の突破口となりうるのが，現在の社会の中の歴史を分析検討するメタヒストリー学習である。これは社会における過去の取り扱いの在り方

を通して社会の在り方を探求する社会形成の学習であり，過去についてのヒストリー学習を生かすこともできるものである。本稿では，そのようなメタヒストリー学習に基づく社会形成教育としての歴史授業の構成を明らかにし，社会科としての歴史教育の新たな可能性を拓きたい。

2　社会における歴史の在り方の探求
―社会形成としてのメタヒストリー学習―

　先ず，現在の社会の中の歴史を分析検討するメタヒストリー学習について確認しよう[2]。

　この学習は，次の6点を骨子とするものである。

　第1は，過去について取り組むヒストリー学習とは異なり，過去を扱った既存の歴史について取り組むメタヒストリー学習であることである[3]。

　第2は，対象を専門家のアカデミックな領域における狭義の歴史に限定せず，歴史ドラマ，歴史マンガ，歴史祭り，歴史ツーリズム，遺跡存廃，歴史展示，記念日，記念行事，記念演説，記念碑，紙幣の肖像画など，一般の人々のパブリックな領域に溢れる広義の歴史まで拡げることである[4]。

　第3は，ヒストリー学習の範疇で過去の社会の中の歴史を扱う学習とは違い，それを比較のために取り上げることはあっても，あくまでも主眼は現在の社会の中の歴史におくことである。

　第4は，社会の中に歴史の存在を見出し，呑み込まれることなく，社会における構築を分析することで，政治的社会的立場に根ざした既存の歴史の有り様をとらえ，さらに存続や改変の正当性を吟味検討することで，社会にとっての歴史の在り方を判断することである。

　第5は，そのためにトゥールミン図式[5]の議論の論理に従い，D（過去についての理解）―W（趣旨・意図）・B（政治的社会的立場）―C（過去の取り扱い）の分析と吟味検討とによる批判的な判断づくりを遂行することである。

　第6は，そうして社会における歴史の在り方を探る一連の批判的探求を通し

て，現在について直接的に扱い，既存の社会の有り様を見つめ，望ましい社会の在り方を問い，社会の認識を一環とする社会の形成に取り組むことである。

このようなメタヒストリー学習は，ヒストリー学習を生かすことができる。社会の中の歴史は何れも，過去についての広い意味での語り（ナラティブ）[6]である。それらは何某かの政治的社会的立場に基づいており，D—W・B—Cとして可視化できる。そうした歴史の論理構造をつきとめたり，評価づけたり，つくりかえたりしようとすれば，過去についての理解という根拠（D）に関して問うことが必要となる。これを支援しうるのがヒストリー学習である。現在の社会でつくられたり，つかわれたりする一方，人々の意識や判断に働きかけ，社会をうみだす作用をもちうるものとして歴史を扱い，その在り方を批判的に探求するために，ヒストリー学習を手段として生かせるわけである。

現在の社会における歴史という過去の取り扱いについて分析検討するメタヒストリー学習は，過去に関するヒストリー学習を手段にして，身のまわりの広義の歴史について取り組み，その分析と吟味検討によって批判的に政治的判断をつくる。これは現在について直接的に扱い，社会における歴史の在り方を探求することで社会の在り方を探る社会形成の学習であり，社会形成力の育成のために働く。そのような社会形成としてのメタヒストリー学習に基づく歴史授業の展開例を紹介し，構成原理について説明しよう。

3　中学校社会科歴史的分野における授業展開例

展開例として，中学校社会科歴史的分野の単元「明治の日の是非」（近代前期単元）の概要を示そう[7]。

明治の日とは，日本国憲法の公布に因んだ文化の日にかえて創設すべき祝日として，明治の日推進協議会などによって提案されているものである[8]。祝日法を改め，かつて明治節とされていた明治天皇の誕生日11月3日を明治時代の意義を振り返る公的な記念日にしようというわけである。どういう記念日を設けるか，すなわち，社会として何をどう記憶し想起するかは，自分たちを

220 第Ⅲ章 社会系教科における授業デザインの理論と実践

どういう過去をもった者たちととらえるか，これからの社会の形成で自分たちはいかなる価値を重視していくかという集合的アイデンティティや社会構想に直結するため，政治的社会的立場によって左右され，しばしば公的論争のテーマとなる[9]。明治の日の是非という問題は，国家観の対立に基づくアクチュアルな事例であり，学習者が記念日という身のまわりの歴史の在り方を通して社会の在り方を考えることのできるものといえる。

　単元「明治の日の是非」は，既存の社会を鵜呑みにすることなく望ましい在り方について批判的に意思形成できる社会形成力の育成に向け，この明治の日の是非について学習者に取り組ませる。明治の日の提案を過去に関する新たな取り扱いの主張として理解し，日本固有の伝統的価値を重視する国家観に根ざす論理構造やその社会的文脈の認識を踏まえ，明治時代の取り扱いや公的な記念日の在り方の判断をつくりだすことを目指す。とともに，記念日に関する分析と吟味検討による判断づくりの枠組や方法を体得することを目指す。これらの一環において，明治時代の時代像をとらえることもあわせて目指す。こうした目標に基づく「明治の日の是非」は明治時代の取り扱いの在り方や記念日の在り方を学習者が探求する授業であり，その学習指導計画を紙幅の関係上，主な発問と学習活動によって示すと，表3-8-1の通りである。

表3-8-1　単元「明治の日の是非」における主な発問と学習活動

社会における歴史の在り方に関する課題の設定

Ⅰ　明治の日の提案の内容の理解 ―メタヒストリー学習 (1)

○論争の的となっている明治の日の提案とは，どのようなものだろうか。
　・明治の日の「明治」とは，何のことですか。
　・明治の日の提案は，11月3日をどういう日にしようと主張しているのでしょうか。
　・明治の日として11月3日という日付を選んでいるのは，どういう訳でしょうか。
　・11月3日はなぜ祝日法で文化の日という祝日と定められているのでしょうか。
　・11月3日を文化の日にかえて明治の日にするという提案は，国民が記念し継続的に想い起こす対象を何から何へ改めようという主張であるといえるでしょうか。
　・明治時代は現在の私たちにとって，記念に値するものか，また，仮に記念に値するものであるとしたら，その日付として11月3日は相応しいかについて，現時点でどう考えますか。

◎11月3日を明治の日にしようという提案にどう対応するとよいだろうか。明治時代についての学習を踏まえて考えることにしよう。

新聞記事で明治の日の提案の存在を確認した上で，文化の日の設定に関するトゥールミン図式に基づいた教師の説明を聞き，記念対象の変更という提案の基本的主張をつかみ，課題を設定する。

社会における歴史の在り方に関する課題の追究

Ⅱ　明治の日の提案について取り組むための明治時代像の形成 ―ヒストリー学習

○明治の日の提案で記念の対象とされている明治時代とはいったい，どのような時代だろうか。（紙幅の都合上，省略）

明治期における諸展開について諸資料をもとに多面的多角的に探り，時代像をつくりだす。

Ⅲ　明治の日の提案の理由・背景の認識 ―メタヒストリー学習（2）

○なぜ明治の日が提案されているのだろうか。
・明治時代を記念する祝日を設けようと提案するのは，明治時代をどういう時代と理解しているからでしょうか。
・明治時代を日本の近代化の出発点であり輝かしい時代であったと理解しているからといって，なぜ明治の日をつくって国民皆が想い起こす必要があると考えているのでしょうか。
・明治時代を振り返ることを通じて，国民としてなすべきことを考える契機として，明治の日を設けようというのは，日本がどういう国であるべきと考えるからなのでしょうか。
・そうした国家についての考え方は，文化の日の場合とどう違っているでしょうか。
・このような提案は，どういう社会の動きや変化に関連しているととらえられるでしょうか。

明治の日を提案する団体のホームページなどをもとに，トゥールミン図式にそって，提案の根拠となっている明治時代の理解，論拠となっている明治の日の趣旨やその根底にある国家観(政治的社会的立場)についてとらえ，そのような提案の社会背景と結びつける。

Ⅳ　明治の日の提案への対応の判断 ―メタヒストリー学習（3）

○文化の日から明治の日へ改めることに問題はあるだろうか。

222 第Ⅲ章 社会系教科における授業デザインの理論と実践

・明治の日の提案について判断するためには，何を吟味する必要があるでしょうか。
・提案の根拠となっている明治時代の理解に問題はあるでしょうか。
・明治時代の理解，国民としてなすべきことを考える契機という趣旨，明治天皇の誕生日である11月3日を明治の日にという主張は，辻褄があっているでしょうか。
・明治時代の意義を振り返ることを通じて今何をすべきかを考えること，日本固有の伝統的価値を拠りどころにして国づくりを進めることは，望ましいことでしょうか。
・もしも，文化の日にかわって明治の日が実現されたとしたら，私たちにとってどういう意味をもつでしょうか。

> Ⅲでのトゥールミン図式に基づく分析を踏まえ，明治の日の提案を吟味するための着眼点を考え，各着眼点について各グループで吟味し，相異なる評価をクラス全体で整理する。

・明治の日の提案に対する賛成意見は，なぜ賛成しているのか，整理してみましょう。
・明治の日の提案に対する反対意見は，なぜ反対しているのか，整理してみましょう。
・このような公的な記念日をめぐる対立はなぜ生じるのでしょうか。
・抑々，公的な記念日は必要なのでしょうか。
・現在の私たちにとって，明治時代は記念に値するものか，また，仮に記念に値するものであるとしたら，その日付として11月3日は相応しいか，討論しましょう。

◎ **11月3日を明治の日にしようという提案にどう対応するとよいだろうか。トゥールミン図式の枠組にそって，現時点での考えをまとめよう。また，ここまでの判断づくりを振り返ろう。**

> 明治の日の提案への対応について，新聞の社説などの相異なる意見を読み，対立の構図や理由を整理した上で，クラスで討論し，トゥールミン図式に従って判断をつくり，省みる。

○ この学習を踏まえ，明治150年記念事業について調べ，分析し検討してみよう。国民の祝日となっている記念日について調べ，分析し検討してみよう。(授業後の自主的追究の課題)

(筆者作成)

　この単元の全体は，歴史の在り方を探求する課題追究的な過程をとり，課題を設定するパートⅠとその課題を追究するパートⅡ～Ⅳという4つのパートからなる。パートⅠでは，明治の日の提案を祝日法の変更による新たな記念日の主張として理解し，その是非の問題に取り組むべく，「11月3日を明治の日にしようという提案にどう対応するとよいだろうか」という課題をたてる。パートⅡでは，課題の解決に向け，明治時代の時代像を探る。それを生かすとともに，トゥールミン図式の議論の論理に基づき，分析と吟味検討による判断づくりに取り組むのが，パートⅢ・Ⅳである。パートⅢでは，明治の日の構築性を

分析し，理由・背景を認識する。それを踏まえてパートⅣでは，文化の日ともくらべつつ，明治の日の正当性を吟味検討し，対応を判断する。明治の日の是非の問題に取り組むメタヒストリー学習を基軸とし，それを内容の理解から理由・背景の認識，適切な対応の判断へと3ステップで進めつつ，そのためにパートⅡで明治時代についてのヒストリー学習に取り組めるようにする。そうして学習者が明治時代の取り扱いの在り方や記念日の在り方という歴史の在り方を探求し，議論の構造として批判的につくりだすように導く。

4　社会における歴史の在り方を探求する歴史授業の構成

　学習者が社会における歴史の在り方を探求する歴史授業は，批判的な政治的判断づくりとしての社会形成の能力育成を目指すものである。そうした基本目標のための歴史授業の構成原理について，教育内容と教材，授業過程と学習方法の4点から説明しよう。

　社会形成の能力育成という基本目標に従って，教育内容として目指すものは，社会における歴史の在り方の判断である。社会における歴史の存在に気づくこと，そのつくられ方や為され方をわかること，根拠や論拠などの適否を批判して望ましい存在のし方とその判断基準を選びとったり考えだしたりすることがねらいとなる。「明治の日の是非」の場合，社会の自己認識や新たな形成の方向性を左右する記念日の在り方について，また，しばしば公的論争の的となる明治時代の取り扱い方について，議論の論理に基づくことで国家観という価値レベルにまで立ち返って分析検討しつくりだす判断，及び，その批判的なつくり方が中心内容であり，判断根拠に係る明治時代の時代像もともに学ばせる。過去をうつしたものではなく，現在の社会でうみだされたものとして，そして社会の未来にかかわるもの，別様にもありうるものとして社会の中の歴史をとらえ，その在り方を議論というかたちでつくりだすことを学習させる。

　そのような内容のための教材は，現在の社会において過去の事柄について扱っている事物の問題である。「明治の日の是非」で明治時代の取り扱い方や記

念日の在り方を考えさせるため，国家観の対立から論争化している明治の日の是非を課題にするように，歴史をめぐる広義の社会問題に学習者が取り組めるようにする。選択の重点は，教育内容にとっての問題の状況や論点・構図などの適合性，社会的な重要性や学習者との関連性などである。近代前期の単元で明治の日の問題を選択するように，年代史的編成下の単元の場合，対象時期についての学習を有効に生かせる問題であることも条件となる。

　授業過程は，社会における歴史の在り方に関する課題の設定と追究による課題追究的過程をとり，社会形成としてのメタヒストリー学習の展開を基軸とし，望ましい在り方の探求過程として構成する。そしてそのような探求を進めるため，必要に応じて，ヒストリー学習を組み込む。「明治の日の是非」では，その基軸をパートⅠ・Ⅲ・Ⅳでつくっている。既存の歴史の内容を理解する発見的学習において課題を設定し，その歴史の理由・背景を認識する脱構築的学習，それを踏まえて既存の歴史への対応を判断する再構築的学習によって課題を追究するという流れである。何に何がどう表されているか，それがうみだされたのはなぜか，受け容れてよいか，いかなる歴史が適当かというように問題の学習を展開できるようにしている。明治時代についてのヒストリー学習をその前段階に位置づけるのではなく，学習者にとって必然性のあるものにするため，パートⅡとして時代像の形成の学習を組み込んでいる。

　歴史の在り方を探求する社会形成としての授業過程を進める学習の方法は，議論の論理に基づく批判的形成であり，新たな在り方の探求をトゥールミン図式に基づく一連の議論形成として学習者自身が遂行することである。「明治の日の是非」では，明治の日の提案を鵜呑みにせず，D（過去についての理解）—W（趣旨・意図）・B（政治的社会的立場）—C（過去の取り扱い）として構造化して可視化し，一つの議論として対象化する。その上で，Dは適当か，そのDとWとCは論理的に整合しているか，抑もW・Bは受け容れられるものかなど[10]，事実と価値の両レベルで批判を試みる。そうして，討論による相互批判も踏まえ，D—W・B—Cという議論を再構築し正当化をつくりだす。その中で，ヒストリー学習を生かすことで根拠（D）について扱い，議論の論理に基づく批

判的形成を可能ならしめる。

このように現在の社会において過去の事柄について扱っている事物の問題を取り上げ，メタヒストリー学習を基軸とし，必要に応じてヒストリー学習を組み込み，歴史の在り方を探求する社会形成過程を組み立てる。そうして歴史の問題をめぐる公共圏を教室内にうみだし，議論の論理に基づく批判的形成によって学習者自身に遂行させ，社会における歴史の在り方の判断をつくりだすことで学べるようにする。人々の判断に基づく社会形成を基底とし，歴史という社会に存在するものを対象化するだけでなく，どのように存在することがなぜよいかを正当化し，社会における歴史の在り方を社会の在り方として探求できるように授業を構成し，社会形成教育を実質化するのである。

5　社会科としての歴史教育の新たな可能性

社会における歴史の在り方を探求する社会形成としてのメタヒストリー学習に基づく歴史授業は，歴史授業の改革にとって，次の3点において大きな意義をもつ。

第一は，歴史授業を過去についての学習から脱却させ，現在についての学習へ転換させるとともに，社会形成教育という直接的な批判的政治的判断の形成を担えるようにすることである。メタヒストリー学習といっても，社会の中の既存の歴史の有り様を認識する学習までにおさえることもできる。そうした学習に基づく歴史授業も，現在について取り組めるようにする。とはいえ，社会認識教育としての意義を有するものの，批判的な政治的判断を間接的に促すに留まる。さらにメタヒストリー学習の射程を拡げ，歴史授業において歴史の在り方を探求させることにより，社会認識を一環とする社会形成を学べるようにすることができる。これは批判的な政治的判断の直接的形成を担う歴史授業の新たな在り方であり，市民的資質教育にとっての歴史授業の意義を拡大できる。

第二は，たとえ年代史的編成を維持するとしても，社会形成教育としての歴史授業を可能にできることである。年代史的編成下の個々の単元においてメタ

ヒストリー学習を中心にするけれども，議論の論理に基づく批判的形成のために ヒストリー学習を有用化できる。ヒストリー学習を排除せず，それを生かすことができるので，年代史的編成を維持しても実施可能である。このような歴史授業は，過去についてとらえつつ，その過去とのかかわり方や過去の取り扱い方について考え，それを通して社会の在り方を探るものであり，現在と結びつけづらいといわれる前近代の単元でも可能である。

　第三は，ヒストリー学習をメタヒストリー学習のために手段化することで生きたものにすることである。過去についての学習も，社会における歴史の在り方を通して社会の在り方を問うため，重要な役割を担うことになり，学習者にとって意味や意義を意識できるものになる。また，そうした役割を実際に担いうるものにするため，ヒストリー学習それ自体の改善も進められ，多面的多角的に考察する学習が実現されていくことになろう。

　メタヒストリー学習に基づく歴史授業は，社会形成教育としての歴史授業のバリエーションを増やすだけでなく，その実践可能性を高めるとともに，ヒストリー学習を再生させる。それは歴史授業だからこその社会形成教育を実現し，社会科としての歴史教育の可能性を拓くものといえよう。

（服部　一秀）

註

（1）池野範男「市民社会科歴史教育の授業構成」，『社会科研究』第 64 号，2006 年。この論考では，世界史授業「武力行使は許されるのか」が代表例として取り上げられている。

（2）服部一秀「社会のなかの歴史に関するメタヒストリー学習の意義」，『社会系教科教育学研究』第 28 号，2016 年，及び，同「中等一貫歴史カリキュラムにおける歴史文化探究力の育成」，『社会科研究』第 76 号，2012 年，同「小中学校における歴史実践改革」，『山梨大学教育学部紀要』第 25 号，2017 年，同「年代史的カリキュラムにおいて過去の取り扱いの探究能力を育成する方略」，『社会科教育研究』No.123，2014 年，同「過去の取り扱いという分析対象の時間的位置において異なる歴史授業の相違」，『山梨大学教育人間科学部紀要』第 17 巻，2016 年，同「小中学校における歴史実践教育」，『山梨大学教育学部紀要』第 25 号，2017 年，

同「メタヒストリー学習にとっての比較の意味」,『山梨大学教育学部紀要』第 26 号, 2018 年, 同「社会科は社会とどのように関わるのか」,『教育科学社会科教育』No.720, 明治図書, 2019 年 4 月号, 服部一秀・矢ヶ崎憲「中学校歴史教育におけるメタヒストリーに基づく『身近な地域の歴史』の学習」,『教育実践学研究』No.24, 2019 年, 参照。

　これらの拙稿などでも取り上げているように, ドイツ諸州の歴史教育では社会の中の様々な歴史が「歴史文化」という概念でとらえられ, 歴史教育の内容として取り込まれはじめている。本稿の基本着想はそれらの分析検討を通して得たものである。

（3）ヒストリー学習／メタヒストリー学習という対概念は, 生島博「対抗イデオロギー教育としての歴史教育」,『社会認識教育学研究』第 18 号, 2003 年で用いられている。

（4）児玉康弘『中等歴史教育内容開発研究』, 風間書房, 2005 年は, アカデミックな領域の歴史に関するメタヒストリー学習の主要な研究といえる。藤瀬泰司『中学校社会科の教育内容の開発と編成に関する研究』, 風間書房, 2013 年は, パブリックな領域の歴史に関するメタヒストリー学習の先駆的研究と評価できよう。

　なお, アカデミックな領域の歴史とパブリックな領域の歴史という分類整理については, 岡本充弘『開かれた歴史へ』, 御茶の水書房, 2013 年, p.15 などを参考にした。

（5）トゥールミン図式については, 足立幸男『議論の論理』, 木鐸社, 1984 年, 福沢一吉『議論のレッスン』, 日本放送出版協会, 2002 年, 他, 参照。

（6）野家啓一『歴史を哲学する』, 岩波書店, 2007 年, 参照。

（7）変形パイ型に基づく中学校社会科の歴史的分野では, 近代の学習が第 2 学年と第 3 学年に跨がり, 近代（前期）と近代（後期）の 2 つの単元に分けられることが一般的である。

（8）明治の日推進協議会ホームページ（http://meijinohi.com/, 2019 年 5 月 13 日閲覧確認）。

（9）小関隆「記念日と記念行事をめぐる抗争」, 同編著『記念日の創造』, 人文書院, 2007 年, 参照。

（10）このような着眼点については, 尾原康光「社会科授業における価値判断指導について」,『社会科研究』第 39 号, 1991 年に基づいている。

228 第Ⅲ章 社会系教科における授業デザインの理論と実践

第9節 「公正」概念の「活用」を目指した 授業デザインとその実践上の課題
―「世代間公正」の授業実践を手がかりにして―

1 学習指導要領改訂で一層重視された「公正」概念

　「公正」概念は，平成20年版学習指導要領で初めて示された。正確には，そ
れまでも「公正な判断力」という概念は示されてきたが，中学校社会（公民的
分野）や「現代社会」においては，「公正」を配分的正義や手続的正義の概念
として整理し，「結果の公正」「機会の公正」「手続きの公正」の三類型とし
た[1]。中学校社会（公民的分野）や「現代社会」において，「公正」は「現代社
会をとらえる見方や考え方の基礎」「社会の在り方を考察する基盤」として位
置づけられた。平成30年版学習指導要領において「公正」概念は，中学校社
会（公民的分野）において，「現代社会をとらえる見方・考え方」として位置づ
けられ，新科目「公共」においては，「公正」を二つの意味を持つ概念として
整理された。従来の「結果の公正」等の三類型の他，カントの「義務論」とし
て位置づけたのである。平成20年版学習指導要領で重視された「活用」の考
え方は，平成30年版学習指導要領でも引き続き重視をされている。今後一層，
「公正」の活用を目指した授業実践が求められることだろう。他方で，「公正」
概念を活用した授業プランや研究は，中学校社会（公民的分野）が中心になっ
ており[2]，高等学校での研究は十分でないと筆者は考えている。本稿では特
に「世代間公正」を取り上げた教科書モデル案について，詳述するとともに，
その授業を受けた生徒がどのような思考・判断の傾向を示したのかを整理する。
そして，最後に，「世代間公正」の授業を実践する場合の課題について明らか
にしたい。

2 「世代間公正」問題の捉え方

「世代間公正」問題をどのように捉えれば良いのか。「世代間公正」問題を思考実験的に理解することが可能な事例をここで紹介したい。

> あなたの前に魔法のスイッチがある。スイッチを押すと，我が国で今後30年間，どの企業も大幅な増収となり，国民の平均所得が上昇し，政府の赤字財政は劇的に改善し，人口が増加に転じ，所得格差は縮小しつづける。だが，300年後に，日本列島全体で壊滅的な大惨事が発生する。あなたはスイッチを押すか，押さないか，その理由は何ですか[3]。

この問題を考える上で，重要なことは何か。宇佐美誠は，先述の問題を事例にして，以下のように「世代間公正」を捉える。そして，特に「将来世代」に関しては，その特徴として，①「属性の不可知性」すなわち，「将来世代がどういった価値観や文化，どんな知識や科学技術を持っているのかを私たちは知ることができないこと」，②「影響の一方向性」すなわち，「現在世代は将来世代に『影響』を与えられる（石油や天然ガスを大量消費すれば将来の人たちは使える量が限られるなど），他方，将来世代は現在世代に「影響」を与えられるのか」といったこと，そして，③「同一性の依存性」すなわち，「ある将来世代はメンバーが誰で，また何人なのかといったことを現在世代が日々どのように行動するかによって部分的に左右される」[4]。こういった状況の中で，「世代間公正」の問題を考察し，判断するこ

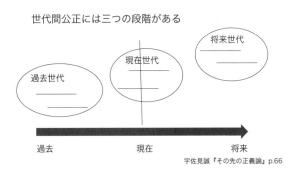

世代間公正には三つの段階がある

宇佐見誠『その先の正義論』p.66

230 第Ⅲ章 社会系教科における授業デザインの理論と実践

とはとても難しい問題[5] になってきている。

3 「世代間公正」問題の教科書モデル案：地球環境問題

　日本弁護士連合会「市民のための法教育委員会」では，「公正」概念の「活用」を目指した授業開発を重視しており，2018 年以降，教科書モデル案の形で，その教材・ワークシートを示してきた[6]。 筆者も「外部委員」として教科書モデル案の作成に関わってきた。その教科書モデル案の一つとして「地球環境問題」がある。「地球環境問題」は，全 3 時間で構成されている。本稿では，紙幅の関係もあるので，「3 時間目」のモデル案のみを示すが，「1 時間目」「2時間目」についても，その内容を紹介したい。なお，同モデル案は，後ほど論じる研究授業の後で，特に「3 時間目」は修正が加えられてきている。

(1) 教科書モデル案「1 時間目」の内容

　「1 時間目」は，「地球環境問題対策の課題」を理解することを目標としている。そのため，「地球温暖化問題への取り組み」が進んできているが，先進国と発展途上国との対立といった課題もあり，これらの取り組みが十分な効果を挙げきれていないことを指摘する。そして，「思考実験」として，「投資ゲーム」を行う。この「投資ゲーム」は，各プレイヤーが「ポイント」を15 ポイントを持ち，全部で 5 回戦行うものであり，地球温暖化対策として，各々が15 ポイントの中でどれだけ投資するのかを考え，その投資額の合計ポイントの 2 分の 1 が「利益ポイント」として投資したプレイヤーに還元されるというものである。この「投資ゲーム」の結果，生徒は，「自分が地球環境のために多くを投資しても，地球環境の改善はすべての人に平等な利益であり，たくさん投資した人ほど損をするので，結局は誰も投資しなくなる」ことを理解する。そして，最後に，「課題を解決するための方法にどのような方法があるのか」を生徒に思考，判断させる。最終的な結論は，「全員を拘束するルールが必要になる」ということについて理解してもらう。

(2) 教科書モデル案「2時間目」の内容

「2時間目」は,「地球環境問題対策のための公平な費用分担のありかた」を思考,判断することを目標としている。そのため,「環境問題の対策には費用がかかる」ことを生徒に確認させた後で,費用の負担のありかたについて,「1時間目」で学んだ「国際社会で共通のルールを設ける必要があること」を踏まえ,その費用の公平な負担のありかたについて,資料を根拠に思考,判断することを生徒に求めている。そこで示される資料は,「世界の国別の二酸化炭素排出量」「各国の温室効果ガス削減目標」「国内総生産上位15カ国がどれだけのGDPなのかを示す資料」であり,それらの資料に基づいて,以下の意見について,「賛成できるか賛成できないか」を生徒に判断させている。

①いま温室効果ガスを多く排出している国ほど削減負担を重くすべきだ
②温室効果ガスを過去から多く排出してきた国ほど削減負担を重くすべきだ
③温室効果ガスの削減技術が高い国ほど削減負担を重くすべきだ
④世界経済への影響力が大きい国ほど削減負担を重くすべきだ
⑤すべての国が一律に同じ削減負担を課されるべきだ

これらの意見について,生徒個々が「強く賛成」「まあ賛成」「賛成できない」に分けて,その結果を持ち寄って,4人グループで話し合いをし,「自分とは異なる意見だが『なるほど』と思ったもの」などをワークシートに書く。また,「ほかにも公平な費用分担のための考え方や方法がないか,話し合い」をし,最後に,グループでの話し合いの結果をまとめる,という流れになっている。

(3) 教科書モデル案「3時間目」の内容

「3時間目」は,「地球環境問題対策のための費用負担について将来の世代と対話してみよう」をテーマにし,「地球環境問題対策をとらないと将来に何が

3時限目

③ 地球環境問題対策のための費用負担について将来の世代と対話してみよう

地球環境問題対策をとらないと将来に何が起こるか考えてみよう

　私たちの世代と将来世代の間における地球環境問題対策のための公平な費用分担のありかたについて，次の資料〜資料4を参考にして考えてみましょう。

※ＲＣＰシナリオ：地球温暖化ガス排出量シナリオ。RCP2.6（低位安定化シナリオ）は将来の気温上昇を2℃以下に抑えるという目標を達成するためのシナリオ。RCP8.5（高位参照シナリオ）は2100年における温室効果ガス排出量の最大値（何も対策をとらなかった場合）のシナリオ。

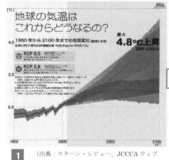

1 （出典：スターン・レビュー，JCCCAウェブサイトから引用）

2 （出典：IPCC第5次評価報告書など，JCCCAウェブサイトから引用）

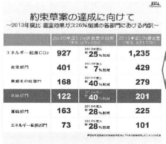
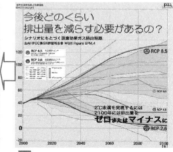

4 （環境省地球温暖化対策本部決定「日本の約束草案」よりJCCCA作成，JCCCAウェブサイトから引用）

3 （出典：IPCC第5次評価報告書，JCCCAウェブサイトから引用）

第9節 「公正」概念の「活用」を目指した授業デザインとその実践上の課題　　233

RCP8.5(何も対策をとらないとき)において将来の世代が受ける負担と,RCP2.6(将来の気温上昇を2℃以下に抑えるとき)において私たちの世代が受ける負担について考えてみましょう。

将来世代の負担(RCP8.5)	私たちの世代の負担(RCP2.6)

私たちの世代は地球環境問題への対策をとるべきだろうか

私たちの世代がRCP2.6を達成するため地球環境問題への対策をとるべきかどうかについて,できるだけ負担を少なくするというう効率の観点,負担を公平に分配するという公正の観点から考えてみましょう。

賛成できる考え方はどれだろうか

ア 環境対策技術が進歩してから対策をとるほうが負担が少なくなるはずだ

イ 地球環境悪化が深刻になる前に対策をとるほうが負担が少なくなるはずだ。

a 将来の世代が自分たちの利益のために対策をとるのが公平だ。

b 深刻な環境悪化を防ぐことができる私たちの世代が対策をとるのが公平だ。

ワークシート

	a	b
ア		
イ		

自分の意見・グループの他の人たちの意見をワークシートのどこかに位置づけてみましょう。

将来の世代の人たちと話し合ってみよう

2100年の放射強制力を2.6W/㎡と想定するRCP2.6,8.5W/㎡と想定するRCP8.5のほか,これを4.5W/㎡と想定するRCP4.5(中位安定化シナリオ),6.0W/㎡と想定するRCP6.0(高位安定化シナリオ)があります。私たちの世代の立場で意見を述べる役割と将来世代の立場で意見を述べる役割をグループ内で決めて,どのシナリオを私たちの世代が選択すべきかについて将来世代の人たちと話し合ってみましょう。

私たちの世代の意見	将来の世代の意見

⇨ ほかにも現在世代と将来世代の公平に関する問題がないかどうか調べてみましょう。

234 第Ⅲ章 社会系教科における授業デザインの理論と実践

起こるか考えて」みることを目標としている。その際，「RCP シナリオ」に基づいて，検討する。

　生徒は教科書モデル案に示される「RCP シナリオ」に基づいて，資料にあるような「地球の気温はこれからどうなるのか」「気温が高くなるとどのような問題が生じるのか」「今後どれくらい排出量を減らす必要があるのか」「2013 年度比で温室効果ガス 26％削減を目指す場合，どのような取り組みが必要になるのか」を踏まえ，私たちが何も取り組みをしない場合，どのような負担（現役世代の負担）があるのかを確認する。そして，「私たちの世代は地球環境問題への対策をとるべきか」について，考察するため，次の意見について，「賛成できるか否か」について，問う。

---

①環境対策技術が進歩してから対策をとるほうが負担が少なくなるはずだ
②地球環境悪化が深刻になる前に対策をとるほうが負担が少なくなるはずだ
　（a）将来の世代が自分たちの利益のために対策をとるのが公平だ
　（b）深刻な環境悪化を防ぐことができる私たちの世代が対策をとるのが公平だ

　そして，①②と（a）（b）をマトリクスにして，自分や他者の意見がどの考え方に近いのかをワークシートに書かせる。最後に，「2100 年の放射強制力を2.6W/㎡と想定する RCP 2.6，8.5W/㎡と想定する RCP 8.5 のほか，これを4.5W/㎡と想定する RCP 4.5（中位安定化シナリオ），6.0W/㎡と想定する RCP 6.0（高位安定化シナリオ）があります。私たちの世代の立場で意見を述べる役割と将来世代の立場で意見を述べる役割をグループ内で決めて，どのシナリオを私たちの世代が選択すべきかについて将来世代の人たちと話し合ってみましょう」を課題にして，生徒に「世代間公正」問題について考えてもらう，これが「3 時間目」の「シナリオ」だった。

第9節 「公正」概念の「活用」を目指した授業デザインとその実践上の課題 235

4 「3時間目」の授業の実際

　教科書モデル案「1時間目」から「3時間目」は，2018年11月にA高校3年生「現代社会」の授業で実践された。本稿では，その内，「世代間公正」を扱った「3時間目」の授業実践において，生徒がどのような思考・判断を行ったのか，生徒の議論の様子を起こして，その傾向を考察したい。

E：え，ちょっと待って。どういうこと？

A：私たちが負担するか，将来の世代が負担するのかどっちか。

E：え，私たちしかなくない？

D：まぁ。

A：何のことなのかいまいち分かってない。

E：負担っていうのは，それをカットするっていうか…。

F：私たちが我慢して，今対策を取って負担すると，将来は低い〇〇で収まるはず。それか，今何もしないで将来に負担を課すか。

E：あ〜。でも，今だったら，今起きてる地球温暖化っていうか，それ以外の問題もさ，今，今だから分かるわけじゃん。他の問題も。だから他の問題がありつつも，どうやってこれに対処していくかってのは考えられるけど，将来だったらさ，今予測できるものって限りがあるし，将来他の何か対処しないといけないものが出てきたときに，その，何か分かんないけどね？それと同時にこの負担を背負えるのかっていうのがあるじゃん。だから，ある程度今からやるしかないんじゃないかな。当たり前のこととして。

F：なんか，すぐにできるもんじゃないし，将来に負担を伝えてもそこからずっとその問題が続いて，どこまでいくか分からない。

E：実際どういうことをしてさ，どういうことをして伝えるのかな。

G：でもその下に…（不明）。

E：分かんない。あ，車とか。

G：そんなのしかないのかな？

E：だからこそ今，すごい車の開発とかやってるんじゃない？企業でもあるじゃん。…自分が話してることが正しいか分かんない。え，そうだよね？

A：でも将来の方が，技術が向上して効率的な○○方があるかもしれない。

E：え，でもさ，敢えて後回しにする必要もなくない？

（D：うなずく）

E：すぐに今，全てをっていうのはもちろんないと思うけど，今できる範囲で他の問題に対処しつつ，そこを進めていかない限りは，その，Aさんが言った，もちろん将来的に技術が発展することもあると思うけど，そこにもたどり着けないかもしれないじゃん。だから今ちょっとずつ…。なんか，仮に今他の問題があるのだとしても，絶対に後回しにしちゃいけない問題だと思う。

　　　（下線は筆者　なお，文中の○○は言葉が聞きとりづらく，○○としている）

　以上は，生徒が「現役世代」と「将来世代」の負担の配分のあり方について，議論をしている様子である。将来技術は進歩している可能性はあるが，「敢えて後回しにする必要もなくない」の意見にあるように，結局は現役世代が，「今できる範囲で対策をするべきだ」「今できる対策をしないと，将来世代はそこにたどり着けない」と最後にまとめている。実は，他のグループの議論も大なり小なり，「現役世代」に多くの負担を負うのが当然である，といった意見に集約された。

5　「世代間公正」問題の実践上の課題

　本稿では，特に「世代間公正」問題に焦点を当てて，同問題をターゲットにした教科書モデル（案）を紹介し，その教科書モデル（案）で授業を行った場合，

生徒がどのような議論を行うのかについて検討した。どうも，生徒は，「将来世代」が享受する「利益」に見合った「負担」を負うといった判断をせず，「現役世代」が「将来世代」に負う「責任」を重視し，「現役世代」が「将来世代」のために行動すべきだとする「ありがち」な結論に集約していった。「世代間公正」問題は，「属性の不可知性」が生徒の「判断根拠」を欠如させてしまい，「現役世代」の負担を重く見る議論になりがちである。「将来世代に任せた方が効率的だ」といった判断にはなりにくい。今後は，このような課題があることを踏まえ，「将来世代」に対する「想像力」の欠如をどう補えば良いのか，「将来世代」と「現役世代」の「バランス」の取れた判断が可能になる授業プランの「条件」について検討していきたい。

（橋本　康弘）

註

（1）文部科学省『中学校学習指導要領解説社会編』平成 29 年，p.139.

（2）先行研究に，岩野清美・山口康平「社会科授業における価値観の検討の分析—中学校公民的分野「地方自治」単元における「公正」についての議論を事例として」『社会系教科教育学研究』第 25 号，2013 年や種村求・熊本秀子「弁護士との協同による『対立と合意』・『効率と公正』の授業—思考力を育てる教材への発展—」『法と教育』Vol.6, 2015 年，pp.51-60. 等がある。いずれも，中学校での実践研究である。

（3）宇佐美誠『その先の正義論』竹田ランダムハウスジャパン，2011 年，p.60.

（4）前掲書（3），pp.72-74.

（5）学習指導要領解説に次の記述がある。「将来の世代の人々との間での協働関係について考察することなどが大切である。将来の世代の人々は，現在の時点で政治過程や市場などに参加することができないことの理解を基に，現在の世代の人々が将来の世代の人々のことを考えて決定することは難しいと言われるが，どのようにすれば現在の世代の人々は将来の世代の人々のことを考えて決定できるか，といった問いを立て，考察することにつなげることが考えられる。」とある。「世代間公正」の問題は「難しい」のである。文部科学省『高等学校学習指導要領解説公民編』平成 30 年，pp.46-47.

（6）橋本康弘編『公共の授業を創る』明治図書出版，2018 年にも，日弁連「市民のための法教育委員会」が開発した教科書モデル案「高等教育の無償化問題」が示されている。

第Ⅳ章
社会系教科における評価の理論と実践

第1節 「選択・判断」する力の育成を図る社会科評価法の論点
―小学校社会科授業における子供の判断事例の分析を基に―

　周知のように新学習指導要領においては，資質・能力の育成を核とする教育課程編成が明確化され，社会科でも，目標である公民としての資質を，三つの資質・能力の育成を通して養うこととなった。また，思考力・判断力・表現力等の育成に関わって，社会的事象の特色や意味を考察することに加え，社会への関わり方を「選択・判断」する力の育成を図ることも明記された。

　知識・技能の習得から資質・能力の育成へと教育の重心を移すことは，当然ながら教育評価の在り方についての転換も伴う。本稿では，紙幅の関係もあり，資質・能力の育成の評価に関し，とりわけ社会的事象に係る子供の「選択・判断」する力の育成を図る社会科授業の評価の在り方について，実践事例の分析を基に考察し，評価法に係る論点を明らかにしていきたい。

1　社会問題への判断力を育成する社会科教育論の類型

　まずは，「選択・判断」する力の育成と関わって，これまでに提唱されてきた多様な社会科教育論を整理しておこう。評価の在り方を検討する上でも，社会科の学力像や目標の整理・検討を踏まえた考察が必要だからである。

　社会科教育の場合，それは，「意思決定力」「合意形成力」「価値観形成」「社会形成」といった能力・目標概念とともに提唱されてきた。その多くは，社会の制度や仕組みのあり方をめぐって見解や意見の対立が見られる社会的論争問題を取り上げ，問題に対する「選択・判断」の能力の育成を図る点で通底している。しかし，一方では，わが国における論争問題学習を提案してきた一群の研究は，形成・育成しようとするものの異なりによって，図4-1-1に示すような多様な類型に整理できると考えられる[1]。

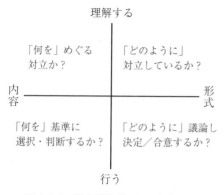

図 4-1-1　論争問題学習の目標相関図

まず論争問題学習を腑分けする視点として，目標に係る二つの座標軸を設定した。一つは，論争を「理解する」ことと論争を「行う」ことという，理解と行為の側面から論争問題学習を捉える視点，すなわち，論争を対象化するのか，論争を遂行するのかという視点である。もう一つは，論争の「内容」と論争の「形式」という論争それ自体を構成する要素の面から捉える視点である。これら二つの視点を交差させると，四つの論争問題学習の類型を得ることができる。

　図の上部二つの象限は，ともに「論争を理解する」ことを重視する立場を示している。二つの違いは，論争の内容の理解を重視する立場，つまり「《何を》めぐる対立なのか」を学習させることに重点を置くのか，論争の形式の理解を重視する立場，つまり，論争において対立関係にある主張が「《どのように》対立しているか」を学習させることに重点を置くのかの相違である。

　一方，図の下部二つの象限は，ともに論争問題学習において，実際に「論争すること」を重視する立場を示している。二つの違いは，論争を行うにあたって議論や決定の方法（形式）を重視する，つまり，「《どのように》議論するのか」「《どのように》決定／合意するのか」を意識して学習を進めようとするのか，論争を行うにあたっての議論や決定の内容を重視する立場，すなわち「《何を》重視して選択するのか」「《何を》基準に選択／決定するのか」を意識して学習を進めるのかの相違である。

　もちろん実際に学校現場で行われる論争問題学習は，いずれか一つの型の学習が展開されることは少なく，これらの側面を併せもった授業が展開されると考えられる。しかし，目標として育成すべき資質に関する考えが異なれば，自ずと評価の在り方や方法も異なってこよう。

2 「選択・判断」する力を可視化する方法と課題

「選択・判断」する力の育成を図る社会科授業においては，求められる選択・判断の在り方が子供に身に付いているかを看取るため，授業での子供の選択・判断の論理やプロセスを可視化することが必須となる。こうした判断の可視化については，従来多くの先行研究が「トゥールミン・モデル」や「ハンバーガー・パラグラフ」などの思考モデルに依拠する論を展開してきた。

例えば，原田（2014）は，価値判断に関わる評価について，事実的知識，理論的知識をふまえた上で行うと留保しつつ，「価値的知識を問う問題で大切なのは価値の内容ではなく，価値判断の根拠である」とし，また実践的判断を求める場合においても「その評価においては，上記〔価値判断〕の場合と同じく，その根拠や理由を評価せねばならない」とする。さらに，評価のための枠組みとして，トゥールミン図式とハンバーガー・パラグラフを例示し，「証拠に基づいて論述することの重要性を学ばせるのに絶好の枠組みである」と評価している。

これに対し，池野（2004）は，言語コミュニケーションに基づく社会形成の立場から，社会科で育成すべき学力の本質をコミュニケーションとしての討議と規定する。それゆえ，討議の論理形式を構造的に図化したトゥールミン図式をもとに，子供が議論の構造を作り出し，操作できることが目指すべき学力であると論じている。池野においては，トゥールミン図式は単なる論証のための思考ツールを超えて，身につけさせたい討議の能力を具体化したものとして位置付けられている。

両者の間には，社会的事象に係る知識の発見や形成にこそ社会科の目標があるとして，図式はあくまで価値判断を表出させるための方法として位置付けるのか，そうした価値判断を含む議論の構造を操作的に扱う能力の育成をこそ目標として目指すべきとするのか，という大きな違いが見られる。しかし一方で，最終的に子供に求められる判断は，「主張（結論）」とそれを支える「データ（個別の事実）」，そしてそれらを結び付ける「論拠（論理）」，さらにはその「裏

244　第Ⅳ章　社会系教科における評価の理論と実践

付け」によって構成されるものと捉え，それらが首尾一貫して構築されること
が判断の形成であるとみなす点で共通している。

　個々の子供が社会の問題や課題について自立的に考え，根拠に基づく合理的
判断を形成することをねらいとするならば，子供の判断が根拠づけられた整合
的な判断となるよう，判断の形式が子供にも理解され，その形式に沿った判断
をなし得ているかを評価することが必要となろう。しかし一方で，先に挙げた
論争問題学習の目標の多様性は，それによって形成される子供の認識や態度，
能力を評価する観点も多様なものとなりうることを示すのではないか。例えば，
論争的な問題へのいわば子供なりの「主張」を評価対象とするだけでなく，問
題そのものをどう捉えているかという点も重要な評価指標となるのではないか。
この点について，小学校社会科授業の事例を基にさらに考察してみよう。

3　社会科授業実践に見る子供の判断の態様

　事例は，2017 年 10 月に鹿児島大学附属小学校において実践された第 5 学年
社会科の小単元「自動車を作る工業」(9 時間構成) の実践と評価の実際であ
る[2]。本単元の目標と単元の構成を表 4-1-1 に，そして本単元の中心課題に直
接関連するテーマを扱った第 7 時の授業構成を表 4-1-2 に示した。

(1) 単元と評価の構成

　単元の目標は，一般的な自動車工業の学習における目標を含みつつ，「自動
運転のシステム開発をどこまで進めるべきか」[3] という問題に対し，自ら判
断し，その理由を説明できることを挙げている。単元の展開も全体として，ゆ
るやかではあるが価値判断を求める学習問題の解決過程として構成されている。
具体的には，第 1 時で自動運転開発の現状と開発のレベルを捉えて学習問題を
立て，問題への暫定的な判断を行っている。以後，自動車の生産・輸送の工夫，
輸出や開発に係る工夫の学習を展開した上で，第 7 時で単元の中心課題に直接
関連する内容を扱った後，第 8・9 時で単元の学習新聞をまとめる中で，問題

第1節 「選択・判断」する力の育成を図る社会科評価法の論点　245

表4-1-1　小単元「自動車を作る工業」の目標と単元構成

小単元の目標
・自動車工業に従事する人々は，消費者のニーズや環境，社会的要請にこたえるために工夫しながら自動車を生産しており，国民生活を支えていることを捉えることができる。 ・我が国の工業の中心である自動車工業に従事する人々の工夫について，表やグラフ，写真などの資料を活用して必要な情報を集めたりまとめたりすることができる。その際，人々の工夫について，取組みの様子を安全性や効率性，消費者のニーズや社会的な要請と関連づけて考えるとともに，今後の自動車工業の在り方について，自動運転システムの是非について判断したり，理由を説明したりすることができる。 ・我が国の工業生産の中心である自動車工業に従事する人々の工夫に関心をもち，見通しをもって内容や方法を振り返ったり修正したりしながら意欲的に追究・判断することができる。

各時間の中心発問（MQ）	主な学習活動と資料	まとめ（MA）：子供から 引き出した知識
①自動車はどのように進化し，これからどう変わっていくか？	車の進化，自動運転車の写真と開発レベル	学習問題：自動運転システムの開発はどこまで進めるべきなのだろうか？
②1ヶ月に2万台もの自動車をどのようにして作っているのだろうか？	車の部品数，工場当り生産数，各工程の工夫を考える	機械や人の手で，はやく正確に，また安全に作る工夫をしている
③組立工場で取り付けられる様々な部品はどこからきているのだろう？	部品の流れ，JST，部品工場の配置から工夫を考え	関連工場とよばれる様々な部品工場で，必要な分が作られ，必要な時に運ばれてきている
④出来上がった自動車は，どのようにして世界中のお客さんのもとに運ばれるのか	工場と消費地の地図，生産数・輸出数，船・トラックでの積載図	運び先や運ぶ台数に合わせ，船やトラックなどの方法で傷を付けないよう慎重に運んでいる
⑤日本の自動車メーカーなのに，なぜ海外で生産しているのだろう？	アジア各国の時給，地価，各国の工場分布，内・外の労働者数変化	安く，早く作れたり，相手の国の発展につながるなどのよさがあるから。ただし国内の工場が少なくなる可能性がある
⑥環境や人にやさしい自動車とはどのような自動車なのだろうか？	エネルギー資源の採掘年数，燃料電池の仕組，安全装備等	空気をよごさず，資源をあまり使わない車や，事故から身を守ったり誰でも運転できる車
⑦（自動運転は）とても便利なはずなのに，なぜ意見が分かれているのだろう？	自動車事故の要因，高齢者事故数，自動運転実験での事故，道路交通法70条，AIのトロッコ問題	利点もあるが様々な意見の分かれる対立する問題がある。それらについて慎重な検討が必要
⑧⑨各自の判断を学習新聞にまとめよう	授業で用いた資料の縮小コピーを選んで紙面に貼り，それらをもとに，自動車工業の現状と単元の学習問題への最終判断の根拠を整理した上で，自己の判断とその理由を述べる

246　第Ⅳ章　社会系教科における評価の理論と実践

表 4-1-2　第 7 時の授業展開

単元「自動運転をどこまで進めるべきか」第 7 時の授業展開		
授業での発問	主な学習活動と資料	まとめ（MA）：子供から 引き出した知識
1. 自動運転の開発に関しては，自動の度合いによってどんなレベルがあったか	①自動運転の開発レベル表から，レベルの違いを説明	1：加速・減速・ハンドル操作の一つを自動化 2：加速・減速・ハンドル操作の複数を自動化 3：緊急時を除き自動化 4：完全自動化
2. 自動運転の開発レベルについて，意見はみんな同じなのか。クラスはどうか。	自動運転を進めるべきか（②判断の割合調査データ）	意見が分かれている。クラスの判断も分かれている。
MQ（自動運転は）とても便利なはずなのに，なぜ意見が分かれているのだろう？	資料を読み解き，意見が分かれる根拠を探る	
3. それぞれの資料は何を示しているか。自動運転開発を進める根拠になる資料はどれか？反対する根拠になる資料はどれか？	③車の運転事故の理由一覧④75 歳以上高齢者の事故割合⑤免許返納相談の写真⑥自動運転実験の実施場所⑦自動運転の実験事故⑧プログラミング上の倫理問題⑨道路交通法⑩バス・トラック等の運転手人口	進める根拠は，③④⑤でミスによる事故や高齢者の事故を減らせる。反対する根拠は，⑦⑨⑩で，自動運転も完全ではないし，今の法律を変えないといけない。失業者も出そう。⑥は，地方に多くある。地方では人不足で自動運転が求められている。都会と状況が違いそう。⑧はよく分からない。
4. ⑧は自動運転でコンピューターへの命令をプログラムする時の場面を表している		完全自動運転の場合，緊急時の対応の仕方を事前に決めておかなければならない
5. ⑧のように自動運転の車が事故した場合，どんな問題が起こる？		運転した人かコンピュータか，作った会社？誰が責任を負えばよいか分からない
6.（自動運転は）とても便利なはずなのに，なぜ意見が分かれているのだろう？		利点もあるが様々な意見の分かれる対立する問題があり，慎重な検討が必要。

への最終判断を行わせている。作成する新聞には，判断の根拠となる資料を添付し，自己の判断とその理由を述べるよう指示している。

評価対象は単元末に作成する学習新聞であり，望ましい開発レベルの判断と

第1節　「選択・判断」する力の育成を図る社会科評価法の論点　247

その根拠となる資料の選択，及び判断した理由の記述を基に目標の達成度を測ろうとしている。想定された評価基準は，自動運転の開発について，「A　複数の根拠をもとに判断している」「B　一つの根拠をもとに判断している」「C　判断しているが，根拠をもとに論じていない」というものであった[4]。

(2) 判断の実際

　単元の第1時と第9時における児童の判断を，選択した開発レベル，理由の記述，及び判断基準に整理し，表4-1-3に示した。判断基準については，児童の理由記述の分析を基に質的カテゴリー化によって類型化を行った。

表4-1-3　授業における児童の判断の変容

整理番号	1時	理　由	判断基準	9時	理　由	判断基準
1	2	運転したいから。信用できないから。	運転する自由・効用，信頼性に懸念	2	自動運転でも事故が起こる可能性がある。	システムの安全性に懸念
4	3	レベル4だと，運転手が一切していなかったら，おとろえていくから。	運転能力劣化・油断	2	全てを任せていたら緊急時の時にシステムが認識しきれなく事故になるかもしれないから。	システムの安全性に懸念
6	2	ほとんどロボットが運転することになると，信用しきれない。	システムの安全性に懸念	2	運転手も楽をしたいと思うけど，ロボットが事故を起こすと責任を取る人がいないから。システム開発と同時に法律をかいじょすることが必要だ。	責任の所在の明確化
9	2	アクセルブレーキだけでよい。	システムの安全性に懸念	2	あまりレベルを進めてしまうと油断してしまって，事故を起こしてしまうかもしれないから。	運転能力劣化・油断
10	3	みんなが運転できなくなるから。	運転する自由・効用	4	外国ではもう自動運転が試されている国もあるからだ（日本の工業が遅れていると思わせない。）	国際競争力の低減
11	3	自分で運転したい人もいるけれど，運転できない人もいるから。	障害者・高齢者への対応	3	なぜなら機械が不具合を起こしても運転手の判断で操作できるからです。それに運転を自分でしたい人もレベル3だったら，全部を機械がすることもないから。	システムの安全性に懸念，運転する自由・効用
12	2	今開発しているレベル2まででいいと思う。運転手がさぼると，めんきょを取らずに乗ったりすると危ないし，しょうがい物が検知できないかもしれないから。	免許の必要性，信頼性	3	4まですると頼りっぱなしになり，2で止めると障害者や高齢者が困ってしまう。そう考えると3がいいと思う。	運転能力劣化・油断，障害者・高齢者への対応

13	4	便利になるから。	自動運転の利便性・効用	3	あまり頼りすぎるところに気をつけながら，レベル3まで進める。進めるためには何度も実験することが必要である。	運転能力劣化・油断
15	2	怖いし，また本当に安全に運転できるのかなどの信用性が感じられない。	システムの安全性に懸念	2	進めるためには，不安感などがある人にも安心できる自動運転にすべきだ。	システムの安全性に懸念
16	2	不安だから。	システムの安全性に懸念	3	レベル4になると事故になるかもしれないから。	システムの安全性に懸念
18	3	大雨の時，水たまりなどかんち（感知）をすることができずスリップするかも。	システムの安全性に懸念	4	今までの事故は人により起きたことだからだ。だがそのレーダー車は何千回何万回と走っても壊れないよう細かい検査をする必要がある。	自動運転の利便性・効用
19	3	もしものために自分で運転できた方がよいし，自分で運転しないとつまらない。	運転する自由・効用	3	緊急時は自分が運転できて安心だし，普通は楽だから。ただしコンピュータが壊れた時のことについては特に気をつけなければならない。	システムの安全性に懸念，運転する自由・効用
20	0	あまり信用できない。自分でも運転してみたい	システムの安全性に懸念	2	もしもプログラムミスがあり，事故を起こした時にどうしようもなくなってしまうから。	システムの安全性に懸念
21	4	手動だとストレスがたまるから。	運転する自由・効用	4	日本は世界に名をとどろかす位の車を作ってきた。もしレベルを他の国より下げたら，日本の自動車産業にとっても技術が落ちてしまう。	国際競争力の低減
22	2	コンピュータを信用できない。運転を楽しみたい。	システムの安全性に懸念，運転する自由・効用	3	レベル3まで開発すれば良いと考える。その理由はきんきゅう時に人間が運転すれば事故の責任を負うのは誰かという問題がなくなるから。	責任の所在の明確化
23	4	老人の人で足が悪かったりしても自動だったら車で移動できるから。	障害者・高齢者への対応	3	高齢者や障害者が安心して運転できるには，自動運転が必要だと思う。ただし絶対に事故に合わないわけではないから，そこは特に気をつけなければならない。	障害者・高齢者への対応
26	3	少しは運転したいし，車よいがはげしいから運転しないと気持ち悪くなる。	運転する自由・効用	3	運転を仕事にしている人が困ってしまうからだ。	運送・運転手業への影響
28	2	機械のお知らせがあっても，気づかない場合があるから。	システムの安全性に懸念	2	全てを自動でしてしまうと気づかないうちに壊れて事故を招いてしまうから。そのため外国には先を越されてしまうけど，その分，安全性など行き過ぎない進化をすることができる。	国際競争力の低減，システムの安全性に懸念
29	0	自動運転は80歳までやる人がいたら危ない。	障害者・高齢者への対応	0	高齢者がもしきんきゅう時に運転できない状況ができたら，ちょっとやばいから。	システムの安全性に懸念
30	2	自分で運転した方が楽しい。	運転する自由・効用	2	やっぱりコンピュータだから安心できない。ただし自分のミスには気をつけなければならない。	システムの安全性に懸念
32	3	レベル4は少し不安。	システムの安全性に懸念	3	今の法律では免許を持っていないと運転できないから。	現行法の遵守

第1節　「選択・判断」する力の育成を図る社会科評価法の論点　249

表 4-1-4　単元における判断の変容

| | 開発レベル | 第9時判断 | | | | | |
		0	1	2	3	4	小計
第1時判断	0	1	0	1	0	0	2
	1	0	0	0	0	0	0
	2	0	0	5	3	0	8
	3	0	0	2	4	2	8
	4	0	0	0	2	1	3
	小計	1	0	8	9	3	21

表 4-1-5　単元における判断基準の変容

		第1時判断	第9時判断
判断基準	運転する自由・効用	7	2
	システムの安全性に懸念	9	10
	障害者・高齢者への対応	3	2
	運転能力劣化・油断	2	3
	国際競争力の低減		3
	責任の所在の明確化		2
	現行法遵守の必要性		1
	運送・運転手業への影響		1
	自動運転の利便性・効用	1	1

　表 4-1-4 は，第 1 時から第 9 時への判断の推移を示したものである[5]。
　まず全体の傾向として，第 1 時と第 9 時の判断において，21 名中 9 名の児童が開発レベルの判断を変更し，12 名は変更しなかった。しかし，判断理由を見ると，5 名を除き全ての児童が判断理由を変えており，かつ 4 名の児童が複数の理由を挙げている。また表 4-1-5 に示すように，第 1 時の判断理由が「運転する自由・効用」「システムの安全性に懸念」などの基準に集中したのに対し，第 9 時では，単元での学習事項や扱った資料を踏まえ多様な基準から理

由を説明する児童が増えていることが分かる。こうした判断の実態から，根拠や理由を挙げて自らの主張を形成するという目標は概ね達成されていると考えられよう。

(3) 問題の捉えに基づく判断と論理形式の異なり

しかし一方で，個々の児童の判断の仕方に着目すると，質的な差異を見出すことができる。一つは，問題の捉え方に拠る判断の相違である。例えば，個々人の運転の安全操作に係る問題と自動車工業の国際競争力の低減という問題の捉えの違いにより，開発レベルの判断に異同が見られる。前者を重視する場合，選択される開発レベルは2・3に集中し，後者は4に偏っている。

二つは，問題の捉え方に拠る判断の論理形式の異なりである。ここでは，同一の開発レベル3を選択した2人の児童の判断に見られる違いを考察しよう。図4-1-2に示すように，抽出児11は，レベル3を支持する理由として，「緊急時には機械の要請で人間が車を操作する」というレベル3の機能を根拠に，機

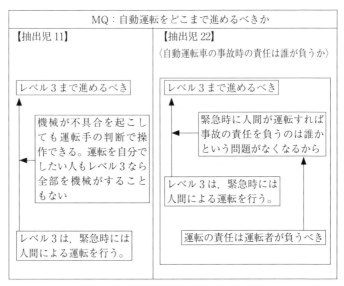

図4-1-2　児童の判断の論理形式の差異

械の不具合時への対応が可能であることや人間の運転も可能であることを挙げている。これに対し抽出児22は、レベル3を支持する理由として、同じくレベル3の機能を根拠としつつも、自動運転開発に関わる一つの争点である、「自動運転車の運転の責任は誰が負うべきか」という問題をレベル3を選択することで、解消できると述べている[6]。

　抽出児11は、個人的行為のレベルで問題を捉え、レベル3を妥当であると判断するのに対し、抽出児22は、法的な争点のレベルで問題を捉え、また運転責任は人間が負うべきとする規範を選択した上で、レベル3が妥当であると判断していることが読みとれる。両者には、自己の主張と根拠や論拠の整合的な関係を見出す判断の仕方と、規範的に対立する法制度上の争点を踏まえ、あるべき規範を選択（発見・序列化）しながら、それと整合する主張や根拠を見出す判断の仕方という論理形式の違いを見出すことができよう。

　こうした判断の違いが生じた要因は、単元や授業で扱った問題と争点を、学習のまとめで整理検討することが不十分であるなど授業構成上の課題も起因すると考えられる。しかし一方で、このような子供の思考の実態は、評価の在り方についてさらなる検討課題を示唆しているのではないか。

4　「選択・判断」する力の育成方法と評価法への示唆される課題

　ここでは社会的論争問題学習を通じた「選択・判断」する力の育成方法とその評価法について、二つの課題を指摘したい。

　一つは、社会問題を質的に区別・整理することの必要性と、それを遂行できる能力の育成である。社会的な問題や課題は、それに係る多様な副次的問題、例えば、事実認識の確からしさに関わる問題、価値や規範に関わる問題、議論する際の言葉の定義に関わる問題などを含んでおり、問題に関する精緻な議論を作り出すためにも、子供の問題自体の捉えを多面的にする必要があり、かつ問題の質的差異を踏まえた議論を遂行する力の育成が求められるのではないか。定式化された思考ツールを活用することで、一人一人の子供の判断を可視化し、

252　第Ⅳ章　社会系教科における評価の理論と実践

評価の対象とするにしても，問題の捉えの多様性を組み込んだ評価方法を検討する必要があるのではないか[7]。

　二つは，社会問題に関わる争点学習の組織と評価法の必要性である。先の児童の例で見たように，価値や規範に関わる問題であっても行為の在り方を問う場合と法制度の在り方を問う場合で，判断の仕方は異なってくる。何らかの法制度を導入して問題解決を図る場合，すでに社会に実装されている法制度や仕組みとの調停が避けられない。新しい制度や仕組みの導入は，社会の多数派が支持する既存の制度や仕組みに内包される規範との対立・調停問題として，具体的な争点を伴う形で立ち現れるからである。

　社会的問題の解決について考える力とは，単に支持する行動，政策や制度を選び，根拠をもとにその理由を説明することだけに留まらない。クリック（2011）が述べるように，政策や制度は社会の規範とどの点で整合または対立するのかという争点の文脈を検討した上で，対立する価値や規範の序列を考え選択・判断することが求められるのではないか。こうした判断力を育成し，その達成度を評価する方法について，さらなる開発研究が求められよう。

（溝口　和宏）

註

（1）具体的な研究事例に関しては，溝口（2015）を参照されたい。実践においては，他の象限に見られる要素も含んだ学習活動が展開されることも考えられるが，ここでは学習目標との関連で重視する立場を理論的に振り分けている。

（2）本実践の開発に当って，筆者も資料の提供や助言を行なうとともに，学習成果の分析を実施した。

（3）今日，自動運転の開発レベル指標は5段階が主流だが，授業時点では，米国運輸省道路交通安全局が定めた4段階の基準に即して，開発レベルを設定した。

（4）評価基準については授業を実施したK教諭から筆者が直接に聞き取りを行った。

（5）33名の児童のうち単元で実施した全ての判断機会において，自己の判断内容を記述した21名の回答のみを抽出した。

（6）厳密に言えば，レベル3は車の自律走行を認める点で，通常時の運転の責任を

人間から車へと移行させることになる。運転の法的主体を考える上では，この点が焦点となるが，考察は不十分なものとなっている。

（7）例えばオリバー（2018）らは，こうした能力育成の必要性とそれに係る具体的な評価法を提案している。

参考文献

バーナード・クリック『シティズンシップ教育論　政治哲学と市民』法政大学出版局，2011 年

原田智仁「思考・判断・表現の評価の基本原理」日本教材文化研究財団『社会科における「思考・判断・表現」の評価に関する研究　調査研究シリーズ 61』2014 年，pp.6-10.

林哲史『完全理解　自動運転』日経 BP マーケティング，2018 年

池野範男「社会科教育実践で育成すべき学力としての社会形成」溝上泰編著『社会科教育実践学の構築』明治図書，2004 年，pp.52-61.

溝口和宏「開かれた価値観形成をめざす歴史教育の論理と方法―価値的知識の成長を図る四象限モデルの検討を通して―」『社会科研究』第 77 号，2012 年，pp.1-12.

溝口和宏「わが国における「論争問題学習研究」の動向と課題」『シチズンシップ教育国際会議論文・発表資料集　研究テーマ（主題）：シチズンシップ教育における論争問題学習の意義と役割の国際比較』2015 年，pp.67-77.

ドナルド・W・オリバー他著（渡部竜也他訳）『ハーバード法理学アプローチ　高校生に論争問題を教える』東信堂，2018 年

254　第Ⅳ章　社会系教科における評価の理論と実践

第2節　「ことまど」を活用した社会系教科の　学習過程と評価モデル

　次期学習指導要領の実施に向けて新たな学習過程と評価モデルの試行が進められている。例えば，平成30年度にプレ調査として行われた「大学入学共通テスト」では，①社会的事象等の意味や意義，特色や相互の関連について，概念等を活用して多面的・多角的に考察することができること，②現代社会に見られる課題を把握し，その解決に向けて構想することができること，③考察したことや構想したことを適切な資料・内容や表現方法を選び効果的に説明したり，それらを基に議論したりすることができることの3つの視点から現代社会に対する思考力・判断力・表現力を子どもたちに問うている[1]。

　では，こうしたコンピテンシーを重視した新たな社会系教科の授業において，子どもたちの学びのプロセスをどのように評価していけばよいのだろうか。

　次期学習指導要領では，カリキュラム・マネジメントの観点から小学校・中学校・高等学校の社会系教科で育成する資質・能力の一貫性を求めている。そこで，本節では，中学校の社会系教科において，思考力・判断力・表現力を育成する学習過程と評価モデルのあり方を事例をもとに検討していきたい。

1　社会系教科の思考力・判断力・表現力の育成と「ことまど」

　冒頭で紹介した「大学入学共通テスト」の試行問題では，現代社会の第1問目に高等学校の新聞部が発行する学校新聞の1面記事の見出しやコラムから現代社会に対する思考力・判断力・表現力を考えさせる問題が出題された。

　これまでにも小学校や中学校においては学習の「まとめ」として新聞づくりが教科書や学習過程に取り入れられてきたが，新聞から思考力・判断力・表現力を考えさせる問題はユニークな視点の出題であった。新聞をただ資料として

読み解くだけでなく，新聞を作成する視点からどのようなことを読者に伝えようとしているのかを考えさせている点が新たな試みとなっている。

　それでは，このような現代社会に対する思考力・判断力・表現力を育成するためにはどのような授業が社会系教科において求められているのだろうか。

　本節では，学習者を主体的で対話的な深い学びに導くための学習ツールとして神戸新聞社が開発した新聞作成アプリ「ことまど」[2]を活用した学習過程と評価モデルを検討しつつ，新たな社会系教科の学びのあり方を考察する。

　「ことまど」は，学校や社会などで子どもたちが新聞づくりを体験できるクラウド型アプリとして開発された。新聞づくりのレイアウト作業を自動化することで，「ことまど」では，子どもたちが取材することや記事を書くことに集中でき，中身にこだわった新聞を作ることが可能なアプリとなっている。特に，「ことまど」は，新聞記事を書くことで，ことばで伝える力を育むことをねらいとしている。新聞をつくりながら，「伝え方」を学んでいくのである。

　「ことまど」でのデジタル紙面の作成は，①作りたい新聞のイメージに合わせてパターンの中から選ぶ「レイアウト選択」，②決められた文字数で要点を押さえて書く「記事・見出しの入力」，③拡大や回転，トリミング，画像編集を行う「写真の配置」，④記事，見出し，写真を自動でレイアウトする「新聞の作成」の4つのプロセスで行われる。操作性においては，パソコンやタブレットで使えるため，新たなソフトのインストールは不要で，ネットにつながる環境があれば，すぐに利用することができる。また，クラウド型アプリのため，新聞の管理が容易で，教師の端末から進捗状況を確認したり，グループごとの途中経過を確認したりすることができる。さらに，1つの新聞の記事を複数名が同時に執筆したり，多人数で同時に編集したりすることもできる。そして，完成した新聞は，「共有」機能を使うことによって，他校からも閲覧できるため，新聞を通じた交流授業にも活用することができる。

　このように，「ことまど」はネットワークによるＩＣＴを活用した社会系教科の学習過程と評価モデルを構築する新たな可能性をもったツールである。筆者は，兵庫教育大学と神戸新聞社との連携で「ことまど」を教員免許状更新講

256 第Ⅳ章 社会系教科における評価の理論と実践

習，附属小学校や附属中学校の社会系教科の学習ツールとして取り入れ，「こ
とまど」を利用した授業モデルの開発や機能面の改修などを進めてきた。

これまでの専門的な新聞作成ソフトに比べて，「ことまど」は，初心者の教
員や子どもたちに難しい説明をしなくても「ことまど」に触れることで体験的
に学びのツールとして授業で活用することができる。また，「ことまど」のネ
ットワーク型の学習ツールを活用した学びを社会系教科でも取り組まれてきた
ＮＩＥの学習とコラボレーションさせることで，子どもたちに創発的な学習活
動を促すこともできる。しかし，「ことまど」の学校現場での利用はここ数年
で急速な広がりを見せているが，学習過程や評価モデルとして具体的な効果の
検証はこれからの課題となっている。では，社会系教科において，どのような
学習過程や評価モデルの構築が，「ことまど」で可能であろうか。

筆者は，平成30年度に兵庫教育大学附属中学校で開講された「キャリア総
合」の人文・言語の分野で「判決書で考える人権と社会」をテーマにして，
「ことまど」を活用した授業を実践した。「キャリア総合」では，附属中学校の
社会科教員と神戸新聞社のＮＩＥ担当者・「ことまど」担当者の三者と協力して
中学校2年生と3年生を対象に授業を行った。「キャリア総合」の授業では，
まず，ハンセン病問題を判決書から読み解いたり，伊波敏男『ハンセン病を生
きて』（岩波書店，2007年）を購読したりして，基礎的知識や理解を身につけた。
次に，ハンセン病について調べたり，まとめたりしたことをどのように読者に
伝えるかを考え，「ことまど」を活用して新聞を作成した。最後に，ポスター
セッションや文化祭で新聞記事を発表し，評価活動を行った。

2 思考力・判断力・表現力を育成する社会系教科の学習過程

「ことまど」を活用して，思考力・判断力・表現力を育成する社会系教科の
学習過程をどのように構成すればよいのか。「キャリア総合」の授業では，2
年生と3年生計11名が受講していたので，4名のグループと3名のグループ
に分かれて，ハンセン病問題に関する新聞を作成する3つの編集部を組織して，

第2節 「ことまど」を活用した社会系教科の学習過程と評価モデル　257

資料1 「キャリア総合」の学習ワークシート

兵庫教育大学附属中学校「キャリア総合」学習ワークシート
B　人文・言語　社会「判決書で考える人権と社会」
（　　）年（　　）月（　　）日（　　）曜日
（　　）年（　　）組（　　）番　氏名（　　　　　　　　　　）

伊波敏男『ハンセン病を生きて　きみたちに伝えたいこと』（岩波ジュニア新
書、２００７年）を読んで、ワークシートの１～３を記入してください。

１．第（　　）章を読んで、気になった文章を抜き出して整理してみよう。

例：国のある政策が一〇〇年近くも続けられたということは、どのように歴史
評価をすればよいのでしょうか。（ⅳ頁）

２．第（　　）章を読んで、感じたことや考えたことをまとめてみよう。

例：どうして、大人たちはこんなはっきりした問題なのに、何もしなかったの
だろうか？

３．第（　　）章を読んで、もっと調べてみたいことを書き出してみよう。

例：ハンセン病の隔離政策ってどんなことをしていたのだろうか？

図書館やインターネットでいろいろとハンセン病について調べてみてください。

兵庫教育大学附属中学校「キャリア総合」学習ワークシート２
B　人文・言語　社会「判決書で考える人権と社会」
（　　）年（　　）月（　　）日（　　）曜日
（　　）年（　　）組（　　）番　氏名（　　　　　　　　　　）

ポイントは、（１）「誰が？」（２）「何を？」（３）「誰を？」（４）「どの裁判所に？」、
（５）「どのような裁判か」（６）「何を根拠に？」（７）「いつ？」です。

（１）「誰が？」（原告）＝　ハンセン病の国立療養所に入所した経験のある人たち
１２７人で。

※　原告を助け、原告のかわりに裁判を進める弁護士の方が１８４人おられました。
※　ハンセン病のための国立療養所は全国にあります。配布資料をみてください。

明治４２年（１９０９年）（抜粋）
　「全生病院」（東京都　後の多磨全生園）
　「北部保養院」（青森市　後の松丘保養園）
　「外島保養院」（大阪市　昭和９年９月の室戸台風以降復興されず）
　「大島療養所」（香川県　後の大島青松園）
　「九州療養所」（熊本県　後の菊池恵楓園）
　全国五か所に「公立療養所」が設置された。

昭和５年（１９３０年）（抜粋）
　「長島愛生園」（瀬戸内海　初の国立療養所）
　「栗生楽泉園」（群馬県　昭和７年）
　「宮古療養所」（沖縄県　昭和８年）
　「星塚敬愛園」（鹿児島県　昭和１０年）
　「国頭愛楽園」（沖縄県　昭和１３年）
　「東北新生園」（宮城県　昭和１４年）

※昭和１６年７月に「松丘保養園」「多磨全生園」「邑久光明園」「大島青松園」「菊
池恵楓園」が国立療養所に変わる。

　駿河療養所（静岡県　昭和２０年）が開設。
　奄美和光園（鹿児島県　昭和２８年）が開設。

グループでの調べ活動を中心にしながら，学習活動を進めていった。

　本学習の第一段階においては，【資料1】で示した学習ワークシートをもとに，『ハンセン病を生きて』の文章の中から気になる記述を抜き出して整理させた。また，ハンセン病の判決書資料を活用して，裁判のポイントとなる7つの視点を子どもたちと共有し，どのような点が裁判で論点となったのかを考えさせた。子どもたちは，2つの資料を読み解く中でハンセン病裁判ではどのようなことが問題となっていたのか，当事者の立場からどんなことを考えることができるのかをワークシートにまとめていった。そして，ワークシートの記述を全体で共有することでハンセン病問題への理解を深めていった。

　本学習の第二段階では，神戸新聞社のNIE担当者にゲストスピーカーとして新聞ではどのようにハンセン病問題を報じていたのかを【資料2】をもとに記者の視点から話してもらった。まず，ハンセン病問題の歴史を子どもたちと

258　第Ⅳ章　社会系教科における評価の理論と実践

資料2　ＮＩＥ担当者によるゲストスピーチ

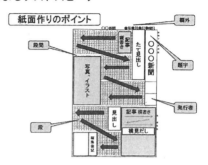

　振り返った後，神戸新聞の実際の記事をもとにして，ハンセン病問題がどのような視点で読者に伝えられていたのかを学んだ。次に，新聞記者がどのように記事を作成しているのかを解説してもらい，事実を調査・分析し，いろいろな立場の人の声を聞くことが大切であることを学習した。最後に，主張したいこと，伝えたいことを明確にし，理由の根拠となる具体例を探すことで自分が一番伝えたいことを絞り込むことの重要性を話していただいた。

　本学習の第三段階では，第一段階でのハンセン病問題に関する調べ学習と第二段階でのＮＩＥ担当者のゲストスピーチを踏まえて，3つのグループの編集部が「ことまど」を活用して，ハンセン病問題についての新聞を作成した。各グループは編集長のもとで，どのような記事を紙面に掲載するかを話し合い，編集会議で出た意見を紙面作成に生かしていった。A班はハンセン病の歴史をどのように読者に伝えるかを紙面の柱にした内容をもとに記事を作成した。B班は，当事者の声や差別・偏見とどのように向き合ってきたのかをテーマにして紙面を構成した。C班は，ハンセン病とはどのような病気であったのかをもとに療養所の人々の様子を記事に取り上げていた。それでは，各グループが作成した新聞の評価はどのようなものであったのだろうか。

第2節　「ことまど」を活用した社会系教科の学習過程と評価モデル　259

3　思考力・判断力・表現力を育成する社会系教科の評価モデル

　「ことまど」を活用した思考力・判断力・表現力を育成する評価モデルを構築するために，「キャリア総合」の授業では，2つの評価段階を設定した。

　評価モデルの第一段階では，3つのグループによって作成された新聞記事をポスターセッションとして発表し，発表を聞いた子どもたちからのフィードバックを受ける段階である[3]。発表の内容と発表の方法について，ポスターセッションを聞いた子どもたちがどのような点に着目したかをワークシートに記入してもらい，記事のどのような点を評価しているのかを判断する場面である。【資料3】で示した「発表評価シート」の評価では，発表を聞いた子どもたちの各新聞に対する評価は概ねA評価であった。子どもたちの「発表評価シー

資料3　「キャリア総合」の発表評価シート

ト」の記述内容をみてみると，新聞で発表の内容をわかりやすくまとめていたこと，ハンセン病について知ることができたこと，差別や偏見がいまもなくなっていないこと，新聞の見出しや構成がよかったことなどが評価されている一方で，読む順番がわからないといったコメントもみられた。

　こうした「発表評価シート」の意見をもとに，各グループの編集長は，文化祭で展示する新聞紙面を見直し，より自分たちが伝えたい内容に修正した。

　評価モデルの第二段階では，「キャリア総合」を受講した子どもたちが「自己評価シート」に記入して，これまでの学習活動について振り返る場面である。【資料4】で示した「自己評価シート」では，①意欲・関心・態度（課題対応・自己理解），②自他の違いを認め合う（人間関係形成），③コミュニケーション・プレゼン能力，④リーダーシップ・人間関係調整，⑤社会との関係・将来への展望の5つの観点から自己評価を行い，学びを振り返っている。

　【資料4】をみてみると，①の項目では，「キャリア総合選択授業を通して，あなたはどのようなことに興味・関心を持ちましたか」に対して，「今の人権についてどうなっているのか興味を持った」と回答し，B評価をつけている。②の項目では，「やればできる。協力すればできると感じたのは，どのような時（何をしていた時）でしたか」に対して，「ことまどで新聞を編集しているとき」「新聞の内容を決めたとき」と回答し，「自他の考えの違いを認め合うことができた」「自分の役割を理解し，果たすことができた」にA評価をつけている。③の項目では，「人とコミュニケーションをとるうえで，どのようなこと

資料4　「キャリア総合」の自己評価シート

が大切であると思いますか」に対して,「分かりやすい言葉で自分の意見を伝えること」「相手の考えを尊重すること」と回答し,Ｂ評価をつけている。④の項目では,「自分がリーダーシップを発揮できたのは,どのような場面でしたか。また,できなかったとしたら,どうしてですか」に対して,「新聞を作っているとき」「新聞の内容を話し合っているとき」と回答し,「自分はリーダーシップをとれた」にＡ評価をつける一方で,「他学年の生徒とも新しい人間関係を作ることができた」にはＣ評価をつけている。⑤の項目では,「将来なりたい自分にとって,必要なことはどのようなことだと思いますか」に対して,「社会を知ること」と回答し,概ねＢ評価をつける一方で,「自分の個性の伸長や能力の向上を目指して取り組んだ」にはＣ評価をつけている。

　子どもたちは,「発表評価シート」と「自己評価シート」による２つの評価段階から「ことまど」を活用した思考力・判断力・表現力を育成する評価モデルを構築し,学びの質を検証することができた。それでは,本学習の成果として作成された新聞紙面はどのような内容で構成されていたのであろうか。

4　思考力・判断力・表現力を育成する社会系教科の学びの成果

　子どもたちが,「ことまど」で作成した新聞が【資料5】である。新聞の紙面は,4つの記事で構成されている。A班は,編集長1名と記者3名でハンセン病の歴史を中心に紙面をまとめている。これまでの学びが記事にどのように生かされているのであろうか。「辛い長い歴史」の記事からみてみよう。

　元ハンセン病患者であり,「ハンセン病を生きて」の著者である伊波敏男さんは,退所後仕事にも就き,結婚,子宝にも恵まれたが,そこには常に「ハンセン病」がついてまわった。伊波さんは元患者として生き,同じ苦労をしている人々の役に立ちたいという考えであり,妻はハンセン病だった夫を理解していたが,子のためにも目立つことはせず,一般的な父親であって欲しいという夫婦間の矛盾があった。この二人のように客観的に

見て社会復帰に成功したかの様に見え，良き理解者を得たとしてもその理解が現実を見て欲しいという理解か共に戦おうと思う理解かで，大きく違ってしまう。医療の発達と共にハンセン病というのは現在では稀な病となった。しかしまだ施設も残っている。元患者の方も生きている。まだここから学べることはあると私は思う。

（下線部は筆者）

　記事の中では，学習過程の第一段階で学んだ『ハンセン病を生きて』の著者である伊波さんの視点からハンセン病問題についての共感的理解をもって記事を書いていることがわかる。また，ハンセン病問題がまだ終わった問題ではなく，歴史的事実を踏まえて学ぶべきことがあることを読者に伝えている。こうした記事の内容が先述した「発表評価シート」の意見に反映されていたように，発表を聞いた子どもたちへハンセン病問題についての理解を促すことにもつながっていた。記者の視点が記事に生かされているといえよう。

　本節では，新聞作成アプリ「ことまど」を活用した社会系教科の評価モデルについて考察してきた。本節で明らかとなったのは，以下の3点である。

　第一に，社会系教科において思考力・判断力・表現力を育成するために，「ことまど」の有効性を明らかにしたことである。「ことまど」によって，ネットワーク型の社会系教科の学習過程と評価モデルを構築することができた。

　第二に，「ことまど」を活用して，思考力・判断力・表現力を育成する社会系教科の学習過程の段階性を明らかにしたことである。調べ学習とゲストスピーカーとの学習によって，新聞を作成する視点を明確にすることができた。

　第三に，「ことまど」を活用した思考力・判断力・表現力を育成する評価モデルを構築するため，2つの評価段階を明らかにしたことである。「発表評価シート」と「自己評価シート」の評価から学びの質を検証することができた。

　今後の課題は，「ことまど」の活用例を広げ，多様な学びの質を保証する学習過程と評価モデルを社会系教科の授業づくりに取り入れていくことだろう。

（福田　喜彦）

資料5 「ことまど」で作成したＡ班による「ハンセン病新聞」

ハンセン病新聞　2018（平成30）年10月9日（火）

ハンセン病新聞

発行元
A班

辛く長い歴史

家族や国からも虐げられ続けた病

ハンセン病とは、らい菌によって起こる感染症であり、伝染力は非常に弱い。出来た結節が顔面に出来ることもあり、らい菌の影響を受けると体にも影響を及ぼす。この行う本に影響を及ぼし、顔などの変形を起こす。この病が「らい」である。かつて、レプラやらいといった病名で呼ばれ、古くから恐れられていた病である。

「らい」と呼ばれて、この病が近年長く日、差別されてきた。この病が近年長く日、差別されてきた。で患者は全国的な差別にあった。日本の対応は世界で武力、結婚、千葉にも終れた。そこには珍しいことではなく、海外でもハンセン病に対する偏見、差別の様々な差別が行われ、海外でもハンセン病に対する偏見、差別がある。日、元ハンセン病患者で、伊波さんは元患者として、二〇〇人余りの元患者として、それまで生きられないようなこともあり、一般的な人間であると社会で確認され、元ハンセン病患者の伊波敏男

ハンセン病患者の隔離に踏み切る二つの契機

見え、良き理解者を得たと、してもその理解者が現実を知ると、知ることができるこの理解があり、一に知ってしまうという理解があり、大、発達と共にハンセン病の研究が進み、らい菌が発見されてから、国立ハンセン病療養所として、同型療養園が入所のハンセン病に対する蔑視である。一部として、菊池恵楓園に赴き、セン病院に対する蔑視である。一部として行い、人権は守られるべきもので、菊池恵楓園に赴き、セン病院に対する蔑視である。

世間から切り離された療養所

隠され続けた患者達

ハンセン病の療養所というのは、主にハンセン病患者の隔離施設として設けられている。「草津」の隣、なものである。一九〇六年草津にある。「草津」の様、主にハンセン病が入園し、療養所施設内にある施設で、一九〇六年草津にある。

キャンプでは、海水浴やバーベキュー、花火など様々な楽しいことがある。大人にとっても子ども達にとっても大変な楽しみとなっていることが分かるだろうか。二〇〇人余りのハンセン病患者達にとっては、休みという概念がなかったのだ。

残る差別と終らぬ偏見

面倒みてもらって、気に入ら、れなければ国をユネスコで追い出せる。などということも、旅行に行く時のあるまじき、にこちらも大きいハンセン病、や偏見はなくせない所人、人だけこのハンセン病につ、う傷があり、いで言えることだと思。

ハンセン病に対する政府の、立場療養所入所者、九五年国立ハンセン病療養所、らい予防法が廃止された、これは国民を、守るという考えであった。しかし、二〇〇一年五月、国家賠償請求訴訟の判決が、国は国立ハンセン病療養所、これは国民を、守るという考えであった。

ハンセン病療養所全国配置図

（長島愛生園　三五六人）
（邑久光明園　一〇五人）
（宮古南静園　八七人）
（沖縄愛楽園　四〇五人）
（星塚敬愛園　二六四人）
（菊池恵楓園　三八八人）
（大島青松園　一〇五人）
（多磨全生園　二一〇人）
（神山復生病院　八人）
（駿河療養園　一一一人）
（松丘保養園　一四一人）
（東北新生園　二三六人）
（栗生楽泉園　一五五人）

原告勝訴の写真

264 第Ⅳ章 社会系教科における評価の理論と実践

註及び参考文献

（1）独立行政法人大学入試センターでは，以下のウェブサイトで「大学入学共通テスト」の試行調査の問題や解答例，作問のねらいなどを公開しているので参照のこと。https://www.dnc.ac.jp/daigakunyugakukibousyagakuryokuhyoka_test/pre-test_h30_1110.html（2019年3月28日最終確認）

（2）2017年5月に，兵庫教育大学と神戸新聞社は，ＮＩＥ（教育に新聞を）活動を普及し，健全な学校教育の進展を目指すために連携協力協定を締結している。https://www.kobe-np.co.jp/kotomado/（2019年3月28日最終確認）

（3）例えば，ポスターセッションでの発表は，2018年10月25日付の神戸新聞の「ハンセン病調べ新聞に　授業で兵教大付属中生」の記事のなかで紹介されている。https://www.kobe-np.co.jp/news/hokuban/201810/0011760704.shtml（2019年3月28日最終確認）

第3節 「真正の学び」論に基づく高等学校の
評価と学習の改善

1 学力観の転換と高等学校における評価の課題

　センター試験が2019年度を最後に廃止され，2020年度から新たに「大学入学共通テスト」が実施される。これは，これまでの個別の知識・技能を中心とする評価から，思考力・判断力・表現力を学力として重視する考え方への転換を意味している。これによって，従来の講義形式による知識の一方的な伝達を中心とした授業から，アクティブ・ラーニングを取り入れた学習者の主体性を尊重する授業への転換が期待されている。このことは，平成29年改訂の学習指導要領にも現れており，改訂の方針を示した中央教育審議会答申（2016年12月）には，従来の社会科，地理歴史科，公民科の課題として以下のような指摘がなされている。

　　社会との関わりを意識して課題を追究したり解決したりする活動を充実し，知識や思考力等を基盤として社会の在り方や人間としての生き方について選択・判断する力，自国の動向とグローバルな動向を横断的・相互的に捉えて現代的な諸課題を歴史的に考察する力，持続可能な社会づくりの観点から地球規模の諸課題や地域課題を解決しようとする態度など，国家及び社会の形成者として必要な資質・能力を育んでいくことが求められる。（下線は筆者）

このように，社会科系教科の目標である公民的資質が，認知的な側面だけではなく，態度や感情といった情意面から，社会の課題解決と関わろうとする意志を含む人格の全要素に関わることが明確に示された[1]。しかし，変革は学力の要素が増えたことに留まらない。この変革の背後には，コンテンツベースからコンピテンシーベースへと学力観が転換したことがある[2]。松下佳代は，

266　第Ⅳ章　社会系教科における評価の理論と実践

マクレランドの研究を引用しながら，コンピテンシーについて，特定の状況に
おいて成果を生み出す能力であるとしたうえで，その重要な3つの内容（①基
底的特徴であること，②業績を生み出す原因となること，③規準にてらして効果的ある
いは卓越していること）を挙げている[3]。松下は，この基底的特徴としてのコン
ピテンシーにはスキル，知識，自己概念，特性，動機が含まれるが，このよう
な構成自体は決して目新しいものではなく，可視的なスキルや知識に対して，
潜在的で評価や開発が難しい他の三つの要素に注目してこの概念が活用される
ようになった点が重要であると述べている。OECDは，このコンピテンシー
を研究するためにDeSeCoというプロジェクトを立ち上げた。そのDeSeCoに
よるコンピテンス概念が，日本では学力概念として議論されることになる。こ
のDeSeCoのキー・コンピテンシー概念について松下は次のように述べている。

　　キー・コンピテンシーとは，つまり，道具を介して対象世界と対話し，異
　　質な他者とかかわりあい，自分をより大きな時空間の中に定位しながら人
　　生の物語を編む能力だといえる。それは，能力概念を個人の内部から，個
　　人が対象世界や道具，他者と出会う平面へと引き出す。そこでの能力は，
　　関係の中で現出するものでありつつ，個人に所有されるものでもある[4]。

　このようにコンピテンシーは，個人の内部にありながらも，他者との関係の
中に表れ，自分を外の世界と関係づけていくものである。従来のような主に記
憶を問う試験では，当然のことながらこのような力を測ることはできない。
　これまで主流であった客観テストに代表される高等学校の評価を見ると，そ
こに見られる学力観は，能力を個別に分割した要素的なものであり，状況や文
脈に依拠しない個人内部の能力に注目したものとなっている。高等学校の評価
の改善には，時代や社会の要請をふまえた学力観の転換とそれに合致した授業
改革が不可欠であると言える。

2　「真正（Authentic）」概念による学びと評価の改善

　従来とは異なる統合的な学力を評価する方法として，客観テストに代わって

パフォーマンス評価やポートフォリオを使った評価が注目されるようになった。それらの評価をふまえた授業改善の「逆向き設計」論は，各地の学校で実践されている[5]。このようなパフォーマンス評価は，「真正の評価（Authentic assessment)」とも呼ばれ，本物の学力を映し出す評価という意味がそこに込められているという[6]。この「真正」概念を社会科教育研究に逸早く取り入れ紹介したのが，藤本将人である[7]。藤本は市民性教育における「真正」概念の特質をアメリカのミシガン州の評価プロジェクトを手がかりとして検討し，社会科授業が「真正」概念の導入によってどのように変わるかを明らかにした。藤本が論文中で分析しているのは，初等教育段階の単元であるが，その原理は中等教育にも共通するものである。

　藤本によれば，「真正」概念に基づく社会科とは，社会的論争問題を取り上げて議論に基づく授業を構成し，その過程において学習者が知識を形成し，その知識の有効性を実際に市民として社会に参加することによって検証していくものとなる[8]。藤本が分析した授業では，「子どもたちに教室で帽子を着用させることについて学校は何をすべきか」という中心的な問いがたてられ，この公共的な問題について集団に分かれて討論がなされている。討論をふまえて自分の意見をまとめる一方で，問題について社会に有効に働きかけるための計画を構想し，学校外の他者とも協力しながらその計画を実行し，一連の学習を振り返って授業は終結している。最後の計画は，既存のプロジェクトに参加する場合もあれば，自分たちで新たなものを計画し実践する場合もあるということである。評価は，作成されたルーブリックに基づいて行われ，学習者のパフォーマンスを質的に捉え，その結果は授業の質を向上させるために用いられる。このような授業は，従来の社会問題を取り上げた探究型の授業とは異なり，社会構成主義に基づいている。その違いは，従来の学習のように取り上げる問題を捉える枠組みがあらかじめ決められているわけではなく，問題の捉え方は実際に学校外の社会と関わる中で変化し，その意味や意義も関わりを通して構築されるとする点にある。

　藤本の研究は，社会科の中で注目されていた社会参加学習論を読み解く鍵を

268 第Ⅳ章 社会系教科における評価の理論と実践

与えてくれるものでもあり，高く評価できよう。そして，それから10数年を
経た今の社会科系教科の改革の方向性を示唆してくれるものでもある。

　その一方で，近年，専門の研究者が行う研究を学校の教師が教材研究として
読み解き，授業へと変換していく「真正な実践」過程の研究が池野範男らによ
って行われている[9]。この研究は，アメリカのカリキュラム研究から「真正
な学び」を論じている石井英真が，知識の質を科学的なものに飛躍させる文化
的実践を通して学習者のパフォーマンスの質を向上させることを，「教科す
る」学習の実現と呼んでいることに通じるものであろう。しかし，市民社会と
のかかわりの過程を重視する藤本の「真正」概念と，これらの「真正」概念に
は違いがあるように見える。そこで，この違いを明らかにするため，次項では，
フレッド・ニューマンの研究に注目し，社会科における「真正な学び」を明ら
かにした渡部竜也の研究を検討する。

3　フレッド・ニューマンの「真正の学び／学力」論

　ニューマンの著作を翻訳し『真正の学び／学力』として出版した渡部竜也は，
その訳書の中で，佐藤学の指摘を引用しながら，「日本の「真正の学び」論は，
専ら「学問共同体の知識の学び」の面ばかりが強調される傾向がある」と述べ
ている[10]。渡部が指摘する傾向は，石井や池野の論にも見られる特徴である。
それに対して，ニューマンの「真正の学び」論は，学問の作法を重視しつつも，
学習そのものを学問に依って意義付けはせず，学習者を取り巻く社会とのつな
がりを重視している。

　ニューマンの主張する「真正の学び」は，渡部によると次の三つの要素によ
って支えられている[11]。

　①知識の構成（または知識の統合）が存在する（construction of knowledge）：子
　　ども自身で知識を統合して自身の見解を生み出す。

　②鍛錬された探究が存在する（disciplined inquiry）：従来の議論や知的成果を
　　踏まえて，学問その他の作法を多角的に用いて探究する。

③学びが学校の外で価値を持つ（value beyond school）：学校外のより大きな
共同体（専門職共同体，国家・地域共同体）でも価値が認められる学びを生
成する。

このうち，ニューマンの論の独自性を最も明確に示しているのが，③の学校
外の価値という要素であろう。これは，学びの価値をただ学習者の力量を評
定・記録するということにおくのではなく，学びはその成果を通して他者に何
らかの影響を与え，社会に変化をもたらしていくところに価値があるとする考
え方である。そのため，学習の成果は，学校の中での成功を意味するものでは
なく，学校を越えても意味を持つ言説，作品，パフォーマンスとなる[12]。こ
の学校外の価値という第三の要素に向けて，知識が構成され，鍛錬された探究
がなされていくことがニューマンの「真正の学び」である。

このようにニューマンの「真正」概念は，学問志向とは異なる面を持ってい
るが，それだけに実際の教育改革に適用しようとする際には困難が伴う。ニュ
ーマンは，この「真正の学び」の実現を通して学校を再建した事例を著書の中
で紹介しているが，アメリカに限らず日本においても，これを実現することは
難しい。特に，高等学校においてこの「真正の学び」を実現することは，小・
中学校よりも一層困難であろう。それは，従来の高等学校の学習や評価が，大
学入試を一つの目標として構成されており，入試の成功やそれに向けた各種の
試験でのよい成果によって意義付けられてきたからである。全ての高校生が大
学進学を目指して学んでいるわけではないが，教える側の教師にとって，学び
の価値の基準が大学入試にあったことは否定できないのではないか。筆者（桑
原）は，主権者教育の研究・実践に関わることが多いが，教育現場で主権者教
育を行おうとする際に直面するのが，担当の押し付け合いである。教科の中で
も主権者教育に最も密接に関係していると思われる公民科の教師ですら，主権
者教育を実践することをためらう。それは，教育現場の多忙さが一因でもある
が，教科の授業の学びを主権者育成という大学入試以外の目的に基づいて考え
ることに慣れていないということも原因の一つであることは否定できないので
はないか。高等学校における評価そして学習の改善は，まずは教科の学びを教

270 第Ⅳ章 社会系教科における評価の理論と実践

室を越えた世界と結びつけ，そこに価値づけていくことから始めなければならない。

4 高等学校における評価・学習の改善の方法

　高等学校における評価そして学習の改善を，藤本や渡部，そしてニューマンの示唆する「真正の学び」の論にそって改善するならば，学習を学校外の社会とのつながりに基づいて構成し，そのつながりの中で意味あるパフォーマンスを評価していくように授業づくりを進めていくべきである。その事例として，井上昌善，小栗優貴，斉藤仁一朗らそれぞれの研究成果を取り上げて検討する[13]。井上と小栗の研究は高等学校で実践したものではないが，高等学校にも十分応用可能な成果であるので，ここで取り上げる。また，個々の研究の詳細については，それぞれの論文を参照してほしい。それぞれの開発単元は，井上が地理，小栗が歴史，斉藤らが公民となっている。

　井上は，地域の防災倉庫の設置という課題について議論することを通して，地域課題に対する意見形成を目指した単元を開発した。授業の議論では，地域の防災倉庫をどこに設置すればよいかについて，使い易さ，安全性，人口などの観点から検討し，それぞれの主張を作っていく。その際に，地域の人々がどのような観点を重視しているかを考慮し，地域の人が重視している安全性や使い易さなどの観点と自分の重視した観点を比較しながら自分の主張を見直し，クラスの他の意見との調整を図りつつクラス全体の意見をまとめていった。授業の概要は以下のとおりである。

○単元「伊川防災プロジェクト」（中学校社会科地理的分野）

第一時：伊川谷中学校周辺の地域の特色をハザードマップによって理解する

第二・三時：フィールドワークを通して地域の防災設備を確認し疑問を持つ

第四時：調査をふまえて，防災倉庫の設置理由や条件について考える

第五時：防災倉庫の設置について地域の様々な立場の人の意見を理解する

第六時：防災倉庫設置の条件について，地域の様々な立場の人のことを考えて

検討する

　井上は，議論を通して意見を形成する際の「同意の調達」という観点を重視し，他者との違いを認めたうえで他者の意見を受け入れつつ自分の考えを再構成できる力の育成を目指した。評価は防災倉庫の設置場所と，それを求める様々な人の意見をふまえて自分の意見を形成できているかという点で基準を作り行われた。評価基準の詳細は井上論文を参照していただきたいが，実際に地域の人々の意見を聞き，それをふまえて自分の意見を形成するように求めている点が，従来の中等教育段階の社会科系の授業とは異なる点である。防災というテーマで地域社会とつながる中で学習が成立し，実際に地域の防災計画の整備に貢献するという目的に向かって学習が組まれているのである。

　小栗論文で提案されている授業は，実にユニークである。子供達に学校で歴史を学ぶ意味について考えさせたうえで，歴史の教科書等にも登場するドラクロワの「民衆を導く自由の女神」の絵が美術館に展示されているとして，それにクラスでキャプションを付けようというパフォーマンス課題に取り組ませる。授業の概要は以下のとおりである。

○単元「ドラクロワ『民衆を導く自由の女神』のキャプションを作成しよう」
　（中学校社会科歴史的分野）

第一次：歴史を学ぶ意義について考える。アンケートを行い話し合う。

第二次：課題を確認したうえで，教師の提示した案を批判する

第三次：新たなキャプション案を考案し互いに評価し合意形成を目指す

第四次：先の時間に合意された案を再度評価・批判し合意形成を目指す

　子どもは，キャプション案を考え評価する活動を繰り返していくが，評価の中では次のような観点が重視されている。

ア）美術館におけるキャプションとしての意義

イ）キャプションに書かれる内容とその妥当性

ウ）皆で話した歴史を学ぶ意味

　イは学術的な内容の妥当性を問うているものだが，アとウは，自分たちの学びの意義に関わるものである。アはまさに自分たちが取り組んでいる課題の社

会的な意義を踏まえることを意識させたものである。また，ウは，学びの成果を学校外の社会とつなげることを求めている。これらの観点について学習者がルーブリックを改善していくのだが，合意に向けた話し合いの中で，例えば，アの観点については，来館者自ら情報を解釈し意味を構成できるだけではなく，着目すべき点を与えることができるようになることを求めるようになっている。小栗の研究，そして提案している実践は，探究型の授業を志向しても，歴史学の手法を取り入れた高度な探究学習にとどまりがちな歴史の学びを，社会的にも意味のあるパフォーマンス課題を主軸において構成することで，進学や試験以外にも価値が見出せるものにしているのである。

　斉藤論文で提案されている授業は，熟議の視点に注目し，理想の選挙制度の追究を通してわが国における理想的な選挙のあり方を提案することを目指した授業である。その概要は以下のとおりである。

○単元「理想の選挙制度とは何か」（高等学校公民科「現代社会」）

第一時：我が国の選挙制度の概要を理解する

第二時：模擬選挙を行い，それをふまえて現状の選挙制度の特質を理解する

第三・四時：現在の選挙制度について，誰が得をするのかという点から追究をはじめ，それぞれの制度を支える思想や価値観を分析し明らかにする

第五時：わが国にふさわしい理想の選挙制度を考案し発表する

　斉藤らは，授業後のワークシートで次のような質問を生徒に行い，その成果を検証している。

問1　第一時で考えた理想の選挙制度とは何か。

問2　選挙制度ごとの分析の結果を簡単に述べなさい。

問3　グループでのディスカッションの結果を次の点からまとめなさい。

・全員が合意できる点は何か。　　・全員が絶対に合意できない点は何か。

問4　わが国における理想の選挙制度はどのようなものか。

　斉藤らの提案する授業は，既存の制度の理解に留まらず，理想とする選挙制度を考える観点を明らかにしたうえで，皆が合意できる制度を作ろうとする点で，学校での学びと社会とのつながりを見い出せるものになっている。既存の

制度の下で政治参加としての投票行動を促すことを目指す，主権者教育として
よく見られる実践例とは異なり，制度のあり方と自らの投票行動を見直させる
ことで，理念的で建前論の学習に留まりがちであるという公民の学習の課題を
克服するものとなっている。授業後の振り返りのワークシートでは，論争問題
の根底にある現実の価値観の対立を問うており，社会とのつながりの中で制度
のあり方を考えさせる学習となっている。

5 主権者育成をめざした高等学校の教育改革

　大学入試改革と学習指導要領の改訂という二つの波が，高等学校に授業改善
を迫っている。このような行政的な要請だけではなく，18歳選挙権時代の到
来に伴うより直接的な主権者の育成という社会的要請も高等学校の授業改革を
促している。授業の改革は評価の改善を伴う。どのような主権者を育成するか
という見通しをもって，授業の到達目標を構想し評価の計画を立案する必要が
ある。従来のように，教師にとっては特定の知識内容の効率的な伝達が，生徒
にとってはその記憶が授業の評価となるわけではない。そのように考え，第4
項で紹介したような授業を展開しようとすれば，教師自身が育成すべき主権者
像を明確に持つと同時に，学習する生徒も，自分が目指すべき主権者として生
き方を考え，そこから学ぶ目的を考えられるようになる必要があろう[14]。評
価の改善は，目指すべき主権者像を教える側だけではなく学ぶ側も意識できる
ようにするという前提から始めなければならない。

（桑原　敏典）

註

（1）公民的資質（市民的資質）の構造については，次の文献を参照。森分孝治「市
　　民的資質育成における社会科教育—合理的意思決定—」『社会系教科教育学研究』
　　第13号，2001年，pp.43-50.
（2）大杉昭英『アクティブ・ラーニング　授業改革のマスターキー』明治図書，2017年。
（3）松下佳代編著『〈新しい能力〉は教育を変えるか—学力・リテラシー・コンピテ

274 第Ⅳ章 社会系教科における評価の理論と実践

ンシー─』ミネルヴァ書房，2010 年，p.13

（4）同上，p.22.

（5）「逆向き設計」の理論については，次の文献を参照。G. ウィギンズ・J. マクタイ著／西岡加名恵訳『理解をもたらすカリキュラム設計─「逆向き設計」の理論と方法』日本標準，2012 年.

（6）石井英真『現代アメリカにおける学力形成論の展開─スタンダードに基づくカリキュラムの設計（増補版）』東信堂，2015 年.

（7）藤本将人「市民性教育におけるオーセンティック（Authentic）概念の特質─ミシガン州社会科評価プロジェクトの場合─」『社会科研究』第 61 号，2004 年，pp.21-30.

（8）同上，p.29

（9）例えば，次の文献を含む池野らによる一連の研究がその代表である。池野範男「教師のための「真正な学び」研究入門─教材研究のための論文読解比較研究─」学習システム促進研究センター『学習システム研究』第 4 号，2016 年，pp.1-12

（10）フレッド・M・ニューマン著／渡部竜也・堀田諭訳『真正の学び／学力─質の高い知をめぐる学校再建─』春風社，2017 年，pp.470-471

（11）同上，p.486

（12）同上，p.39

（13）・井上昌善「「同意の調達」を目指す議論に基づく社会科授業構成─中学校社会科地理的分野小単元「伊川防災プロジェクト」を事例として─」『社会系教科教育学研究』第 30 号，2018 年，pp.127-136

・小栗優貴「合意形成に向けた多元的選択肢を構築する歴史学習─規範研究と実証研究の連携─」『社会系教科教育学研究』第 30 号，2018 年，pp.137-146

・斉藤仁一朗・高橋雄・新川壮光「理想の制度を追究する力を育てる高等学校公民科における選挙制度学習─熟議の視点に依拠した単元開発と実践を通して─」『社会系教科教育学研究』第 29 号，2017 年，pp.71-80

（14）この主張については，次の文献の中の拙稿で論じた。唐木清志編著『「公民的資質」と何か─社会科の過去・現在・未来を探る─』東洋館出版社，2016 年。また，主権者教育の具体的な方策については，次の文献を参照。桑原敏典編著『高校生のための主権者教育実践ハンドブック』明治図書，2017 年。

第Ⅴ章
社会系教科における教師教育の理論と実践

第1節　コンテンツとコンピテンシーの両立を図る授業開発
―「生活（小）」の実践を手がかりにして―

1　コンテンツとコンピテンシーの両立を図る授業

(1) 研究の動機

　2017年より大学の授業改善として，「コンテンツとコンピテンシーの両立を図る授業開発」の研究を始めた。その成果は，2018年に関西福祉科学大学紀要にまとめている[1]。本稿はその成果をもとに改善を加えた2018年度の実践をふまえ，2年間の実践的研究をまとめたものである。

　2012年に出された中央教育審議会答申に[2]，「アクティブ・ラーニング」の言葉が登場して以来，「アクティブ・ラーニング」の言葉がついた数多くの本が出版されてきた。今回の学習指導要領総則では，「『主体的・対話的で深い学び』の実現に向けた授業改善（アクティブ・ラーニングの視点に立った授業）」という言葉で表現されている。全ての校種・教科・科目において，「主体的・対話的で深い学び」のある授業への改善が求められている。

　本研究は，筆者が担当している「生活（小）」の科目において，アクティブ・ラーニングの視点に立った授業をめざし，個と集団の関わりを組み込んだ探究的な学習の手法を活用した授業を実践し，その有効性を検証すると共に，更なる授業改善を図ろうとするものである。

　2017年度…個と集団の関わりを組み込んだ探究的な学習の手法を活用した授業を実践し，その有効性を検証する。

　2018年度…2017年度の成果と課題をもとに授業改善を図り，その有効性と課題を明らかにする。

(2) コンテンツとコンピテンシー

　講義（以下，授業）を行う以上，学修者が科目の目標・内容（コンテンツ）を達成・修得することが前提である。今回求められているのは，そのプロセスにおいて，「主体的・対話的・深い学び」といった資質・能力（コンピテンシー）を発揮しつつ高めていくような授業を構想していくことである。コンピテンシーについては，21世紀の国際社会で活躍する人材に必要な資質・能力として，立田（2006）が「OECD DeSeCo によるコンピテンシーの定義と選択」において，①相互作用的に道具を用いる（活用力），②自律的に活動する（自律性），③異質な集団で交流する（協働性）を紹介している[3]。

　コンテンツとコンピテンシーの関係について，筆者は図 5-1-1 のように整理した[4]。

　三角形の一つ一つが各教科・科目の目標・内容であり，その共通する部分がコンピテンシーである。大学の科目（授業）担当者は，各科目のコンテンツを達成・修得させつつ，学修者がコンピテンシーを発揮し，さらに高めていくような授業の実践が求められている。

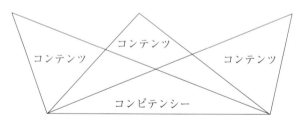

コンテンツ…各教科・科目に示された目標・内容
　「知識・技能」「思考力・判断力・表現力等」「学びに向かう力・人間性」
コンピテンシー…各教科・科目で共通して育成すべき資質・能力
　「主体性・対話的・深い学び」「活用力・自律性・協働性」など

図 5-1-1　コンテンツとコンピテンシー

2 個と集団の関わりを組み込んだ探究的な授業の構成

　探究的な学習における学習過程については，溝上慎一（2016）[5]や文部科学省「学習指導要領解説　総合的な学習の時間編」[6]を，個と集団の関わりについては，安永（2016）や関田（2016）の協同学習における学習過程[7]を参考にし，図5-1-2のような探究型授業の学習過程を構想した[8]。

　これは，探究型の学習過程の「課題追究」に，「ⅰ自力活動の構成　ⅱ自分の考えの視覚化」という【個の活動】と「ⅰグループによる交流　ⅱ全体発表　ⅲ共有・分有の確認・補説」という【グループ・全体の活動】を，さらに「振り返り」に【個の活動】を位置づけたものである。本研究は，この授業構成に基づいて授業を実践し，その有効性を検討している。

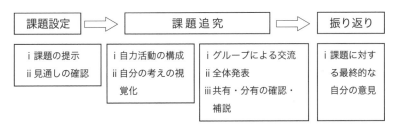

図5-1-2　個と集団の関わりを組み込んだ授業構成

3　2年生「生活（小）」の実践

（1）期間

　2017年4月〜7月，2年生52名
　2018年4月〜7月，2年生50名

280　第Ⅴ章　社会系教科における教師教育の理論と実践

（2）目標

① 生活科誕生の背景を踏まえ，「人・社会との関わり・自然との関わり・自分自身のあり方について考え，生活化を図る」ことが生活科の目標であることを理解する。【コンテンツ】

② この授業を通して，自分自身（学生）の主体性，協働性，思考力・表現力といった資質・能力を高める。【コンピテンシー】

（3）授業計画（表5-1-1参照）

表5-1-1　「生活（小）」の授業計画

	授業の課題（テーマ）	主な活動
1	心に残った生活科学習	自分の記憶に残る生活科の活動を話し合う。
2	生活科誕生の意味	生活科誕生の意味を考える。
3	スタートカリキュラム	スタートカリキュラムの内容を調べる。
4	栽培活動の目標と内容	学習指導要領から自然との関わりを考える。
5	ミニトマトの植え付け	ミニトマトを植え付け，観察する。
6	地域との関わり	学習指導要領から地域との関わりを考える。
7	ミニトマトのわき芽	ミニトマトのわき芽を観察し，処理する。
8	国分周辺の調査	国分周辺の聞き取り調査を行う。
9	国分周辺のポスターづくり	国分周辺の魅力をポスターに表現する。
10	ポスターの交流	できあがったポスターのよさを話し合う。
11	ミニトマトの観察	わき芽を中心に，ミニトマトの成長を観察する。
12	生活科における自己の成長	学習指導要領から自己の成長を考える。
13	生活科のカリキュラム構成	生活科のカリキュラム構成を考える。
14	生活科の特色と課題	生活科の活動と内容から，特色と課題を考える。
15	ミニトマトの収穫・片付け	ミニトマトを収穫・観察する。

（4）毎時間の展開

図5-1-2に示した「個と集団の関わりを組み込んだ授業構成」に基づいて，探究型の授業を実施した。例えば第4時は，次のように展開した。

低学年理科を廃止して新たに創設された生活科では，飼育・栽培の学習につ

第1節 コンテンツとコンピテンシーの両立を図る授業開発 281

いて具体的に考えさせたいと考えた。そこで，1年理科の教科書「くさ花を
そだてよう」（啓林館；1989年）と，生活科（上）「さかせてみたいな　はな　い
っぱい」（日本文教出版；2014年）の教科書を比較させ，理科では「あさがおの
双葉の間から本葉が出る」という植物の成長を，生活科では多様な花の栽培活
動を通して，花（植物）への関心や親しみを高めることを重視していることに
気づかせる。そして最後に，学習指導要領解説（2008年）によって，生活科の
目標や学習内容を確認・補説した。

① 本時の目標

　1年理科「くさ花を　そだてよう」と，生活科（上）「さかせてみたいな　は
な　いっぱい」の教科書を比較し，生活科では体験活動や自然との関わりを重
視していることをとらえる。

② 本時の展開（表5-1-2参照）

表5-1-2　第4時の学習の流れ

	主な学修活動	指導者の役割
課題設定	1　飼育・栽培における理科と生活科の教科書を比較する。 生活科で大切にしている事は何か？	○1年理科の教科書と，生活科（上）飼育・栽培に関するページを提示し，本時の課題を板書する。
課題追究	2　「低学年理科と生活科の違い」について，気がついたことをワークシートに記述する。【自力活動】 3　各観点についてグループで話し合い，特徴的な事柄を2〜3点選び，板書する。【グループ交流】 4　板書された内容について，説明する。【全体交流】 （1）1年理科の特徴 （2）生活科（上）の特徴 （3）生活科で大切にしたいこと 5　学習指導要領解説の内容を読み，生活科の趣旨を確認する。	○左記の事柄について記述するためのワークシートを配付し，必要な学生については助言する。 ○4〜5名のグループを編成し，互いの意見を出し合いながら，2〜3点の事柄に選択・集約させる。 ○各グループの内容について板書させ，説明させる。その際，板書の仕方や話し方についても助言する。 ○学習指導要領解説「内容（7）飼育・栽培」の部分を配付し，生活科では自然との関わり方，生活の仕方を重視していることを確認・補説する。
振り返り	6　今日の授業で学んだことや感じたことを振り返りシートに記述する。 子ども　・教師　・学生（自分）	○今日の課題について，振り返り観点を指示する。 ○学修内容等に対する意見は，必要に応じて次時で対応する。

282　第Ⅴ章　社会系教科における教師教育の理論と実践

(5) 2018年度の実践に改善を加えたこと

　2017年度の実践より，対話的な学びと深い学びは連動しているように感じた。対話的な学びが成立しないと深い学びにはつながりにくい。しかし，学生の中にはグループ内であっても話し合いを苦手とする学生も存在する。このような学生にも，グループ活動を通して学びを深めていくために，次のような改善を図った。

　　◇グループ内において役割分担を決め，回していくようなルールをつくる。
　　◇毎回の振り返りにおいて，課題に対する省察だけではなく，グループ活動
　　　に対する省察も取り入れる。

4　パフォーマンス評価による検証

　このような学習過程による授業の有効性を検討するために，パフォーマンス評価を取り上げ，評価方法を構想した。特に，松下（2016）が提唱しているパフォーマンス評価[9]を参考にし，次のように検証を進めた[10]。

(1) コンテンツの評価

　毎回の授業態度を考慮しながらも，提出された「振り返りシート」や作品を評価資料とした。振り返りシートに記述する際には，その時間の学修内容をふまえ，課題に対して次のような視点から記述するように指示した。

　「子ども」…学修課題の目標や内容に対して，子どもはどう受け止めると考
　　　　　　えられるか。
　「教師」…学修課題の目標や内容に対して，教師はどう受け止めると考えら
　　　　　れるか。
　「学生（自分）」…学修課題の目標や内容について，学生である自分はどう受
　　　　　　　け止めたのか。
　提出された振り返りシートは10点満点で評価し，6点以上を合格とした。

第1節　コンテンツとコンピテンシーの両立を図る授業開発　283

表 5-1-3　振り返りシート及び作品についての評価基準

	学修課題に対する記述内容
10	学修課題について，複数の視点から根拠を明らかにしながら自分の考えを詳しく記述している。
9	学修課題について，複数の視点から根拠を明らかにしながら自分の考えを記述している。
8	学修課題について，根拠を明らかにしながら自分の考えを記述している。
7	学修課題について，自分の考えを記述している。
6	学修課題について，自分の感想を記述している。
0	欠席，未提出

表 5-1-4　コンテンツ（100 点満点，辞退・不可の学生を除く）

評　　価	60 〜 69	70 〜 79	80 〜 89	90 〜 100	合計
2017 年度の人数	7	17	22	6	52
2018 年度の人数	8	12	27	3	50

　記述内容については表 5-1-3 のようなルーブリックに基づいて評価した。記述された疑問点や，理解が不十分と判断された点については，次の授業の始めに補説した。15 回の平均点は表 5-1-4 のようになった。

　このように，概ね目標としたコンテンツについては理解したと考えられるが，次のような課題が明らかになった。

　◇振り返りシートの記述に時間がかかるため，詳しく書けない学生がいた。

　◇具体的な体験活動を組み込んでいるので，子ども目線や学生目線については記述しているが，教師の役割等，教師目線の記述は少なかった。

　◇欠席する学生が数名おり，この学生に対する指導は不十分であった。

(2)　コンピテンシーの評価

　コンピテンシーの評価については，学習指導要領総則の解説に示された「主体的・対話的で深い学びの実現に向けた授業改善の具体的な内容」[11] を参考に次のような観点を設定し，授業の初回と第 14 回（15 回に返却するため）に自己評価を実施した。

284　第Ⅴ章　社会系教科における教師教育の理論と実践

表5-1-5　コンピテンシー（4点満点）

観　点	主体的な学び			対話的な学び			深い学び		
時　期	①	⑭	変容	①	⑭	変容	①	⑭	変容
2017 年度	2.2	3.2	1.0	2.5	3.2	0.7	2.3	3.1	0.8
2018 年度	2.2	3.2	1.0	2.3	3.4	1.1	2.1	3.3	1.2

① 主体的な学び

　興味をもって積極的に取り組むとともに，学修活動を自ら振り返り意味づけたり，身についた資質・能力を自覚したり，共有したりしている。

② 対話的な学び

　知識や技能を定着させ，物事の多面的で深い理解に至るために，多様な表現を通じて，教員と学生，学生同士が対話し，思考を広げ深めている。

③ 深い学び

　「主体的な学び」「対話的な学び」を通して，事実と事実，自分と他人の思考を比較したり関連付けたり価値づけたりして，対象に対する理解を深めている。

　また，自己評価の基準については，上記の観点・内容ごとに，4択（1…できていない　2…あまりできていない　3…できている　4…よくできている）で評価し，その理由を記述するようにした。その平均点の結果は，表5-1-5のとおりである。

　このように，「主体的な学び」，「対話的な学び」，「深い学び」について，2017年度の平均点の変容は，各々1.0，0.7，0.8であり，「対話的な学び」，「深い学び」の値が低かった。2018年度では，各々1.0，1.1，1.2であり，「主体的な学び」の値は1.0と変わりなかったが，「対話的な学び」は0.7→1.1，「深い学び」は0.8→1.2と大きく改善が見られた。

5　成果と課題

（1）成果

　この実践研究を通して，次の点を明らかにすることができた。

◇個と集団の関わりを組み込んだ探究型の授業は，コンテンツとコンピテンシーの両立を図る指導として有効である。

◇グループ活動における役割分担や，グループ活動の省察（貢献度やその理由を記述すること）を振り返りシートに加えることによって，グループ活動が充実し，「対話的な学び」「深い学び」ともに改善を図ることができた。

(2) 課題

① コンテンツの達成に向けて

毎回の振り返りによるパフォーマンス評価は，一定の学修状況を把握することができたが，コンテンツとしてどの部分の理解が不十分なのか，どのような内容に改善していけばよいのか，2年間の実践を通して十分な検討ができなかった。コンテンツ獲得の視点からの授業の見直しが必要である。

② コンピテンシーの達成に向けて

前述したように，対話的な学びと深い学びは連動している。話し合いを苦手とする学生がグループ活動を通して学びを深めていくには，さらに次のような改善を図っていく必要がある。

◇グループ活動が停滞するようであれば，グループで話し合いの場をもち，グループ活動の改善を図る。

◇板書を活用してグループ活動の結果を発表した後，学修テーマに対する総括も，学生にさせることによって，関連づけたり価値づけたりする能力を育て，深い学びの成立を図る。

以上のような改善の手立てを組み込み，学生の姿を捉えながら，さらなる授業改善を図っていきたい。

本研究では，個と集団の関わりを組み込んだ探究型の授業を展開することによって，コンテンツとコンピテンシーの両立を図ることを目的とし，振り返りシートによるパフォーマンス評価やアンケート形式の自己評価によってその効果を検証してきた。その結果，個と集団の関わりを組み込んだ探究型の授業は，

一定の効果があることを明らかにすることができた。

しかし，少数とはいえ，十分な理解や力を伸ばすことができない学生がいることも明らかになった。成果と課題に示したように，学生が理解しにくい内容やグループ活動の方法を検討していくことによって，さらなる改善を図っていきたい。

（馬野　範雄）

引用・参考文献

（1）馬野範雄「コンテンツとコンピテンシーの両立を図る授業開発―「生活（小）」の実践を手がかりにして―」関西福祉科学大学紀要第22号，2018年，pp.15-23

（2）「新たな未来を築くための大学教育の質的転換に向けて～生涯学び続け，主体的に考える力を育成する大学へ～（答申）」中央教育審議会，2012年

（3）ドミニク・S・ライチェン，ローラ・H・サルガニク編著，立田慶裕監訳「OECD DeSeCoによるコンピテンシーの定義と選択」『キー・コンピテンシー　国際標準の学力をめざして』明石書店，2006年

（4）前掲書（1）p.15

（5）溝上慎一「アクティブラーニングと教授学習パラダイムの転換」東信堂，2014年，pp.6-23

（6）文部科学省「小学校学習指導要領（平成29年告示）解説　総合的な学習の時間編」2018年，p.114

（7）安永悟「協同学習による授業デザイン：構造化を意識して」安永悟・関田一彦・水野正朗編『アクティブラーニングの技法・授業デザイン』東信堂，2016年，pp.4-21

（8）前掲書（1）p.18

（9）松下佳代「アクティブラーニングをどう評価するか」松下佳代・石井英真『アクティブラーニングの評価』東信堂，2016年，pp.11-21

（10）前掲書（1）pp.21-22

（11）文部科学省「小学校学習指導要領（平成29年告示）解説　総則編」2018年，p.77

第2節　教育実習をトータルで省察する授業の展開
―兵庫教育大学「中等実習リフレクション」の取り組みから―

　大学における教員養成教育において，教育実習は教員としての力量形成を図る上での重要であるばかりでなく，教職指導の充実を目指す上でも重要な位置を占めている。特に近年は養成段階から即戦力としての高度な指導力の育成への希求により，学校教育現場においての学びへの期待は大きい[1]。その一方で，教育実習における教科指導は，実践的指導力，即戦力としての育成が目指されることから，「実践的である」と見なされる配当校，指導教員における教科指導の在り方はよいものとして見なされ，大学における養成カリキュラムで学んだ理論は勢い矮小化される傾向にあるのではないだろうか。加えて，大坂（2017）によると，社会科教育においても教育理論，社会観の「洗い流し」が見られ，現実の制度的文脈（教育実習に限ったことで言えば指導教員や学校の指導方針）に適応してしまうことが指摘されている[2]。こうした矮小化や洗い流しの問題を克服するためには，大学でどのような学びが必要なのだろうか。本稿では授業科目「中等実習リフレクション」（以下，本授業）における取り組みを事例に，学生の社会科観や授業観の変容，授業改善の具体を分析・検討することで，その問いに答えたい。

1　教育実習に関して何をどのように省察するか
―研究の課題と授業の方法―

　本稿では，社会科教師としての資質能力向上につながる成果と課題を抽出，総括する教育実習の事前事後学習として本授業を位置づけた。通常，リフレクションを標榜する授業は事後学習がそのほとんどであることが予想される。また類似した授業として位置づけることができる教職実践演習についても，開設

が4年時後期であることを考えると，教育実習後に行われるのが一般的であろう。教育実習後の省察であるならば，ショーンやコルトハーヘンが示すように実践経験を振り返り，卒業後の実践に接続させていくことが重視されることになる[3]。実践を経た省察は教育実習生には高度な実践的指導力が期待できない分，授業中に立ち現れた子どもの思考や発言とそれに合わせ即興的に産出された反応を対象とした省察がなされやすい。結果として「子どもの反応がよかったか否か」，「子どもにいかに適応しているか」といった授業技術や教授方法が省察の中心となる。教師としての経験知，実践知の獲得ができるという点で意義があると同時に，授業理論や，授業構想（特に単元レベルまでの構想）に目が向きにくいという問題が生じ，その問題に対応した意図的な指導が必要とされるのではないだろうか。

　これに対して，久我（2007）は予め，目標と計画を設定し，「活動に向けての省察」（予見的省察）過程の重要性を指摘している[4]。授業者は「変わりやすい曖昧な目的に支配され，不安定な文脈に煩わされる」という状況で，場当たり的に授業を展開しているのではなく，授業構想に基づいた活動に向けての省察と行動の改善を行っており，それが教師の専門性の特徴として位置づけられるとする。であるとすれば，授業構想がより緻密に構成されることで曖昧な目的や場当たり的な対応を減少させ，より高次な省察が可能となることが想定される。本研究においては，事後の省察だけではなく，授業構想段階の授業についても省察の俎上に乗せ，教授方法や予想される子どもの思考や発言とともに，教科のねらいや教材についての知識そのものについても省察する手がかりとしたい。

2　授業の構成と検証方法

(1)　本授業の特徴

　本稿で取り上げる本授業，中等実習リフレクションは，基本的に母校で行わ

第2節　教育実習をトータルで省察する授業の展開　　289

れる教育実習が省察の対象となっている。教育実習後，実習生として行った行
為や判断について省察をすることは容易である。一方，研究授業の授業構想段
階における省察については，教育実習期間中に任されるであろう授業（単元の
一部であることが多い）の単元構想や研究授業において実践が求められる場面を
ふまえ，事前に構想したことを指導案として持ち寄り，学生が相互に説明，意
見交流することで，予見的省察を行うことにした（図5-2-1）。

第1回　オリエンテーション「実習における目標と活動」
第2・3回　授業計画の分析と実習における教材研究のポイント
第4・5回　実習全体の省察，実践した授業の分析と評価
第6・7回　改善授業案に基づく授業分析と評価
　　　　　改善指導案の発表。内容，方法，目標の省察
第8回　省察したことのフィードバック，まとめ
※第2・3回，第4・5回，第6・7回はそれぞれ連続授業としている。

図5-2-1　中等実習リフレクションの授業構成（1単位7.5時間）

　第1回では，これまでの大学の授業，前年度に体験してきている初等実習
（附属小学校）を想起させ，この時点における社会科観，授業観を確認するとと
もに，教育実習への構え，ありがちなトラブルや困難なことについて説明し，
中等実習の目標，見通しをもたせようとした。

　第2・3回では，4人～5人からなるグループごとに教育実習において取り
組まれることが想定される授業を単元レベル，本時レベルで検討してきた結果
を示し，意見交流を行った。意見交流では，考えたよい点や改善点を付箋によ
り表明するよう促すことで，社会科観，授業観の可視化と再検討を試みた。

　第4回では，受講者（24名，欠席者あり）が個々に教育実習における成果と
課題，特徴的で記憶に残る体験を社会科に限らず学校生活や職務全般について，
ワークシートに記述した上で，簡略化したものを付箋に書き込み，グループで
類型化していく活動を行った。指導教員，教育実習校の指導方針がそれぞれ異
なる条件のもと，意見交流によって体験の異同を知り，共有化を図ることをね
らった。続く第5回では教育実習校における社会科授業実践（以下，実習授業と
する）に焦点化したリフレクションを行った。授業で何がしたかったのか，実

際の授業では何ができたか，実習授業を改善するとしたら何をどうするべきかについて①単元・本時の目標，②指導計画・本時の展開ごとに想起させることで，自らの社会科観，授業観をふまえた授業改善の手がかりを得ることを目指した。なお，想起に際して，自身が実習前に抱いていた社会科観，教育観と，学校の教育的課題や指導教員による指導の実際との間でズレがあったかどうかを問い，そのズレを意識した記述をするように促した。

第6・7回ではK・J法を用いて，実習授業の改善策を議論することで，成果と課題を可視化，共有化し，自らの社会科観，授業観をメタ的に省察することをねらった。なお，各回における意見交流に際しては，エンゲストロームの拡張的学習の理論を参考にした。拡張的学習とは「実践現場において，現実のトラブルや葛藤や矛盾に直面する実践者たちが，現状を乗り越え，変化について学び合い，現実の社会的な生活世界を変えていくための『生きた道具』を獲得していくような次元の学習」である[5]。本授業に適用するならば，授業構想，実践の各段階において直面した理論と実践上の矛盾，困難や葛藤を意見交流により顕在化させ，解決していく一連の過程として位置づけられる。

(2) 分析の方法

分析では，属性が異なる任意で抽出した教育実習生A（社会科教育のゼミに所属），B（社会科教育外のゼミに所属）を選定した。授業を通して社会科観，授業観の変容を分析する方法として，「社会科の目標」とは何か（第1，4，8回），「理想とする社会科の授業とはどのような授業か」（第2，8回）をそれぞれ尋ね，ワークシートへの記述がどのように変容しているのか分析した。また，第8回の授業終了後，半構造化インタビューを実施し，①教育実習を振り返っての手応え，②教育実習で感じ取った社会科観，授業観を尋ねて分析し，その結果は対象者に参照してもらい，分析の妥当性を確認した。授業全体を通して，実習で積み上げた経験を省察し，教科のねらいや教材についてどのような捉え直しが行われているかどうかについて，教育実習生の「授業研究」に焦点を当てた中田（2012）の研究を参考に[6]，エンゲストロームの拡張的学習における仲介

第2節　教育実習をトータルで省察する授業の展開　291

的概念ツールの理論を援用し，どのようなコンセプト，モデル，ヴィジョンが現れたのかを抽出，分析した[7]。

3　考察

(1)　実習生Aの場合

①社会科観，授業観の変容

本時の目標　百姓一揆や打ちこわしが起こった理由を資料から読み取り，班で共有し，ホワイトボードをもとに発表させる。

本時の展開

過程	指導内容	主な学習活動	指導形態	指導上の留意点	配時	評価
導入5分	・話題提示 ・本時の目標確認	・各幕藩改革の内容を押さえる 本時のめあて「一揆や打ちこわしが起こった理由を資料にまとめよう」	一斉個別	・なぜ改革を進めたのか思い出させる。	5分	①本時の目標確認 ②農村の状況 ③班活動 ④まとめ
展開35分	・予想する ・資料の考察	・生徒の既有知識を活用し予想する。 ・NHKクリップの当時の農民の姿を見て，商品作物を作ることが活発になっていることを理解する。 説明の時間が足りない そもそも一揆に関係ない ・問屋制家内工業と工場制手工業を理解する。 ・稲作と綿作の収入の比較と，ある農家の家計から商品作物に農家が注力した理由を考える	一斉個別 一斉個別 一斉個別 一斉個別	・前時までの知識の定着とその知識を活用させる。 ・生徒が関心をもつ動画で農業図絵の要所である商品経済を抑えさせる。 ・問屋制家内工業と工場制手工業の違いを時代背景とともに理解させる。 ・年貢と田からの収入に着目させ，商品作物を栽培しなければ生きていけないことに気付かせる。	5分 5分 5分 5分	一揆や打ちこわしが起こった背景として，幕府や藩の都合のよい政策であったことを資料から読み取り班でまとめることができている。（思考・判断・表現力）〈ホワイトボードの記入・発表〉
	絵など わかりやすく ・資料の考察	・本百姓と水呑百姓の割合の推移から	一斉個別	・貧富の差が一揆につながるきっかけだったことに	5分	十分満足できると判断される状況

	一揆とのつながりを考える。		気付かせる。 ・「本百姓の分解」の資料から地主・小作人の発生を理解させる。	<div style="border:1px dashed">幕府の対応 ききん・ 自然災害</div>	「貨幣経済」「商品作物」「改革」などの言葉を用い具体的に説明している。
	・資料集を見て，百姓一揆の発生が頻繁になってきたことを読み取る。	班	・商品作物で稼いでいたが藩の専売制によって稼ぎが奪われていたことに気付かせる。 ・「西域物語」「明和の一揆」から，当時の人々の苦悩を感じさせる。	15分	**努力を要する状況への手立て** 机間巡視をしながら意見が出にくい班を支援する
まとめ 10分	・まとめ	・発表する。 ・まとめる	班	・他の人の意見を聞きながら一揆が起こった理由を考える。 ・他の班の意見を聞き様々な視点に気づかせる。	10分	<div style="border:1px dashed">資料が過剰 絵で資料</div>

図 5-2-2　実習生Aの改善した授業

※点線囲みは改善案（付箋にて記入），見せ消しは改善後削除した箇所

　Aは既存の社会科観として「『公民的資質』をかん養すること」が重要であり，「主体的・対話的で深い学びができる授業」を理想としていた。一方，実習後の第4回，第8回における社会科観は「暗記ではなく社会認識形成である」とし，授業観は「中学校で（教科書の）見開き1ページやろうと思ったら大変。そういう所（理想の社会科観）に手が回ったのかというところはあります。」と実習の授業を振り返りつつ，理想の学びの困難性について言及している。

②授業計画の分析と実習における教材研究

　単元「江戸幕府の成立と東アジア」について，計画段階では，江戸幕府の統制の仕組みについて，侍からの脱却（官僚的な支配体制）を目指した時代と位置づけ，なぜ統制を行っていたのかを問い，統制の意図がわかり，価値判断を促す授業を構想していた。学生間の意見交流では，「（現代政治との）比較をしてみるとよいのでは」「歴史を意志決定（価値判断）するのにはどうすればよいのか」といった意見，質問が出され，それに応える形で構想を具体化しようとしていた。

第2節 教育実習をトータルで省察する授業の展開　293

③実践した授業の省察，改善

　教育実習における研究授業では「百姓一揆が起こった理由を資料から読み取り，班で共有し，ホワイトボードに（記述したこと）をもとに発表する」ことを目標とした授業に変更されていた。第5回の授業では，授業の概要について説明し意見交流を経て，図5-2-2のように改善を加えていた。改善案作成の過程において，子どもの様子を意識しながら，目標（一揆が起こった理由の理解）達成のために使いたい資料を精選しようとしている葛藤の様子がうかがえ，資料を加工することで，生徒の思考を焦点化すること，工業のところは，次時に移し，一枚一枚の資料は1行程度でまとめることがコンセプトとして示されていた。

　意見交流，助言を経て，授業実践における目標達成のために必要な資料はどれかを精選，加工し，読み取りを容易にして社会認識形成を促す必要があるというヴィジョンを獲得したことが示唆される。このことは授業終了後のインタビュー（表5-2-1）による発話からもうかがえる。実習生Aの授業終了後のインタビューからは，実習前では社会科の目標として公民的資質の育成まで視野に入れていたのに対し，まずは，社会認識を充実させた上で，判断，表明をしていく必要があるというヴィジョン，モデルを形成していることがうかがえる。

表5-2-1　実習生Aへのインタビュー（社会科観，授業観について）

> 　要は社会の仕組みがわからないと始まらないかなっと。だから，社会科の範囲はどこまでかって言う話なんですけど，とりあえず，これ（社会認識形成）はいずれにしてもやらなあかんっていうのがあると思います。
> 　理想とする社会科像，仕組みがわかった上で，何かの形でアウトプットできたらいいかなって思います。それは，いわゆる価値判断とかいうのかと思うんですけど，それ以外もあるんじゃないかって思うんです。

(2) 実習生Bの場合

①社会科観，授業観の変容

　実習生Bは本授業開始時の社会科観として変化する社会で生きていく力を身につける必要があると考え，社会を生き抜くために「問題解決能力を養う」ことを重視し，「因果関係について考える授業」を理想としている。第8回にお

294　第Ⅴ章　社会系教科における教師教育の理論と実践

ける社会科観は「社会で起こる様々な問題に対して解決していこうとする心を養うことや，実際に解決する力を身につけること」，授業観を「知識を学ぶだけで終わるのではなくそれを活用して問題解決していく授業」を大切にしていきたいとしており，一見大きな変容は見られない。その背景としてうかがえるのが，授業終了後のインタビュー表5-2-2における発話である。

表5-2-2　実習生Bへのインタビュー（教育実習の手応え）

> 　1年生も2年生も3年生も一クラスの学校で，どの学年も授業に行ったんですけど，1年生は野外活動，2年生はトライやるウィークで3年生しかフルでいなくて，一番授業をしたのは3年生なんですけど，研究授業は2年生で，生徒との距離感とかも掴めないままの授業でした。意識して欲しいこととして言われたのが，受験であり，「業者のテストの範囲がここまでだから」というように進度を意識させられました。だから高校受験対策（として受け入れられ易い単問単答）の授業をしましたが，社会科授業としてふさわしいかどうか納得したわけではなかったです。

　実習生Bは学校の制度的文脈に左右され，社会科観，授業観は揺さぶられにくく，教育実習中は実習校の文脈に従って，実践していることが示唆される。

②授業計画の分析と実習における教材研究

本時の目標　各地域での気候の違いに気づき，その背景となる地理的事象と結びつけて表現することができる

学習過程

学習活動	指導上の留意点	資料
1．課題を把握する 　・気候帯の確認 　・雨温図の読み取り	・日本のほとんどが温帯に属し北海道だけが亜寒帯に属することをおさえる。　どうつかませるか ・各地域の雨温図を確認し，違いがあることをつかませる 　なぜ国内の各地域で気候の違いがあるのか	・世界の気候帯 ・各地域の雨温図
2．学習課題に対する予想を立てる 　・記述する 　・発表する	・個人で考えた後に，全体に共有させることで，他の意見に気づき，自分の考えを深める。 　一つの気候帯について，モザイク学習	
3．予想を検証する 　・資料を読み取る 　・班で考える	・資料の読み取りは，全体個人の理解に応じた説明を加える。 ・班での共有を行い，その後全体で共有させる。	・季節風の吹き方 ・日本の海流 ・季節風と降水・山地の様子

| 4．学習問題に関する
　解を記述する | ・解の要素を振り返り，まとめやすいように
　する。
・時間があれば，全体で考えたことを共有する。 | ・日本の気候区分 |

☆日本は季節風の影響を強く受けており，山などの地形によって気候が異なる

図5-2-3　実習生Bの改善した授業

表5-2-2における発話にあるように，実習生Bは全学年で実践を行っている。
1，2年生，地理の学習では他地方との比較を通して，地域の特徴に気付かせ
ること，3年生，歴史学習では現代の視点から見ることとその時代の視点から
見ることについて検討を行っていた。実習直前になって，実践する単元が固定
できないもどかしさを感じつつ，社会科としての目標，それをふまえた授業づ
くりについて対話していたというのが実情であった。

③実践した授業の省察，改善

教育実習における研究授業では日本の諸地域における気候の違いについて扱
う授業が実践された。第5回の授業では，授業の概要について説明し意見交流
により，学習形態の工夫に葛藤を感じ，気候帯を各グループに分けて比較する
ことにより特徴をつかませ（新たなコンセプト），発表させるアイデアを得てい
た（図5-2-3）。目標達成のためには，グループ間で異なる資料を読み取らせ発
表させることで，比較が容易となり，アクティブに問題解決ができるというモ
デル，ヴィジョンを獲得したことが示唆される。

4　成果と課題

実習に先立って社会科観，授業観を顕在化させ，実習後においても再検討さ
せていくことで，具体的な授業像を伴ったものへと昇華させるきっかけとなる
ことが示唆された。授業構想段階においても予見的省察を組み入れることで，
場当たり的ではない，自身が設定した目標やねらいをふまえた省察が見込まれ
る。授業構想，実践の各段階における省察により，理想と実践における現実が

より明確に対比でき，直面した理論と実践上の矛盾，困難や葛藤が明らかになることで，新たなコンセプトが導き出され，それに伴いモデルやヴィジョンも生成されることが示唆された。本稿で取り上げた中等実習リフレクションにおける試みは，理論の矮小化や洗い流しの問題を克服する手だてとして位置づけることができるのではないだろうか。

　一方，課題については，川上（2012），大坂ら（2015）が指摘する伝統的な教授スタイル（現に教育実習を終えた第4・5回の授業での学生の対話において，指導教員がチョーク＆トークの授業やプリント穴埋め学習を行っていたとする声は多くあげられた）や高校までの学習経験に裏付けされた，授業プランニングの信念は強固で，ゆさぶり，再検討が難しいことに加え[8]，指導教員や学校の指導方針の影響を受けた教育実習において直面する社会科観，授業観は強固であり，大学における社会観，授業観に関する学修は容易に置き換えられることが示唆された。まして，原則的に母校における実習が制度化されている本学のカリキュラムにおいてはなおのこと，こうした傾向が顕著に現れるのではないだろうか。この課題を解決するためには，実習校実習指導教員（メンター）との間で社会科観，授業観が共有できるよう事前訪問なり研修なりをすることが有効であると考えられる。しかし，学校教育現場における制度的文脈を見直すことは困難を極める。したがって，狗肉の策といえる，大学の授業において社会科観，授業観を吟味し，相対化ができるような授業構成が必要ではないだろうか。例えば，実習校の指導教員との間で事前に授業観をすり合わせた上で実習授業の単元，本時の構想を試みたり，実習校の教育目標を組み入れた指導案作成を行ったりすることで，予見的省察を精緻化することが可能となろう。こうした取り組みの上で，教育実習校における学生相互の教育実習の内実を披瀝，批評し合う活動を組み入れることで，実践に基づいた，社会科観や授業観の吟味，検討が期待できる。

（山内　敏男）

註

（1）例えば，文部科学省「教員養成段階における実践的指導力の育成（答申）」2012年に代表される一連の答申がある。

（2）大坂遊「教職課程後半期における教員志望学生の社会科観・授業構成力の形成過程—『洗い流し』はいつどのように起こるのか，あるいは回避されるのか—」『学習システム研究』第5号，2017年，pp.81-102

（3）ドナルドA．ショーン，柳沢昌一，三輪健二監訳『省察的実践とは何か』鳳書房，2007年，フレット・コルトハーヘン著，武田信子監訳，今泉友里，鈴木悠太，山辺絵里子訳『教師教育学 理論と実践をつなぐリアリスティックアプローチ』学文社，2010年

（4）久我直人「教師の専門性における『反省的実践家モデル』論に関する考察（2）—教師の授業に関する思考過程の分析と教師教育の在り方に関する検討—」『鳴門教育大学研究紀要』第23号，2007年，pp.87-100

（5）山住勝広，ユーリア・エンゲストローム編『ノットワーキング—結び合う人間活動の創造へ』新曜社，2008年，p.81

（6）中田正弘「『授業研究』を通じた教育実習生の成長・発達の契機に関する考察」『東北大学大学院教育学研究科研究年報』61巻1号，2012年，pp.63-82

（7）ユーリア・エンゲストローム，山住勝広，松下佳代，百合草禎二，保坂容子，庄井良信，手取義宏，高橋登訳『拡張による学習—活動理論からのアプローチ—』新曜社，2007年。なお，仲介的概念ツールについてエンゲストロームは，「データの収集や分析の過程，見いだされた矛盾に対する解決策をデザインする過程で創造される」ものと規定している（pp.15-16）。本稿では「社会科観，授業観と教育実習における実践とのギャップを乗り越えるためのコンセプトやモデル，ヴィジョン」と位置づける。

（8）川上具美「米国歴史教育におけるディシプリン・ギャップ（Disciplinary Gap）に関する研究—教育実習生の抱く新しい歴史教育をめぐる葛藤とその背景—」『カリキュラム研究』第21号，2012年，p.95，大坂遊，渡邉巧，金鍾成，草原和博「社会科教師志望学生の授業プランニング能力はいかにして学習されるのか—大学入学後の能力向上の要因と支援策—」『学習システム研究』創刊号，2015年，p.40

第3節　社会科教師教育におけるメンタリングの可能性

1　学校現場における教師教育の今日的課題

　優れた授業を行う教師や自分の授業をもっとよくしたいと考える教師は自主的な研鑽を怠らない。しかし，個人に任された自己研鑽には常に不満と不安がつきまとう。「自分の問題意識にぴったり合った本や勉強会に出会えない」「このやり方以外の授業は他にないのか……」。教師の悩みは個別・具体であるためその問題解決も個人に委ねられてこなかっただろうか。

　例えば，社会系教科教育の領域ではどのような現象が起きてきただろうか。授業の重層性仮説[1]（図5-3-1）を用いて考えたい。よりよい授業をめざした開発研究では，何らかの社会科授業理論にもとづき「こんな授業をすれば，生徒に社会認識が形成されますよ（合理的な意思決定ができますよ）」と授業モデルを示し，その授業モデルにもとづいて「あなたのクラス向けにアレンジすれば，よりよい授業ができますよ」という，ある種，啓蒙的な提案であった。そして教師たちはそれらを自力で咀嚼し，授業計画を作成・実践し，授業を改善することが期待されていた。そこでは個々の教師の多様性—その経験や教科観・授業観—は捨象され，均質な教師像が前提とされてきたのではないか。その結果，

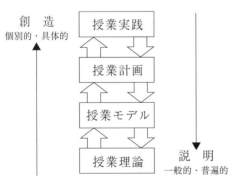

図 5-3-1　仮説（授業）の重層性と研究方法
（草原：2006）

これまで開発されてきたすぐれた授業モデルも，社会科教師の成長を支援するという点では，その影響力は限定的であったと言わざるを得ない。

　一方，社会が大きく変化する中，教師をとりまく状況も変化している。学校における教師の年齢構成のアンバランス，多忙化，子どもや保護者の多様化の中で教師たちはいくつもの困難を抱えている。同僚教師と授業の悩みを語り合ったり，先輩教師から授業づくりを学んだりすることは日本の誇るべき教師文化であったが，教師にその余裕はなくなり，現場でのインフォーマルな教師教育の機会はやせ細ってきているのが現状である。

2　教師教育としてのメンタリング

(1)　今，なぜメンタリングなのか

　教師をとりまくこのような変化のもと，近年注目されているのがメンタリングである。メンタリングはこれまで，企業内教育や看護教育などの分野で積極的に実践されてきた。教師教育においては，1994年に岩川がメンタリングを「経験を積んだ専門家が新参の専門家の自立を見守り，援助すること」と定義し，学校を基盤とした教師文化形成の視点から述べたのが先駆的な研究である[2]。また，小柳は国際的な研究を俯瞰しながら日本の教師教育研究におけるメンタリングの研究動向をまとめており，現時点でのまとまったメンタリング研究のレビューとなっている[3]。

　メンターの働きに焦点をあてた理論的・実践的研究として，石川と河村の研究がある。石川らはメイナード（T.Mayarard）とファーロング（J.Furlong）によるメンタリングの３つのモデル，①徒弟モデル（apprenticeship model），②能力モデル（competency model），③反省モデル（reflective model）を紹介し，そのうちの反省モデルにもとづいた中堅教師に対するメンタリングの実践研究を行った[4]。

　メンタリングの機能やその具体的な手法については，島田の一連の研究があ

る。島田は若手教師の成長を促すメンタリング機能の概念的整理を行い，①専門的な発達を促す機能，②パーソナルな発達を促す機能，③関係性の構築を促す機能，④自立を促す機能に分類し，メンタリングが対象とする領域を明確化した[5]。

(2) メンターチーム

メンタリングは，本来１対１で行うものであるが，近年はグループでのメンタリングが広がっている。教育委員会や学校単位でおこなわれるメンターチームの最も有名な例として，横浜市の取組がある。横浜市は2006年から，初任者や教職経験の浅い教職員の人材育成および校内OJTシステムづくりとして，各学校にメンターチームの設置をすすめている[6]。

また，神戸市立摩耶兵庫高等学校は，2016年から「摩耶兵庫メンタリングプログラム（MMP)」を実施している。定時制高校である同校は経験の浅い若手教師の割合が大きいため，若手教師（メンティ）が先輩教師（メンター）とベテラン教師（アドバイザー）の支援を得て，OJTを通じて教師力・授業力・事務能力を向上させようとする取組である。初年度は校内に５つのメンターチームを組織し，その活動はメンターチームごとのほか，月１～３回程度，「授業研究会」「若手研」「ミドル研」「報告会」等，メンターチームを横断したり，合同の研究会も実施している。また，年３回，メンティによる現状の授業実践力の分析も組み込まれている[7]。

チームによるメンタリングには，若手教師の急増，少子化に伴う学校規模縮小による教師数の減少，学校の特性による教師の年齢層の不均衡など，中堅教師が少なくても若手教師の支援を効率的に行えるメリットがある。また，学校単位で行う場合，学校全体の授業力向上や組織の活性化がはかられる効果も期待できる。そのためメンターチームによるメンタリングは，公的な制度化を後押しとして，今後，学校現場でさらに広がることが予想される。

(3) 1対1のメンタリング

　メンタリングの基本形であるメンターとメンティが1対1の信頼関係にもとづき，継続的，定期的に交流しながら，教師（メンティ）の成長に焦点をあてた実践的研究も少ないながら報告されている。河村と中山は家庭科教師を対象に，半年にわたる観察者（大学教員）による授業観察と事後の対話が授業者のリフレクションを促していること，授業者の発話とその変容を読み解くとメンティの授業改善にとどまらず，「家庭科という教科のとらえなおし」にまで振り返りが深まっていることを指摘した[8]。

　根本と髙木は，小学校で英語の授業を担任とTTで担当した大学院生（メンティ）と大学教員（メンター）の1年間に及ぶ授業後の対話的な省察を分析し，メンティが授業の省察を繰り返すことで，外部講師としての自分の強みと弱みを把握できた点をメンタリングの成果として挙げている[9]。

　谷本は小学校音楽専科の若手教師（メンティ）に対し，大学教員（メンター）が3ヶ月間，個別のメンタリングとグループによるメンタリングを組み合わせたメンタリング・プログラムを実施し，その成果としてメンティの教師主導の授業から対話による授業への変化，児童観の変容，授業観・指導観の変容，信念の自覚の4点を指摘した[10]。

　以上紹介した1対1のメンタリングに関する3つの実践研究が，家庭科，小学校英語，音楽専科の教師が対象であることは大変興味深い。これらの教師は普通，学校でただ一人の専門家であり，同じ教科の同僚の不在という点で共通している。それゆえ，メンタリングの効果は授業力向上にとどまらず，「教科のとらえなおし」「自分の強みと弱み」「授業観・教科観の変容」「信念の自覚」など，自身の教師としてのアイデンティティ形成に及んでいる点が注目される。

　メンターチームが制度化が前提であるのに対し，1対1のメンタリングは同じ学校の同僚同士，あるいは学校が異なっても同じ教科・科目を担当する者同士がインフォーマルな形でメンターとメンティとなることができるため，学校

302　第Ⅴ章　社会系教科における教師教育の理論と実践

を基盤とした教師教育の新たな方法として期待できる。

3　メンタリングは授業研究やアクションリサーチとどこが違うのか

(1) 教師教育としての授業研究 (レッスンスタディ) の効果と限界

　学校を基盤とした教師教育のうち，授業改善を目的としておこなわれるものに授業研究がある。日本の授業研究の歴史は古く[11]，1990年代以降はレッスンスタディとして国際的にも認知されている[12]。授業分析を中心とした授業研究は，通常「公開授業」と「検討会」がセットになっている。公開授業に先立つ指導案の検討，授業後の検討会では授業者による授業のねらいや展開・教材の工夫等の説明，参観者による意見交換，最後に指導的立場にある者からの助言で締めくくられるという構成が一般的であろう。つまり準備段階から授業研究会当日まで，一貫して教師集団で授業を検討し合うところに授業研究の特質があり，その最大の効果は集団でおこなうことで，個々の教師一人では気づかなかった新しい見方や考え方を学ぶことができる点にある。加えて，同僚性の構築や授業技術の共有化も挙げることができよう。

　一方，授業研究が義務的・形式的となり，その効果が希薄化していることを危惧する指摘も多い[13]。また効果と表裏一体の課題として，「学校自体の中に学習活動のシステムが組み込まれ，そこに暗黙の規範やツール，ディスコースが歴史的に形成されている（形成されていく）」[14] ことも指摘されている。社会科の授業研究の実践記録にもとづいた批判として，峯は「授業観の違いが問題にされないまま，評価や批判が行われたり，計画・実践の段階，カリキュラム・単元・1時間のレベルを分けずに，意見・感想を述べるにとどまっていた」[15] ことを，渡部は「教育技術など詳細部に話題が集中し，全体計画の原理的検討に話題が向きにくい」[16] ことを指摘している。共に教師の授業観・教科観を問うことの欠落が，社会科教師の専門性開発の点で大きな課題である

ことを提起している。

(2) 教師教育としてのアクションリサーチの効果と限界

　教師が自分自身の授業実践を起点として，そこにある課題を解決しようとする研究方法にアクションリサーチがある。アクションリサーチは社会心理学者のレヴィンによって提起されたものであり，「机上の空論ではなく，実際の場に根づき，さらにはその場を変革していく研究，研究の進展とともにデータからさらに理論を生成展開し，実際の社会変革を生み出す研究」[17]を志向する研究方法として生まれた。

　学校でのアクションリサーチの例として，長倉と新保による中学校社会科地

表 5-3-1　アクション・リサーチの初期計画とＡ教諭の場合

	初期計画	Ａ教諭の場合
第1フェーズ	（北アメリカ州）教師の地誌学習の授業実践に関する意識及び指導の実際を知る。	・学力低位の生徒に対して，授業冒頭場面で丁寧に配慮をほどこすことにより，学習問題の設定から追究場面の連続性を担保し，問題解決の思考の流れを形成しようとする課題意識及び指導の実際の掘り起こし。
第2フェーズ	（オセアニア州）研究者がアクションの方向性を提案し，教師とともに計画を立てていく。	・研究者が従来の指導に加え，地理的見方・考え方の概念の導入，主題図・地図の意図的活用を提案。 ・Ａ教諭による主題図の活用，複数資料を組み合わせた地理的事象との出会いの工夫，学力低位の生徒に配慮した資料加工と効果の実感。
第3フェーズ	（全アクション終了後）アクションを進める中で，教師が地誌学習の授業実践に関してどのような意識を持ち，指導にあたっているのかについて，研究者と教師とで振り返り，アクションの最後にはそれがどのように変容したかという視点で整理する。	・アクション・リサーチによる省察の重要性を実感。 ・共同的な授業づくりの効果を実感。 ・主題図の効果的な活用の理解とともに授業実践力の向上の方向性や方向性の理解。

長倉・新保（2015）をもとに筆者作成

304　第Ⅴ章　社会系教科における教師教育の理論と実践

理的分野での地誌学習を事例とした教師の変容に関する研究を取り上げ，その特質を考えたい[18]。長倉らは3名の教師に対して約4ヶ月間，3つのフェーズからなる初期計画にもとづきアクションリサーチを実施した。3人の教師のうちA教諭の各フェーズの実際をまとめたものが表5-3-1である。

　アクションリサーチは，個別の実践において生じている課題に対して，具体的な改善策を導き出し，実際的に解決を図っているところにその特質がある。特に「CAN-DOリスト」の形で学習到達目標が設定される英語教育で，多くの実践や研究が蓄積されている[19]。長倉らの研究も，中学生が地誌学習をより探究的に学ぶために，授業展開や教材をどのように工夫すればよいかという教育技術に課題が焦点化されている。一方，アクションリサーチのプロセスでは，「なぜ北アメリカ州を教えなければならないのか」「なぜオセアニア州を教える時アジア州との結びつきを主題にするのか」という地誌を学ぶ意義や目的は問われない。峯や渡部が授業研究において指摘した教師の教科観を問う視線の欠落という課題は，アクションリサーチでも同様であった。

4　メンタリングによる社会科教師教育の可能性

(1)　教師教育における授業研究，アクションリサーチ，メンタリングの相違

　学校を基盤とした教師教育としての授業研究，アクションリサーチ，メンタ

表5-3-2　学校を基盤とした教師の専門性開発へのアプローチの比較

	授業研究	アクションリサーチ	メンタリング
主体	教師集団	教師個人または教師と研究者	メンティ（教師）とメンター（教師または研究者）
対象	授　業	授　業	教　師
方法	公開授業と検討会	実践しながらの研究	対　話
目的	共同の知の構築による授業改善	授業実践上の課題の解決	授業や生徒に対する意識や考えの省察と再構築

筆者作成

リングを「だれが（主体）」「何を（対象）」「どのように（方法）」「何のために（目的）」行うのかという視点からまとめたものが表5-3-2である。

実践主体において，アクションリサーチとメンタリングはより教師に寄り添ったアプローチであり，対象と目的において，授業研究とアクションリサーチでは授業（改善）が焦点化されるのに対し，メンタリングは授業を変える主体となる教師の内面までを射程としており，その方法原理は対話である。

授業が変わる次元は複層的である。授業技術や授業構成力の向上，生徒理解の深化，教科・科目の目標の再認識などである。大切なことは，「何のために授業を変えるのか」「自分は何をしようとしているのか」を教師自身がメタ認知できることである。その意味でメンタリングのゴールは自分の中に「内なる他者」を置くことであり，メンタリングは「内なる他者」をメンターとメンティが一緒につくり上げていく過程といえる。ここに学校を基盤とした教師教育のアプローチとしてのメンタリングの可能性がある。

(2) 日本史教師のためのメンタリング・プログラム試案

表5-3-2から見て取れるメンタリングの特質を踏まえ，石川は日本史教師を想定したメンタリング・プログラムを開発した[20]。そのプログラムは「自己を知る」「他者を知る」「自己を再構築する」という3つのフェーズから構成され，各フェーズでの対話の中心テーマは表5-3-3のとおりである。

各フェーズでは対話の促進の媒体として，論文や授業計画書が準備されている。対話のテーマが授業に焦点化されていないのは，1回の授業の省察にとどまらず，メンティが自分の授業観・教科観を省察し，それを一旦相対化し，自分なりの授業をカリキュラムの中に位置づけて再構築するためである。

表5-3-3 日本史教師のメンタリング・プログラムにおける対話の中心テーマ

フェーズⅠ	自己を知る	歴史授業の目標について
フェーズⅡ	他者を知る	歴史授業の代替プランについて
フェーズⅢ	自己を再構築する	歴史授業のカリキュラム全体からみた位置づけについて

石川（2018）を一部改変

メンタリング・プログラムは数か月に及ぶことを想定されているし，対話の
テーマは授業の事実に特化したものではないため，「明日の授業からすぐに役
立つ」アプローチでは決してない。しかし，授業が変わるためには，教師こそ
変わらなくてはならない。とりわけ，変わらない，変わらないと言われ続けて
きた日本史教育においては，「何のために生徒に日本史を教えるのか」という
根源的な問いについての対話から，その改革の第一歩が始まることを期待した
い。

（石川　照子）

註

（1）草原和博「教科教育実践学の構築に向けて─社会科教育実践研究の方法論とそ
の展開─」兵庫教育大学大学院連合学校教育学研究科『教育実践学の構築─モデ
ル論文の分析と理念系の提示を通して─』東京書籍，2006，pp.35-61。

（2）岩川直樹「教職におけるメンタリング」稲垣忠彦・久冨善之編『日本の教師文化』
東京大学出版会，1994，pp.97-107。

（3）小柳和喜雄「現職研修を対象としたメンタリング研究における日本教育工学会
の研究成果の位置」『日本教育工学会論文誌』vol.39（3），2015，pp.249-258。

（4）石川治久・河村美穂「中堅教師のメンタリング」『教育方法学研究』第 27 巻，
2001，pp.91-101。

（5）島田希「若手教師の成長を促すメンタリング機能の類型化」『高知大学教育実
践研究』第 27 号，2013，pp.43-50。また，島田「新任教師へのメンタリングに
おいてメンターが果たす機能と手法」『高知大学教育実践研究』第 28 号，2014，
pp.163-170，も参照のこと。

（6）横浜市教育委員会編著『教師力向上の鍵─「メンターチーム」が教師を育てる，
学校を変える！』時事通信社，2011。

（7）神戸市立摩耶兵庫高等学校 HP「校長室から」には 2016 ～ 2017 年度のメンター
チームの活動報告が公表されている。www2.kobe-c.ed.jp/myh-hs（2019.6.14 最終
閲覧。）

（8）河村美穂・中山珠真実「家庭科教師の成長─中学校の授業観察からみる‘成長
の契機’─」『埼玉大学紀要教育学部（教育科学）』54（2），2005，pp.9-22。

（9）根本康平・髙木亜希子「メンターとの対話的な省察の意義─小学校英語担当者
の成長─」『中部地区英語教育学会紀要』第 46 巻，2017，pp.165-170。

（10) 谷本直美「音楽教師を対象とした授業改善のためのメンタリング・プログラムの有効性―子どもの主体的な学びを促すために」『学校音楽教育研究』第 22 巻，2018，pp.37-47。

（11) 的場正美「授業研究の起源と歴史」的場正美・柴田好章編『授業研究と授業の創造』溪水社，2013，pp.279-293。

（12) ジーン・ウルフ／秋田喜代美「レッスンスタディの国際動向と授業研究への問い―日本・アメリカ・香港におけるレッスンスタディの比較研究―」秋田喜代美／キャサリン・ルイス編著『授業の研究　教師の学習―レッスンスタディへのいざない』明石書店，2008，p.24。

（13) 例えば，石井は「PDCA サイクルの現場への浸透という文脈において，教師の実践研究としての授業研究も，授業改善・学校改善を効率的に達成する手法として，その中に組み込まれ形骸化していく」と指摘する。石井英真「授業研究を問い直す―教授学的関心の再評価―」日本教育方法学会編『授業研究と校内研修　教師の成長と学校づくりのために』図書文化社，2014，p.36。

（14) ジーン・ウルフ／秋田喜代美，前掲書，p.27。

（15) 峯明秀「社会科授業改善研究の方法論の研究―メタ・レッスンスタディのアプローチ―」『大阪教育大学紀要　巻Ⅴ部門』第 60 巻，第 1 号，2011，pp.1-16。

（16) 渡部竜也「「授業研究」からみた社会科研究の方法論と国際化の課題―わが国の「規範科学」としての授業研究方法論：6 つの展開―」『社会科教育論叢』第 48 集，2012，pp.47-66。

（17) 秋田喜代美「学校でのアクション・リサーチ―学校との協働生成的研究」秋田喜代美・恒吉遼子・佐藤学編『教育研究のメソドロジー――学校参加型マインドへのいざない』東京大学出版会，2005，p.163。

（18) 長倉守・新保淳「省察を中核とした授業実践力向上のための方法論に関する研究（2）―アクション・リサーチによる教師の変容 中学校地理的分野・地誌学習を事例として―」『教科開発学論集』第 3 号，2015，pp.139-149。

（19) 例えば，佐野正之編著『はじめてのアクション・リサーチ　英語の授業を改善するために』大修館書店，2000。

（20) メンタリング・プログラムの詳細については以下を参照されたい。
・石川照子「日本史教師のカリキュラムデザインを支援するメンタリング・プログラムの開発」『学習システム研究』5 号，2017，pp.15-28。
・石川照子「社会科教師のためのメンタリングの方法論の開発―日本史教師の省察支援の場合―」『社会科研究』第 89 号，2018，pp.1-12。

第4節　教師教育者の専門性開発の理念と方法
―教師教育の質を高める3つのアプローチ例―

1　今なぜ教師教育者の専門性か

　教師教育の質を左右する条件の1つとして，教師教育者の存在が注目されている[1]。中央教育審議会は，力量ある教員の養成のために「希望する一部の教員」が「大学の教職課程を担う教員として活躍できるようなキャリアパスを構築」することを提言した[2]。これらの動きに象徴されるように，持続的に質の高い教師を育てる仕組みと，そういう教師を育てる専門性の高い教師教育者を育てる仕組みを構築することは，本来セットで議論されるべきだろう。

　しかし，実態はそうはなっていない。欧州の状況や言説を報告した草原が指摘するように，教師教育を担う者の大半は，そのための「支援やメンタリング」を受けておらず，教師教育に従事する過程で様々な困難や「アイデンティティの葛藤」に苛まれているという[3]。この状況は日本においても大差ないのではないか。教師教育者が，専門職を養成する専門職（教育者・研究者）であるならば，その地位にふさわしい専門性開発の目標・内容・方法の体系を整備することは，喫緊の課題と言えるだろう。

　そこで本稿では，教師教育者の専門性開発はいかにして行われるべきかの問いに，類型論的な答えを与えることを目的とする。筆者は，2010年代以降，上のような問題意識から各国の事例を調査してきた。次項からは，調査の過程で得られた特異でかつ組織化された事例を取り上げ，思想や方法を異にする以下3つの類型の専門性開発のカリキュラムを論ずる。

　① 教師教育は実践ベースで行われるべきで，（現役）教師が担うべきだ。

　② 教師教育は研究ベースで行われるべきで，研究能力に裏打ちされた（元）

教師が担うべきだ。

③ 教師教育は研究ベースで行われるべきで，教育能力に裏打ちされた研究
者が担うべきだ。

最後に各類型の考え方が，日本の教師教育の現状とその変革に示唆すること
を述べたい。

2　教師教育者の教育力を向上させる：学校基盤の教師教育

(1)　背景―実習メインで教師教育の質を高める

第1の類型は，オランダ・アムステルダム自由大学（以下，VUと略記）の取
組みである。オランダの教師教育の特質は実習期間の長さにある。初等教員の
養成は，専門学校から移行した4カ年の教員養成専門大学で，また中等教員
養成は，主に大学院修了後1カ年の教員養成課程で行われており，養成期間の
4分の1から半分は，実習が占めている。すなわち，初等中等学校で実習を世
話するメンター教員が担う責任が限りなく大きい[4]。

このようなオランダの状況下で教師教育の質を高めようとすると，現場のメ
ンター教員の指導力，そして専門学校から昇格した教員養成大学教員の専門性
を高めることが，実質的な意味を持つことになるのは言うまでもない。実際こ
のような実務者集団の組織化が図られており，同団体は教師教育者に求められ
る資質・能力のスタンダードを制定したり，研究会の開催や専門雑誌の刊行を
行ったりしている。ただし，筆者の観察に拠る限り，彼らはアカデミックな世
界とは一線を画しているように見える。

(2)　目的とカリキュラム―第一次教育から第二次教育への移行

本類型において教師教育者の専門性を高めるとは，メンター教員が成人に対
して教える知識や能力をもつこと，具体的には，子どもに教える第一次教育
（first order teaching）から，教えることを教える第二次教育（second order teaching）

へ，役割とアイデンティティを移行させることを意味する。

ここでは，教師教育に従事している者または将来従事を希望する者を対象に提供されていた1年間の研修プログラムを示す[5]。

第1モジュール：教師教育のペダゴジー（10時間）
第2モジュール：コーチング（10時間）
第3モジュール：教師教育研究（10時間）
第4モジュール：ネットワーク構築（6時間）
第5モジュール：ピア・コーチング（6時間）
第6モジュール：最終まとめ（6時間）
プラス，実務時間42時間，団体への登録プロセス50時間

第1モジュールは，自身の教職経験の省察を促す。第2モジュールは，実習生の省察と支援を促す方略を学ぶ。第3モジュールは，自身の実習指導を対象化して分析する。第4モジュールは，すでに教師教育者として活躍する先輩や専門家にインタビューを試みたり，研究会等に参加したりする。第5モジュールは，第1モジュールから第4モジュールに並行して行われるもので，受講者が相互の指導場面に助言を与える場である。

基本的には，教師が教師教育の世界に参入する過程が意図的に再現されていることが分かるだろう。その過程で，経験則を押し付けるのではない，知識を基盤とした指導と省察支援のあり方を学ぶ機会が提供されるようになっている。

(3) 実践例—自己成長とアイデンティティの省察支援

筆者は2015年9月に，上のプログラムの第1モジュールの導入数時間を観察する機会を得た。研修課題は「自分のキャリアを振り返り，図に表しましょう。その結果を同僚と話しましょう」だった。教師としての自己の転機（transition）と転機のきっかけ（incidents）を図と文字で—大半は時系列で—表現した後，それを互いに示しながら専門家としての成長と困難を互いに語り合う場が設定

された。

　この活動には，受講者に，省察を通して教師教育者を目指す経緯と理由をメタ認知させること，そして教師教育者としてのアイデンティティの芽をつくらせることが意図されていたと解される。教師教育者の指導法としては，実践場面の省察を通して実践知を構築させる ALACT モデルが知られる[6]。本研修は，実のところ ALACT モデルを追体験する場になっていた，言いかえると，教師教育者として将来行うべき省察支援の方法を，研修担当者がやって見せる場となっていた。VU で教師教育者を育てる Anja Swennen によると，教師教育の根幹は実践の合同性または言行一致性（congruency）にあるという。すなわち，教師教育者は教師にやって欲しいことを実践して見せるべきだし，同様に研修担当者も教師教育者にやって欲しいことをやって見せるべきだし，いずれの場合でも，各主体がなぜそのように実践するかの理由を説明できることが重要だと述べた[7]。

　このように教師教育者の専門性として，若手教師の省察を引き出す能力と実践をモデリングする能力を強調するのが，本類型の特質といえるだろう。

3　教師教育者の研究力を向上させる：大学院基盤の教師教育

(1)　背景―修士学位で教師教育の質を高める

　第2の類型は，ノルウェー科学技術大学を中心とした取組である。2000 年代のノルウェーの教師教育の課題とは，PISA ショックへの対応だった。学力低下の原因は教師の質と教師教育のあり方に求められ，教師教育を研究ベースに立て直すこととエビデンスに基づく教育が追求された。その結果，2013 年には，中等教員の資格に修士修了が要件となった。

　この制度変更を実現する上で鍵となったのが，教師教育者の資質問題である。端的には修士論文の研究指導ができる教師教育者の確保であり，実践指向でかつ現実文脈に即した有意味な研究ができる博士課程の修了者を増やすことが急

務となった。この動きを受けて設立されたのがNAFOL（教師教育研究センター）である。国内18の教員養成大学の内，17の大学で組織される。本部はノルウェー科学技術大学内に置かれた。NAFOLは，加盟大学で学ぶ博士課程の大学院生（勤務時間の75%は研究プロジェクトに従事し，25%は教師教育者に従事する有給者が多い）から希望者を募り―実質的には選抜し―，より高度な研究力をつけることを目指した。

(2) 目的とカリキュラム―教育者から研究者への移行

本類型において教師教育者の専門性を高めるとは，研究力を高めること，具体的にはアカデミズムの世界に参入し，他分野の研究者と遜色なく伍していけることを意味する。

NAFOLは，教師教育における (in)，教師教育の (of)，教師教育とともにある (with) 研究の推進を目標に掲げる。毎年約20人程度の大学院生を4つのコーホートにまとめ，切磋琢磨させる。毎年3-4回開催されるセミナーが主たる学びの場となっている。以下にNAFOLの4カ年課程のテーマを示そう。

1年次：構造，実態，文脈：研究者共同体に入る
2年次：理論，データ，分析：学術的な執筆者として質を高める
3年次：解釈と討議：実践ベースの理論を科学的に扱う意義を理解する
4年次：批判的な見方と新しい知識への貢献：論文を発表する

このプログラムには，1年次から4年次にかけて現役の教師教育者が研究者共同体に参入していく過程が再現されている。基本的には研究方法論の習得を中心に，データを集め，解釈し，論文発表に至るまで知識と能力が，博士課程の年次と対応するように構造化されているのが分かるだろう。

最終的には，「ICTを使って教える教師を養成する」「音楽教師の職業的アイデンティティとその摩耗と保持」「子どもを複言語の話者に育てるには」などを主題とする博士論文をまとめて修了となる[8]。

(3) 実践例—研究方法論と学術的素養の修得支援

　筆者は，2018年8月に，上のプロムラムの2年次にあたる2日間集中セミナーを観察する機会を得た。1日目は，招聘講師によってメディエーションの方法と就学前児童を対象とするデータ取集の方法が解説された。夜は遺跡見学と懇親会が企画された。2日目の前半は，トライアンギュレーションを中心とした質的研究法と，教職への動機付けに関する量的調査の検討会が持たれた。後半には，1人の代表院生をステージにあげての公開論文指導と，グループに分かれた個別の論文指導が実施された。いずれもイスラエルとオーストラリアより招聘された研究者が主導しており，研究デザインの多面的な見直しと国際的なネットワーキングが意図されていたと解される。

　NAFOL を主宰する Kari Smith は，筆者に次のような気持ちを吐露した。「論文が書ける Technician ではなく Scholar を育てたい」と。彼女によると，学会で気の利いた挨拶ができること，文化的教養と社交の経験に裏打ちされたコミュニケーションができることも含めて研究力である，ゆえに遺跡見学や懇親会，院生主導の運営もセミナーの重要な要素なのだと。教師教育者が苦手とする箇所を補い，彼ら彼女らを一人前の大学人に育てあげる仕掛けが，本プログラムの魅力となっている[9]。

　このように教師教育者の専門性を，教師教育の研究方法論に限らず，研究者一般に求められる学術的な素養や作法，そしてマネジメント力までを射程に入れた広義の研究力で規定するところに，本類型の特質が見出される。

4　教師教育者の教育力と研究力を向上させる：教師教育と大学院教育の統合

(1) 背景—GTA で教師教育の質を高める

　第3類型は，米国テキサス大学オースチン校の取組である。米国の大学教育

314　第Ⅴ章　社会系教科における教師教育の理論と実践

を特徴づけるシステムとして，Teaching Assistant（以下，TA と略記）への依存構造がある。教育のコスト削減と奨学金の給付をかねて，博士課程の大学院生を講師に任用する制度は広く米国に定着しており，それは研究系大学院ほど顕著である。ただ，同制度は，どちらかというと教育の質の低下という文脈で評価される傾向にあった[10]。

　同校の特質は，TA 制度の課題に向き合い，その良さを積極的に活用する点にある。とくに教育実習の指導や教科指導法の科目は，規模を拡大できず，学生当たりのケアに時間を要する。そこで，これらの授業を博士課程の TA に委ね，きめ細やかに指導させることで，教師教育者のなりかた（how to be）を学ぶキャリア教育の場として，また指導助言を通して博士論文の基礎データを集める場として活用しようとした[11]。

(2) 目的とカリキュラム―教育者と研究者への一体的な移行

　本類型において教師教育者の専門性を高めるとは，教師教育者が直面する現象や課題を研究し，その成果に基づいて論文を作成し，教師教育の質を改善していくことである。教師教育者と研究者，それぞれの活動のフィールドを1つに―例えば実習校や教職課程のクラスなど―に統合し，教師教育者と研究者に求められる資質・能力を一体的に育成することを目指す。

　テキサス大学オースチン校の博士課程は，この目的を達成するために，以下のような TA の資格と業務を制度化している。

　1 年次：University Facilitator（学生支援者）
　・実習事前指導への参加，目標設定の支援
　・実習生の希望に応じて観察記録をとる
　・実習事後指導の支援（困難，驚き，記憶，行動変革の意思を引き出す）
　2 年次：Teaching Assistant（授業補助者）
　・授業観察と協働授業の実施
　・学生のパフォーマンスや学習課題について協議

・学習課題の評価，教材の作成

3年次：Seminar Instructor（独立授業者）

　・学級経営　　・構成主義　　・文化的背景への配慮

　・欠如モデルに基づく思考　・動機づけと参加　・子ども中心の学習

　などの概念の指導

　1年次は実習指導の，2〜3年次は教科指導法の補助に入る。実習指導では，観察記録を作成するとともに，目標達成のために様々な働きかけを行う。教科指導法の2年次は，指導教員の補助者として協働で授業を準備・実践し，評価まで行う。3年次になると，指導教員の管理下でこれら総てを独立して実施する。実際には TA の業務に並行して通常のコースワークや論文指導も行われるので，大学院生は教師教育者と研究者の卵の二足の草鞋を履く期間が続く。この両者を結びつけたカリキュラムが，教師教育者と研究者それぞれの専門性をスパイラルに向上させる基盤となっている。

(3) 実践例—教職課程での TA 経験の論文化支援

　筆者は，2014年に TA の活動を参観する機会を得た。また同僚が1年間，TA の活動を追跡することができた(12)。大学院生の学びを再現すると，1年次には，必修科目の「教育実習の指導助言」を履修し，職能成長や足場掛けのし方，批判的な省察方法などを学ぶ。自分の指導風景をビデオ撮影し，それを批評し合う場も設定される。この関門をクリアして初めて大学院生は TA に従事できる。1年次ならば10-15名程度の教育実習生の支援を，2年次ならば「社会科指導法」「上級社会科指導法」の補助を行う。大学院生（当時）の Elizabeth Bellows の場合，実習生の教科観をテーマに博士論文「学校で危機に直面したとき：9月11日テロに関する実習生の省察と市民性の定義に関する考察」の準備を進めていた。すなわち，彼女は，TA として直接・間接に関与した実習校と実習生を，博士論文の研究対象に求めたことになる。

　このように本類型は，教師教育者の専門性を，教師教育とその研究を統合し

316　第Ⅴ章　社会系教科における教師教育の理論と実践

て遂行できる能力に求め，研究の有用性を追究していくところに特質がある。

5　日本の教師教育者の専門性開発への示唆

　これまで検討してきた教師教育者の専門性開発の3類型は，日本の教育学系大学院の改革，とりわけEdD型と称される博士課程のあり方を考える上で有益である。いずれの類型・事例ともに，初等中等教育の教職経験を有する（元）教員をターゲットとする点では共通するが，想定される活動の場や育てたい資質・能力像には，明確な差異があった。今後はこれらの戦略を参考に，確かな専門性に裏打ちされた教師教育者を育てることが急務となってこよう。以下，日本の文脈に置き換えつつ，3つの類型が示唆する大学院改革の試案を述べたい。

　第1類型は，その目的から見て博士課程のコースデザインには馴染まない。むしろ若手教員に対する中堅教員のメンタリング力を養う修士課程または教職大学院のプログラムとして実現できるのではないか。教育委員会と連携して実施する指導主事を対象とした指導力向上支援プログラムとして具現することもできるだろうし，大学院のアウトリーチ活動（単位互換可）として位置づけることも可能だろう。

　第2類型は，現に教師教育に従事している実務者（指導主事や附属校教員，大学の教職課程担当者）を対象に，彼ら彼女らのキャリアップを支援する広域拠点型博士課程を設計するときの参考になる。第3類型は，教師教育の経験の乏しい若手（現役教師や大学院生）を対象に，教師教育の実践と研究の機会を与える地域密着型・課題解決志向の博士課程のモデルとなるかもしれない。また，両類型の機能を兼ね備えた総合的な拠点構想もあり得るだろう。

　我が国の教職大学院は，教職の高度化という要請に対して，実務家教員の拡大と修士論文の廃止で応えた。しかし，第2第3類型が示唆するところは，その要請に教師教育者の研究力開発と修士論文の質改善で応える可能性も残されていたという点である。「教師の専門性向上」には「教師教育の質向上」が条

件となるし，「教師教育の質向上」には「教師教育者の専門性向上」が欠かせない。私たちには，この関係性をたえず正のスパイラルに転換させる理念と方法を探究していく責任がある。

（草原　和博）

註

（1）例えば，①フレット・A. J. コルトハーヘン，ミーケ・ルーネンベルク，ユリエン・デンヘリンク／武田信子ほか訳『専門職者としての教師教育者』玉川大学出版部，2017 年，②ジョン・ロックラン，武田信子ほか編『J. ロックランに学ぶ教師教育とセルフスタディ：教師を教育する人のために』学文社，2019 年，などがある。

（2）中央教育審議会『これからの学校教育を担う教員の資質能力の向上について』文部科学省，2015 年，p.37。

（3）草原和博「社会科教師を育てる教師教育者の専門性開発―欧州委員会の報告書を手がかりにして―」『教科教育学研究の可能性を求めて』風間書房，2017 年，pp.281-290。

（4）本項の（1）は，中田正弘「オランダ VELON（教師教育者協会）の取り組みと教師教育者支援の現状（教育実習の質保証をめぐる今日的課題）」『帝京大学教職大学院年報』第 3 号，2012 年，pp.13-17，などを参考にした。

（5）上掲書（1）の①，pp.151-160，にもとづく。

（6）同上，pp.154-155，が参考になる。

（7）聞き取りと，Anja Swennen「The Identity and Pedagogy of Teacher Educators」『定例セミナー講演会 No.14』資料，教育ヴィジョン研究センター（EVRI），2018 年，にもとづく。日本で開催された研修の様子は，岩田昌太郎・齊藤一彦・草原和博・川口広美「Becoming a Teacher Educator in Japan: 教師教育者の力量形成に資するワークショップ型研修の効果と self-study の観点から」『広島大学大学院教育学研究科共同研究プロジェクト報告書』第 17 巻，2019，pp.17-26，に詳しい。

（8）本項の（1）（2）は，聞き取りと，Kari Smith「Developing a Researched Informed Teacher Education―NAFOL, a National Initiative」『定例セミナー講演会 No.13』資料，教育ヴィジョン研究センター（EVRI），2018 年，にもとづく。

（9）川口広美「教育ヴィジョン研究センターの企画・運営戦略に関する研究（3）ノルウェー科学技術大学における研究力をもった教師教育者の育成策」『広島大学大学院教育学研究科共同研究プロジェクト報告書』第 17 巻，2019，pp.73-74，の解説も参考になる。

318 第Ⅴ章 社会系教科における教師教育の理論と実践

(10) 吉良直「アメリカの大学における TA 養成制度と大学教員準備プログラムの現状と課題」『名古屋高等教育研究』第 8 号，2008 年，p.195。

(11) 本項の (1) (2) は，聞き取りと，Sherry Field「Social Studies Teacher Education and Mentoring Graduate Teaching Assistants Efficiency」Elizabeth Bellows「Collaborative Efforts to Educate Effective teacher in The United State」『講演会シリーズ No.1 資料』学習システム促進研究センター，2014 年，pp.8-13，pp.38-41，にもとづく。

(12) 同上資料と，田口紘子「米国の社会科研究の方法論的特質—テキサス大学オースチン校「小学校社会科教育法」を事例にして—」『社会科教育論叢』第 48 集，2012 年，pp.77-86，にもとづく。紙数の都合で，一部を略記している。

終　章
社会系教科教育学研究の展望

第1節　ブレイクスルーの先にあるもの
―社会科教育のヴィジョン―

　本書が表題に「ブレイクスルー」を掲げたのは，社会科教育研究の現状に何らかの問題やチャレンジを感じたからに他ならない。これを突破するには，まず現状の閉塞感を生む壁を特定し，次に突破のための具体的戦略・戦術を策定せねばならない。それは本書の各章，各節の論考に示されている通りであるが，本当の問題ないしチャレンジは突破の先に何をめざすのかにある。ただ闇雲に壁を破壊するのではなく，何のために破壊するのか，一定の大義名分を掲げる必要があろう。われわれの研究対象としての社会科教育のヴィジョンといってもよい。

1　壁を造るものと壊すもの

　今年で「平成」も終わりを告げたが，平成時代の世界を壁という視点で捉えれば，ベルリンの壁の崩壊に始まり（1989年），米国のトランプ大統領によるメキシコ国境の壁の建設問題で終わりを告げた（2019年）といえるだろう。

　この間，イスラエルはヨルダン川西岸の停戦ライン沿いに，自らの入植地を取り込む形で分離壁を建設し始め（2002年～），南北アメリカ，東南アジアをはじめとする世界各地では，富裕者層の居住区を壁で囲むゲーテッド・コミュニティが広がりを見せている。他方で，ジェンダーや性的マイノリティの差別をなくす動きも現れており，世界には壁を造ろうとするものと，壁を壊そうとするものの双方がいることがわかる。社会科教育研究に携わるものは，一体どちらに与するべきだろうか。

　われわれは理論研究であれ実践研究であれ，事実やデータの分析を踏まえて理論（研究仮説）をつくる。それは体系的で強固であるに越したことはないが，

322 終章 社会系教科教育学研究の展望

決して壁ではない。壁のように何かを遮って閉じられた空間をつくるのではな
く，どこからも見え何ものにも開かれた空間をめざさなければならない。敬虔
なキリスト教徒の米国人であれば「丘の上の町」を連想するかもしれない。だ
が，理論は模範的である必要はない。なぜなら，理論は現実に応用して実効
性・妥当性を確かめ，無限に更新してゆくべきツールに他ならないからである。
それにしても，キリスト教右派に支持されたトランプ大統領が「丘の上の町」
ではなく壁に囲まれた国をめざすとは，何という皮肉だろう。すべては，悪し
きポピュリズムに過ぎないということだろうか。

　社会科教育研究者は理論をより開かれたものにするのは当然だが，こうした
社会（国内のみならず世界）の現実にも目を閉ざすことなく対峙してゆくことが
必要であろう。学会を含む研究者集団は，決してゲーテッド・コミュニティで
あってはならないからである。その点で，日本の社会科教育研究の現状はどう
だろう。はなはだ心許ないといえるのではなかろうか。

2　社会科教育研究の壁―日米の差異を手がかりに―

　現状において，社会科教育研究はいかなる壁に直面しているのだろうか。
　前述のように本書の章・節の題目に示されているが，その意味するところを
更に探るために，参照系として米国の社会科教育研究ハンドブック[1]（以下，
『ハンドブック』と略称）を取り上げ，比較・対照してみたい。なお，『ハンドブ
ック』は NCSS（全米社会科協議会）を代表する L. レヴスティクと C. タイソン
の編著によるもので，NCSS のヴィジョンや社会科スタンダードの主題概念
（ストランド）を踏まえた項目立てになっている。また，米国の社会科教育研究
ハンドブックとして現状では最新のものでもあるところから，本学会の 30 周
年記念図書と比較しても遜色ないと思われる。

　それぞれが直面する壁を確認すべく，両書の章立てを対照的に示すと次頁の
表のようになる（内容的に類似する項目は矢印で結んだ）。一見して，日米間に大
きな違いはないことがわかるが，子細に内容を検討すると国柄を反映した壁の

表　終-1-1　日米の社会科教育研究が意識する「壁」

日本（『ブレイクスルー』）	米国（『ハンドブック』）
1．カリキュラム・マネジメント	1．社会科における継続と変化
2．資質・能力（コンピテンシー）	2．多元的民主主義における市民の能力
3．授業デザイン	3．社会的正義と社会科
4．評価	4．評価と説明責任
5．教師教育	5．専門科目の指導と学習
	6．情報環境：社会科における技術
	7．教員の養成と研修

差が透けてくる。例えば，1 はどちらもカリキュラムに関わるが，米国の場合は「継続と変化」という主題概念を踏まえ，時代の変化の中でカリキュラムはどうあるべきかを論じるのに対し，日本では今回の教育課程改訂のキーワードとして提起されたカリキュラム・マネジメントをどう受け止めるかという課題設定になっている。2 の資質・能力も同様で，日本の場合，文科省が整理した三つの柱をどう解釈して，授業デザインや評価に生かせばよいのかという趣旨であるが，米国では目標としての多元的民主主義に必要な市民的能力は何か，原理的に考えることを求めている。その後の授業デザイン（科目の指導と学習），評価，教師教育についても類似の差異を感じさせる。すなわち一定の制度的枠組みを前提に，どれだけ活用力や独創性を示せるか，応用モデルの構築やケーススタディの論述にブレイクスルーの方向を定めようとするのが日本の社会科教育研究の現状といってよい。

　これに対して米国では，21 世紀の社会はどうあるべきか，そこで市民に求められる資質・能力は何か，社会科教育はそのうちの何を担うべきか，研究者としてのヴィジョンを踏まえて現状を分析し今後の方向性を示唆するものになっている。特に「3.社会的正義と社会科」は日本にない独自の課題設定で，社会的正義をめぐる社会科の研究や実践の動向，社会科におけるジェンダーとセクシャリティ，グローバル・エデュケーションを扱う。つまり，米国の社会科教育研究は「社会科」という教科名を冠するものの，学校や教室という空間に閉じこもるのではなく，むしろそれを超えて市民としての社会参加や社会形成

を志向する。そこでのブレイクスルーの対象は教室の壁，子どもたちの心の壁（人種，文化，性など）といえるだろう。こうした日米の差は一体何に由来し，何を意味するのか。

筆者の解釈によれば，日本の社会科教育研究は米国と対照的に学校の教室という空間に局限された「授業」に焦点化する傾向が強い。そして，その中で子どもの学力を向上させるためのカリキュラム，指導（授業デザイン）と評価，教師教育のあり方を考察するところに特色がある。それは先に言及したように，学習指導要領体制という枠組みを前提とせざるを得ないからであるが，この体制が60年余りも続いたために，それを壁と捉える意識が希薄化しつつあるとも考えられる。それゆえ，個々の研究が結果的に壁を乗り超えることはあっても，研究者に壁を壊そうという意識が低い点で疑似ブレイクスルーといえるかもしれない。あるいは，そもそも日本の社会科教育研究が突破しようとするのは体制の壁ではなく，学校種間や科目（地理・歴史・公民）間の壁，理論（研究方法論）と実践の壁，研究者と実践家の壁なのかもしれない。

無論，日米の社会科教育研究の現状にはそれぞれ歴史的由来があり，どちらかに優劣があるわけではない。しかも，冷戦が終結して30年，短期間とはいえ政権交代も経験した現在の日本で，学習指導要領を敵視する必要はないとの声も聞かれよう。しかし，ヴィジョンを国家や体制に占有された中で，どんなに誠実に個々の問題に対処しエヴィデンスに基づく優れた成果を世に問おうと，その研究に未来はあるのだろうか。それは恩恵として与えられた「臣民としての自由」に過ぎないのではなかろうか。

われわれの研究対象としての教育は，子どもの未来，社会や国家の未来と直接的なつながりをもつ。とりわけ社会科教育は，社会や国家のありようを問い，よりよい未来の実現に積極的に参加する市民の育成をめざす教科に他ならない。だとすれば，名君の恩恵を期待し，あるいはそれに庇護される臣民としての道ではなく，自らの未来を自らの意志で選び取る主権者としての道を歩むべきではないだろうか。

3 めざすべき社会科教育のヴィジョンとは

(1) 日本の学会がヴィジョンを示さない理由

　社会系教科教育学会のみならず，全国社会科教育学会や日本社会科教育学会も含め日本の学会はあまりヴィジョンを語ろうとしない。以下に示すように，わずかに会則・規約にミッションらしき目的を掲げるに過ぎない。

〈社会系教科教育学会　会則　第2条〉
　本会は，学校教育における児童・生徒の社会的資質形成に関する教育実践の科学的研究を行い，その普及と発展に寄与することを目的とする。
〈全国社会科教育学会　規約　第3条〉
　本会は社会科教育に関する科学的研究を行い，社会科教育学および社会科教育実践の発展に寄与することを目的とする。
〈日本社会科教育学会　会則　第2条〉
　本会は大学および幼稚園・小学校・中学校・高等学校における社会科教育に関する研究をなし，あわせて会員相互の連絡を図ることを目的とする。

　これには理由がないわけではない。全国社会科教育学会（前身は日本社会科教育研究会）や日本社会科教育学会の成立・発展期ともいうべき1950年代後半から1970年代の日本では，55年体制という保革対決の政治構図（実質的には保革馴れ合いに基づく自民党長期政権）の下で，自民党の意を汲むと見られた文部省と野党革新陣営の推す日本教職員組合との激しい対立が続いた。保守派は文部省の告示する学習指導要領の法的拘束性を主張する一方，革新派は教育内容の自主編成や子どもの個性的成長をめざす民間の教育研究団体（教科研，歴教協，初志の会など）に結集し，研究と実践に努めた。それゆえ，民間教育研究団体は個々に明確なヴィジョンを示す必要に迫られ，結果的に運動論的性格を強め

326 終章 社会系教科教育学研究の展望

ていった。他方で，学問的自立をめざしていた教科教育学は，そうした運動体
とは一線を画すべく，研究と実践の「科学化」を謳って学会を組織したのであ
る。したがって，ヴィジョンを示すことよりミッションとしての科学的研究成
果の発信に重点を置いたのも，ある意味で当然であった。なお，社会系教科教
育学会の場合，創立30周年が示唆する通り他の両学会とは成立の由来を異に
するが，創立時の中心メンバーはいずれも両学会と深く関わっていたことから，
学会のあり方に関する理念は共通していたと考えられよう。

(2) 今，ヴィジョンを示すべき理由

学会創設時の事情からヴィジョンを示さなかったのは良としても，時代は大
きく変わった。今や社会科は花形教科どころか限界教科に近いし[2]，教育内
容の自主編成など今は昔，若手教師の中には学習指導要領はもとより教科書か
らの逸脱すら忌避するものが少なくない。また，管見の限りでは，民間の教育
研究団体も昔日の勢いを失っている。まさに，学習指導要領の一人勝ちといっ
てよい状況なのである。学会は運動体ではないとはいえ，こうした状況下では
学習指導要領の対抗勢力，すなわち文科省にとっての壁として，何らかのヴィ
ジョンを示すべき時ではなかろうか。

私は10年ほど前，日本の高校「世界史」を19世紀のオスマン帝国に擬え，
「瀕死の病人」と称して世界史教師に警鐘を鳴らしたが[3]，2018年の教育課程
改訂でそれが現実化してしまった。「世界史」は地理歴史科の必履修科目から
外されたのである。新設の必履修科目である「歴史総合」は世界史や日本史と
いう枠に囚われない近現代史学習をめざすが，その趣旨を実現するのは容易で
はないし[4]，新設の選択科目「世界史探究」もおそらく理科の「地学」と同
じく徐々に死に体と化してゆく恐れが強いことから，日本の世界史学習がかつ
ての地位を取り戻すことはもはや無理であろう。

「世界史」に起きたことが社会科に起こらないとは限らない。勿論，ヴィジ
ョンを示したからといって「世界史」の帰趨に影響し得たかどうかわからない
が，教師が日々の授業に臨む際，取り上げる内容や教材がヴィジョンの実現に

どうつながるのかと自問することの意味は決して小さくないだろう。多くの教師が幾度となく自問を繰り返せば，生徒に学習の意味を実感させる授業が生き残り，当該教科目の存在理由も高まると考えられるからである。社会科が「世界史」の轍を踏まないためには，今こそ社会科教育のヴィジョンをめぐり，教師や研究者が議論を尽くすべきではなかろうか。

(3) ヴィジョンの要件と議論のための叩き台

　日本の社会科教育は，一体いかなるヴィジョンを示すべきだろうか。日本の研究者もヴィジョンとは銘打たないまでも，これまでさまざまな社会科像を語ってきた。例えば，社会科教育研究者による直近のハンドブック[5]では，社会科の性格規定に関して，まず社会認識と市民的資質をめぐる論点整理に続き，社会科学科としての社会科，社会研究科としての社会科，社会問題科としての社会科，シティズンシップ教育としての社会科を論じている。確かに研究動向はこれでよくわかるし，学会としてどれかに一元化できないのも納得できる。だが，結局いくつもの社会科論を提示してみせたに過ぎないのではないか。教師が日々授業づくりをしたり実践を振り返ったりする上で，これらのオルタナティブが準拠枠となり得るかどうかは疑わしい。

　要するに，個々の社会科論を超えた共通の目標，ないしヴィジョンがない限り，社会科教育の実践的発展は望めないということである。そこで，今後の議論の叩き台とすべく，社会科教育のヴィジョンについて考えてみたい。まず，NCSS の立場表明（NCSS Position Statement）「社会科における力強い教授・学習のヴィジョン」[6]では，概論的な説明に続いてオーセンティックな社会科の質を保証する要件が五つ示されている。端的にまとめれば，①有意味（meaningful），②統合的（integrative），③価値に基づく（value-based），④挑戦的（challenging），⑤活動的（active）となる。これら五つの要件はそれぞれ育成すべき能力・カリキュラム・教師（指導）・生徒（学習）・関連諸科学（地理・歴史・経済等のディシプリン）・外部世界等との関係の中で機能することが期待されている。

こうした米国の事例を踏まえると，日本の社会科教育のヴィジョンはどうなるか。敢えて NCSS のそれと差異化を図る必要性はないが，米国とは異なる日本の文化的特性や教育の現状を考慮して，A多文化主義，B真正さ（オーセンティック），C探究，D批判的思考，E社会参加，の5点を筆者は要件として挙げたい。以下，それぞれの含意を簡潔に説明しよう。

〈社会科教育のヴィジョン〉

A．多文化主義の社会科

往々にして単一民族国家とみなされがちな日本にも，アイヌのように日本語とは異なる独自の言語を有する民族や，沖縄のようにかつて琉球王国として栄えた歴史を持つ人々が存在する。また法務省の報道によれば，2018 年 6 月末時点での在留外国人数は 263 万 7 千人余りで，中国人，韓国人はもとよりベトナム人，フィリピン人，ブラジル人が上位を占めている。少子高齢化に伴う労働力不足が深刻化する日本では，今後外国人居住者の数が増えこそすれ減ることはないと考えられることから，社会科カリキュラムも現行のように日本国民の育成を前提とするのではなく，多文化主義に依拠しつつグローバルな市民の育成を目ざすことが求められてこよう。

B．真正の指導と学習を求める社会科

教育における「真正」の概念は，ハイ・ステークス（賭け的要素の濃い）な標準テストを批判し子どもの真の学力評価を求める動きとして，1980 年代後半の米国で登場し，やがて指導や学習のあり方にも適用されるようになった。真正性については多様な定義がなされるが，F. ニューマンらは真正の指導に関して，〈高次の思考，知識の深さ，教室を超えた世界とのつながり，実質的な対話，生徒の達成に向けた社会の支援〉という5つのスタンダードを示した[7]。日本の社会科の現状は，教室内の，教科書の中に学習が限定されがちなだけに，教室を超えて実社会とつながりつつ，思考や知識の深さを担保するオーセンティックな指導と学習が今こそ必要だといえよう。

C．探究を中核的手法とする社会科

社会科で子どもに真正の学びをもたらすには，ニューマンらの指摘するよう

に高次の思考と深い知識が不可欠であるが，それを可能にするのが探究として
の社会科である。探究については，デューイをはじめとする進歩主義や構成主
義的学習の系譜で，繰り返しその意義が唱えられたが，実践的広がりを見るに
至っていない。教えるべき内容が固定され，その習得を以て社会科の学力とみ
なされる時代には，どんなに探究の意義を説いても一般化は望むべくもなかっ
たのである。だが，今や思考力や表現力が重視され，問題解決のために子ども
たちが協働的に調べ議論することが求められる時代になった。まさに，探究と
しての社会科の機は熟したのである。

D．批判的思考を重視する社会科

　探究のポイントは，容易に答えられない問いを粘り強く問い続けることであ
る。それゆえ，根拠となる資料やデータを調べ，徹底的に議論することが欠か
せない。そして，この過程で一番重要になるのが批判的な思考である。資料の
出所を確かめたり，同じ対象に関して複数の立場の異なる論者の見解を批判的
に読み解いたりして，その妥当性を評価するのである。従前の社会科では，教
科書や教師の提示した資料を読解することに主眼が置かれ，根拠を問うことま
では求めなかったが，それでは責任ある市民として情報社会を生き抜くことは
難しい。また，自ら何かを主張する際にも根拠に基づくことが重要であり，そ
の意味でも社会科では批判的思考を重視したい。

E．社会参加を視野に入れた社会科

　2006（平成18）年改正の新教育基本法において，「公共の精神に基づき，主
体的に社会の形成に参画し，その発展に寄与する態度を養うこと」が教育の目
標の一つに明記されて以降，社会参加（社会参画）は学校教育でも注目される
キーワードとなった。しかしながら，米国のサービス・ラーニングのような学
習の伝統を欠く日本では，公民的資質と同様，多分に建前的な文言として受け
止められがちである。社会科教育で社会参加を生かすためには，目標のレベル
だけではなく内容や方法に位置づけることが必要であり，その意味でも社会参
加の概念を明確化すべきであろう。ここでは，社会参加を「広義の政治的意思
決定の経験を通して参加と責任の主体としての市民的資質を身に付けること」

と規定しておきたい。

　賛同していただけるかどうかはともかく，目標や理想を絶えず想起し，実践を通して反省し続けることによってしか社会科を更新し活性化する方法はない。そしてまた，社会科教育の活性化なくして社会科教育学研究の未来もないといってよい。それゆえ，これを叩き台に社会科のヴィジョンの共有化に向けた議論が広がることを期待し，研究の展望に代えたい。

（原田　智仁）

註

（1）Levstik, L.S., Tyson, C.A., eds., *Handbook of Research in Social Studies Education*, Routledge, 2008.

（2）原田智仁『中学校新学習指導要領 社会の授業づくり』明治図書，2018. まえがきを参照されたい。

（3）原田智仁「世界史教育の再生は可能か―世界史リテラシーの視点から―」社会科学研究会『社会系諸科学の探究』法律文化社，2010, pp.102-115.

（4）歴史総合は理念的に優れているが，あまりに世間の歴史教育観や学校現場（教師・生徒）の実態と乖離していること，大学入学共通テストの出題形式に大きな変更は見込めないことの2点が，歴史総合の未来を不安視する主な理由である。

（5）社会認識教育学会編『新社会科教育学ハンドブック』明治図書，2012.

（6）NCSS Position Statement, "A Vision of Powerful Teaching and Learning in the Social Studies", *Social Education, 80 (3)*, 2016, pp.180-182. なお，NCSS の以下のウェブサイトからもアクセス可能である。https://www.socialstudies.org/advocacy

（7）Newmann, F. and Wehlage, G., Five Standards of Authentic Instruction, *Educational Leadership*, 50 (7), 1993,pp.8-12.

第2節　専門職学位課程（教職大学院）における 社会科教育学研究 ―修士課程との比較をとおして―

1　修士課程と専門職学位課程（教職大学院）14年間の現状

　兵庫教育大学大学院に職を得て14年目となる。この間，修士課程社会系教育コース（以下，社会系コース）と専門職学位課程授業実践開発コース（以下，授業実践開発コース）のゼミを担当してきた。2019年4月に，社会系コースは社会系教科マネジメントコースとして専門職学位課程に移行した。

　本稿では，これまでの社会系コースと授業実践開発コースの研究成果に学びながら，社会系教科マネジメントコースにおける社会科教育学研究のあり方について提案する。

　最初に，両コースに学んだ院生（筆者のゼミ生修了生）の属性を整理する。対象は社会科教育に関する研究をテーマとして選んだものに限定する[1]。

　表2-1は，現職院生と学卒院生の属性を整理したものである。博士課程に進んだ院生もいるので，ともに整理した。

　社会系コース，授業実践開発コースとも小学校籍，中学校籍の現職院生が多い。また，授業実践開発コースの小学校籍の院生が最も多い。教育委員会の授業実践開発コースへの期待が読み取れる。

表　終-2-1　修了院生の属性

校種	現職院生			学卒院生		
	小学校	中学校	高校	小学校	中学校	高校
修士課程	7	5	1	1	7	1
専門職学位課程	20	9	0	1	4	0
博士課程	6	3	0	0	0	0

332　終章　社会系教科教育学研究の展望

次に，コース選択の主な理由を整理すると，次のとおりである。

社会系コース　①学部が本学の社会系コースだったため。

　　　　　　　②現任校の実習への理解を得ることが難しいため。

　　　　　　　③教科専門の研究成果を学びたいため。

授業実践開発コース　①実習をとおして授業力を高めたいため。

　　　　　　　　　　②校内授業研究の在り方を学びたいため。

社会系コースを選択する現職院生は，現任校の実習への理解が課題となっている。また，高校籍の現職院生は，教科内容への深い学びを期待している。

授業実践開発コースを選択する現職院生は，授業力を向上させたいという明確な動機をもっている。学卒院生は，学部実習を凌駕する実習への期待をもっている。また，小学校，中学校籍の現職院生は，ミドルリーダーの問題意識から社会科を中核とした校内授業研究についても学びたい者が多い。

なお，博士課程進学者9名のうち授業実践開発コース修了者は，小学校籍1名，中学校籍2名である。

2　社会系コースと授業実践開発コースの教育課程の特徴

(1)　社会系コースの教育課程の特徴

社会系コースの教育課程は，次のような構成になっている。

　　○共通科目

　　○コース専門科目

　　　①社会科教育の理論と方法を学ぶ教科教育科目：社会科教育学に該当

　　　②教科内容の理解を深める教科専門科目：教科内容学に該当

　　　③教科専門と社会科教育の架橋により理論と実践の融合を図る科目

　　○課題研究：修士論文の作成　ゼミ

修士論文を課せられていることが特徴である。社会科教育，教科専門いずれの分野でも修士論文を書くことができる。実習が課せられていないので，社会

科教育の修論で授業モデルを提案しても，授業実践を伴わない。なお，③は，社会系教科マネジメントコースへの移行を見据えて設定されていた。

(2) 授業実践開発コースの教育課程の特徴

　授業実践開発コースの教育課程は，共通基礎科目，専門科目，実習科目で構成されている。専門科目は，授業実践，カリキュラム，授業研究，メンタリングを鍵概念とした教育心理学や教育方法学に依拠する科目が配列されている。当然，社会科を構成する教科専門の科目はない。専門科目の教育実践課題解決研究はゼミに該当し，実習と連動した研究が行われ，修士論文にかわる研究成果報告書を作成する。

　社会系コースと授業実践開発コースの研究成果に学びながら，社会系教科マネジメントコースの教育課程を編成することが大きな課題となっている。

3　社会系教科マネジメントコースの教育課程の特徴と課題

(1) 社会系教科マネジメントコースの教育課程の特徴

　社会系教科マネジメントコースでは，「社会科は社会諸科学の研究成果を組み込んで社会認識形成を図る教科」であることをふまえた教育課程の工夫がなされた。

　共通基礎科目の「授業の指導計画と教材研究の演習」では，教科専門（経済学，政治学，歴史学，地理学）の教員と社会科教育学の教員が連携し，社会科の授業づくりについて，講義と演習を行っている。

　専門科目は，次のような構成になっている。

　　①現代社会の課題とその教材化

　　②社会系教科の授業デザインの理論と方法 (1) (2) (3)

　　③社会系教科におけるカリキュラムの変遷とマネジメントの実際

　　④社会系教科の授業研究

⑤社会系教科教育実践研究

⑥実習科目（学校教育基盤実習，教科指導力向上実習）

①は，教科専門の教員が担当している。②と③は，地理，歴史，公民のそれぞれの分野を，教科専門と社会科教育の教員が担当している。教科専門の知見を社会科教育の教科内容に変換することをねらいとしている。④は，①～③を受けて，教科専門と社会科教育の教員が担当し，授業開発をねらいとしている。⑤は，①～④を受けて，院生が授業構成理論を仮説的に策定し，授業開発を行い，⑥の実習授業を経て研究成果報告書を完成させるゼミ形式の科目である。また，教員と院生相互の学びを深めるために中間発表会や最終発表会が設定されている。

前述したように，既に社会系コースにおいて，教科専門と社会科教育学の架橋により理論と実践の融合を図る科目が設置されていた。この先行研究をふまえた教科専門と社会科教育学を連動させた科目となっている。

とりわけ，ゼミにあたる「社会系教科教育実践研究」では，院生の研究課題に応じた授業構成理論を構築し，それに対応した単元レベルの授業モデルを作成する。そして，連携協力校の指導計画とマッチングさせて１回目の実習を行い，授業構成理論の有効性を検証する。次に，その実習授業のリフレクションと授業構成理論の修正を行う。これらの成果を組み込んだ授業モデルを作成し，２回目の実習に臨み，前述した過程を繰り返す。最後に，２年間の研究成果を研究成果報告書としてまとめる。

社会系教科マネジメントコースでは，教育課程の中核の一つが実習である。「社会系教科教育実践研究」では，共通基礎科目，専門科目の内容と連動するとともに，実習を前提とした研究テーマの設定が重要な指導事項となる。

(2) 社会系教科マネジメントコースの教育課程の課題

社会系教科マネジメントコースの教育課程の最も大きな課題は，社会科教育学の教員によるゼミ指導と実習指導の負担が大きいことである。

整理すると，次のようになる。

①教科専門の教科内容を教材に変換する。（何を教えるか）

②①を踏まえた授業開発と実習による検証をする。（どのように教えるか）

　コース発足当初は，これらの課題は社会科教育学の教員を中核にして担うことになる。しかし，これらの課題は教科専門の教員の課題でもある。最終的には，「社会系教科教育実践研究」を教科専門の教員と連携して行うことになる。このことはコースを問わず，専門職学位課程の教員としての必要十分条件である。

4　修了院生の研究課題の特徴―その成果と課題―

　ここでは，社会系教科マネジメントコースの在り方を提案するための基礎作業として，社会系コース，授業実践開発コースを修了したそれぞれのゼミ修了生の研究課題と研究成果について分析，検討する。

(1) 修了院生の研究課題

　社会系コースで社会科教育を専攻した修了院生と，授業実践開発コースで社会科教育を専攻した修了院生の研究課題を分類すると，次のようになる。一人の修了院生の研究課題は，一つのカテゴリーに位置付く場合と，複数のカテゴリーに位置付く場合があることは言うまでもない。

① 　内容知としての社会諸科学の研究成果に着目した社会科授業実践研究

② 　方法知としての科学の研究成果に着目した社会科授業実践研究

③ 　内容知と方法知の融合に着目した社会科授業実践研究

④ 　評価研究に着目した社会科授業実践研究

これ以外にも新しい学習指導要領に対応した社会科授業実践研究もある。例えば，中学校の地理的分野の動態地誌についての研究や中学校歴史的分野の大観学習，高等学校の歴史総合がそれにあたる。しかし，いずれの研究も，①②を組み込んでいるので，分類カテゴリーとはしていない。

　社会科教育への提言，提案をする歴史研究や外国研究は，社会系コースにお

336　終章　社会系教科教育学研究の展望

いては可能であった。しかし，社会系教科マネジメントコースの2年間では，歴史研究や外国研究の成果を授業開発に生かし，実習を行うまでの時間がとれない。社会科教育学研究においては大変重要な課題であるものの，社会系教科マネジメントコースの研究としてはなじまない。

①〜④に分類される修了院生の研究の代表的なものを紹介する。

①　内容知としての社会諸科学の研究成果に着目した社会科授業実践研究

社会科において何を教えるかについての研究である。社会科の授業内容は社会諸科学の研究成果に依拠している。例えば，経済学という言葉が教科書に記載されていなくても，その研究成果を社会科の授業に組み込むことは不可欠である。経済とは，「貨幣を使った商品やサービスの生産・消費・交換」を意味する。経済学の研究成果を社会科授業に組み込むことにより，「社会のしくみ」を理解することができる（社会認識形成）。

松浪軌道は，第5学年の産業学習（農業単元）では，「農家の人はすごいな。感謝しよう。」という工夫と努力を教え込む授業に警鐘を鳴らした。「なぜ，農家の人はそのような工夫や努力をしているのだろう。」を探究させることで，情意の社会科から科学としての社会科へ転換しようとした。この「なぜ疑問」の工夫や努力を「利潤（もうけ）」の視点で説明させることで，農業を経済学の研究成果から学ばせる授業を展開した。また，「利潤」は水産業や工業の学習にあてはめることが可能な社会の法則と位置付けている[2]。

②　方法知としての科学の研究成果に着目した社会科授業実践研究

社会科においてどのように教えるかについての研究である。子どもが「分かる」には，どのようなメカニズムがあるのかという問題意識は，教科教育学の大きな課題である。認知科学，認知心理学の研究成果に依拠した研究を行ったゼミ修了院生は多い。教師が一方的に資料を提示し，説明を繰り返して，必死に「分からせよう」としても，子どもは「分かる」ようになるとは限らない。この問題意識はすべての教師がもっている。

竹内哲宏（下野哲宏）は，認知心理学の研究成果に依拠し，「メタとしての自分」（どのように分かろうとしているのかを知るメタ認知）と「対象としての自分」

を想定し，モニタリングとコントロールの認知活動に着目した研究を行った。モニタリングとは，「○○が分からないな」という自分の認知活動を点検する機能をもつ。これは，「対象としての自分」から「メタとしての自分」への働きかけで機能する。モニタリングによって，問題解決ができないと判断された場合は，自分で行動を修正する。これがコントロールである。コントロールは「メタとしての自分」から「対象としての自分」への働きかけで機能する。竹内は，このような理論研究の成果を社会科授業に組み込んだ。例えば，学習問題を解く場面では，自分の仮説や資料の中で分からない用語がないかを確認し，どのように関連付ければよいかを判断する（モニタリング）。そして，モニタリングで得られた情報をもとに，認知活動の不備な点を修正する（コントロール）。「メタとしての自分」から「対象としての自分」へ「こうすればできるようになるよ」とコントロールするのである。さらに，教員のメタ認知的役割と他の学習者との交流を，モニタリングを促進する手立てとしてあげている。教員のメタ認知的役割とは，教員がモデルとなって子どもに問いかけ，子どもの自己内対話を定着させる手立てである。この子どもの自己内対話が成立していれば，他者のモニタリングができ，他者と比較して自分の意見を見直す他の学習者との交流が可能となる。「対話的な学び」への斬新な提案でもある。このような理論を第5学年「米作りのさかんな新潟県」で検証した[3]。

　社会科においてどのように教えるかについての研究は，子どもの思考や意志決定のあり方を中核として行われている。

　学力の3要素が法的に規定されて以降，思考に関する研究が行われるようになってきた。どのように考えさせるかについての研究である。

　植田真夕子は，仮説検証過程における子どもの思考の構造を資料活用の具体と関連付けてとらえた。子どもの思考を可視化するために，ワークシートを活用し，子どもが資料から読み取った情報の活用方法に着目し，子どもの思考操作の具体を明らかにした[4]。

　また，学校現場の研究会では，社会のしくみが分かるレベルから社会参画や価値判断，意志決定にいたるレベルの授業が公開されるようになってきた。

338 終章　社会系教科教育学研究の展望

　王子明紀は，脳科学の研究成果を組み込んで，直感のバイアスを制御した社会科意志決定学習法を開発し，その方法を用いることで子どもが論理性の高い意志決定をできることを明らかにした。王子は，人は無自覚に直感のバイアスに影響されて意志決定をしていることを整理し，合理性や論理性を求める意志決定学習では，直感のバイアスの影響を制御する必要があると主張した。そして，比較吟味自己内討論学習を用いた意志決定学習によって，直感のバイアスの影響による「理由の後付け」と「不公平な比較」という意志決定学習の課題であった非論理性を解決できることを明らかにした[5]。

③　内容知と方法知の融合に着目した社会科授業実践研究

　社会科において何をどのように教えるかについての研究である。平成20年版中学校学習指導要領［社会］地理的分野に動態的地誌学習が導入されたものの，学校教育現場では授業設計の理解が進まず，教員は授業づくりに困難を感じている。このことは平成29年版でも同様である。

　下池克哉は，これらの課題を克服するために，地域的特色の認識を内容知として地理学を中心とした研究成果に求めた。また，地域的特色をとらえさせる視点や方法を，方法知として地理学の「分析と総合」の理論の研究成果に求めた。その研究の中核は，「単元を貫く問いを解決し地域的特色が成り立つしくみをとらえさせる単元や授業の設計方法」の提案である[6]。

④　評価研究に着目した社会科授業実践研究

　子どもの成長をどのようにして見取るか。何をどのように教え，子どもは何を獲得し，どんな力を付けたかについての研究である。

　大西慎也は，育成すべき資質，能力の中核を「思考力」ととらえ，「思考力」を育成するには，子どもの「思考」を評価する方略が必要であるとの問題意識で研究を進めた。大西は，社会科において獲得する概念の構造を空間軸，時間軸に基づいて明らかにし，その構造に基づいて「思考」を可視化し，評価する方法を開発した。それは概念地図法やウエッビングの課題を克服する「認知図」として結実し，子どもの概念獲得過程を可視化することに成功している[7]。

5 社会系教科マネジメントコースにおける社会科教育学研究

　社会科で育てる子ども像にせまるためには，社会科の内容知を社会諸科学の研究成果に，授業づくりの方法知を認知心理学の研究成果に依拠し，授業内容と授業構成理論を確定する。そのうえで，子どもを取り巻く環境（子どもの実態や地域性，社会的要望を含む）をふまえた授業モデルを構築し，授業実践をとおして，授業でみられる子どもの具体的な姿をもとに授業仮説を検証し，授業評価を行う。このことを図示すると，図2-1になる。

　検証された仮説や反証された仮説を中核にして，社会科で育てる子ども像により一層せまるために，図2-1のサイクルを不断に繰り返すことにより授業構成理論と授業内容を精緻化していく。

　図2-1に示すように，何を教えるか（内容知）とどのように教えるか（方法知），どのように評価するかを中核にして研究を進めることが重要となる。その上で，目の前にいる子どもの実態にあった教授方法を選択しながら授業実践できる資質や能力を育成することが，社会系教科マネジメントコースに求められる。内容知を担う教科専門の教員と内容知への変換と方法知を担う社会科教育学の教員，認知心理学や評価研究を担当する学校臨床科学コースの教員が連携し，その相補性によってコースのカリキュラムマネジメントが成立し，授業科目を充実させることになる。

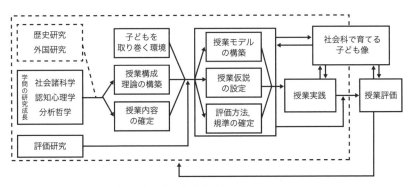

図　終-2-1　社会科教育学研究の流れ

340 終章 社会系教科教育学研究の展望

　現職院生が社会系教科マネジメントコースに学び，2年間の研究成果を再び学校教育現場で授業実践のふるいにかけ，授業構成理論を発展させ，学術論文として完成させる。その後，連合大学院博士課程に学び，社会系教科マネジメントコースの教員として戻ってくることを期待している。

（米田　豊）

註

（1）授業実践開発コースのゼミ修了生には，小学校の総合的な学習の時間，体育，中学校の数学を研究テーマとした者が，それぞれ1名いる。2019年4月から，授業実践開発コースと生徒指導実践開発コースは，学校臨床科学コースに統合された。

（2）松浪軌道「利潤と農業リスクの概念習得を意図した小学校社会科授業の開発—第5学年『高知県のナスづくり』を事例として—」『公民教育学研究』第25号，2017，pp.91-104．なお，経済学の研究成果の指導は，難波安彦教授の指導を受けた。松浪は，兵庫県からの派遣で社会系コースの院生であったので，校長の了解を得て，実習を行い，難波教授とともに指導を行った。

（3）下野哲宏（竹内哲宏）「『見通し・振り返り』活動におけるメタ認知的モニタリングとコントロールの関与—小学校社会科第5学年『米づくりのさかんな新潟県』を事例として—」『社会系教科教育学研究』第29号，2017，pp.51-60．下野は，兵庫県からの派遣で授業実践開発コースに学んだ。下野のモニタリングとコントロールの理論は，現任校の授業研究に大きな影響を及ぼした。

（4）植田真夕子「小学校社会科授業における子供の思考操作—仮説検証過程における資料活用を事例として—」『社会系教科教育学研究』第29号，2017，pp.31-40．植田は，愛知県からの派遣で授業実践開発コースに学び，現任校で実習を行った。

（5）王子明紀「直感のバイアスの制御に着目した社会科意志決定学習法の開発」『社会科研究』第89号，2018，pp.13-24．王子は，兵庫県からの派遣で授業実践開発コースに学び，現任校で実習を行った。

（6）下池克哉「動態的地誌学習の課題克服に向けた一考察」『E-journal GEO』第11号2，2016，pp.390-400．下池は，鹿児島県からの派遣で授業実践開発コースに学び，王子明紀の現任校で王子をメンターとして実習を行った。

（7）大西慎也「『認知図』による子どもの『思考』の評価—小学校社会科における空間軸・時間軸の形成に着目して—」『社会系教科教育学研究』第28号，2016，pp.21-30．大西は，兵庫県からの派遣で社会系コースに学んだ。

編集後記

　社会系教科教育学会は，平成元（1989）年11月26日に，星村平和先生を初代会長として，兵庫教育大学大学院の社会系教育コース修了生が母体となり，約130名の会員数で設立されました。本学会は，学校教育における児童・生徒の社会的資質形成を意図する授業実践の研究を基本的性格にしています。「社会系」という名称がつけられたのは，平成元（1989）年の学習指導要領改訂で，小学校低学年の社会科が生活科に，高校社会科が地歴科・公民科に変わったのを契機に，これらの教科を内包する意味で，「社会系」という名称がつけられた経緯があります。また，学会名に「全国」や「日本」が付いていない理由についても，第2代会長岩田一彦先生は，「日本に閉じこもっているのではなく，21世紀社会では，世界に開かれた学会として発展してほしいとの願いが込められている」と命名の由来を述べられているように，その後の地理総合や歴史総合，新教科「公共」の設置などの動きを見れば，学会発足当時，中核的存在であった星村平和先生や岩田一彦先生，中村哲先生の偉大さを改めて実感するとともに，名は体を表すではありませんが，まさに先見性のある命名をしていただいたことに，会員一同を代表して感謝の意を表したいと思います。

　平成が始まると同時に，社会系教科教育学会は発足し，平成11（1999）年には，日本学術会議登録学会として認められ，現在530名を超える会員数を有し，本学会は，東の日本社会科教育学会，西の全国社会科教育学会に次いで，名実ともに社会系教科教育学研究における第3の全国学会としての地位を確立しています。

　本学会の目的は，社会系教科教育に関する教科理論，教科カリキュラム，授業構成，教材構成，教材開発，学習指導法，評価法などの理論と方法を研究し，その成果を発信する重要な役割を有しています。本学会の主な事業は，年1回

の研究発表大会の開催と機関誌『社会系教科教育学研究』の刊行などの活動を中心に行っています。平成22（2010）年には，学会創立20周年記念として，学事出版より『社会系教科教育研究のアプローチ～授業実践のフロムとフォー～』が刊行され，第3代会長中村哲先生が，「社会系教科教育研究の傾向と基盤—授業実践を根拠づける持続的研究とその基盤構築—」において，社会系教科教育学会としての基本的性格である社会系教科教育の授業実践を研究するアプローチを分析し，学会として社会系教科教育の実践研究を持続的に推進するための基盤構築に向けての提案をされています。また，学会のシンボルマークも制定されました。このシンボルマークは，地球や子ども，日本，環境などの要素をイメージして，学会名の英語表記の頭文字のESSDRAの文字を組み込んだものです（平成22年10月1日制定）。

　機関誌『社会系教科教育学研究』は，学会員が自由投稿できる査読付きの研究論文を中心に，学会員が主に単著として刊行した研究書籍を書評という形で学会員に紹介をしています。第13号からは，学会のシンポジウムや課題研究に関する報告が加わりました。第4代会長原田智仁先生は，学会のグローバル化を強力に推進されるとともに，第28号からは，第5代会長米田豊先生提唱による社会系教科教育学会と学校現場との連携プロジェクト研究の報告も加わり，機関誌の充実が図られています。

　本書は，平成30年度に学会発足30周年を迎え，これまでの本学会の活動と研究成果を踏まえて，これからのさらなる発展を意図して本書刊行が企画されました。この刊行の趣旨は，本学会の基本的性格と役割を踏まえて学校現場における日々の授業実践を根拠づける科学的研究の知見を示すところにあります。それは，授業実践の科学化を使命とする教科教育学の理論研究と学校現場における日々の授業実践との間にはまだまだ深い溝が存在しているからです。そのために，本書は，『社会系教科教育学研究のブレイクスルー—理論と実践の往還をめざして—』をテーマに掲げて，社会系教科教育学研究における課題として，①カリキュラム・マネジメント，②資質・能力（コンピテンシー）育成，③授業デザイン論（歴史研究，外国研究，授業研究，ESD（Education for Sustainable

Development）研究を含む），④評価研究，⑤教師教育の5つの鍵概念を示して，今後の研究や実践のあり方を提案しています。この研究成果を参考に各地域の学校現場において社会系教科教育が今後ますます根ざしていくことを期待しています。

　最後になりましたが，本書の出版を引き受け，編集にもご助言をいただきました風間書房の風間敬子氏に心からお礼を申し上げます。また，本書の企画と執筆にご協力をいただいた理事を中心とした会員の方々にも感謝を申し上げます。

　令和元（2019）年9月20日

　　　　社会系教科教育学会 会長　　關　　浩和

執筆者一覧 （執筆順）
2019 年 11 月 1 日現在

星村　平和　（国立教育政策研究所名誉所員）

岩田　一彦　（関西福祉大学大学院教育学研究科特任教授）

中村　　哲　（桃山学院教育大学教授）

峯　　明秀　（大阪教育大学教授）

金子　邦秀　（同志社大学社会学部教授）

藤原　孝章　（同志社女子大学特任教授）

二井　正浩　（国立教育政策研究所教育課程研究センター総括研究官）

中本　和彦　（龍谷大学准教授）

森　　清成　（兵庫教育大学附属小学校教諭）

水山　光春　（青山学院大学教育人間科学部特任教授）

王子　明紀　（三田市立上野台中学校主幹教諭）

吉水　裕也　（兵庫教育大学大学院学校教育研究科教授）

梅津　正美　（鳴門教育大学大学院学校教育研究科教授）

關　　浩和　（兵庫教育大学大学院学校教育研究科教授）

岡崎　　均　（大阪体育大学教授）

松岡　　靖　（京都女子大学教授）

奥田修一郎　（大阪教育大学非常勤講師）

吉田　正生　（文教大学教授）

阪上　弘彬　（兵庫教育大学大学院学校教育研究科助教）

西村　公孝　（鳴門教育大学大学院学校教育研究科教授）

服部　一秀　（山梨大学大学院教授）

橋本　康弘　（福井大学教授）

溝口　和宏　（鹿児島大学教授）

福田　喜彦　（兵庫教育大学大学院学校教育研究科准教授）

桑原　敏典　（岡山大学大学院教育学研究科教授）

馬野　範雄　（関西福祉科学大学教授）

山内　敏男　（兵庫教育大学大学院学校教育研究科准教授）

石川　照子　（兵庫県立西宮香風高等学校校長）

草原　和博　（広島大学大学院教育学研究科教授）

原田　智仁　（滋賀大学特任教授）

米田　　豊　（兵庫教育大学大学院学校教育研究科教授）

社会系教科教育学研究のブレイクスルー
――理論と実践の往還をめざして――

2019 年 11 月 26 日　初版第 1 刷発行

編　者　　社会系教科教育学会

発行者　　風　間　敬　子

発行所　　株式会社　風　間　書　房
〒 101-0051　東京都千代田区神田神保町 1-34
電話 03(3291)5729　FAX 03(3291)5757
振替 00110-5-1853

印刷　堀江制作・平河工業社　　製本　井上製本所

©2019　　　　　　　　　　　　　　NDC分類：375
ISBN978-4-7599-2300-1　　Printed in Japan

JCOPY 〈(社)出版者著作権管理機構 委託出版物〉
本書の無断複製は，著作権法上での例外を除き禁じられています。複製され
る場合はそのつど事前に (社)出版者著作権管理機構 (電話 03-5244-5088，
FAX 03-5244-5089，e-mail: info@jcopy.or.jp)の許諾を得て下さい。